大学教师教学发展经典读本译丛

Facilitating Seven Ways of Learning
A Resource for More Purposeful,
Effective, and Enjoyable College Teaching

高效能教学的七种方法

[美]詹姆斯·R. 戴维斯　James R. Davis
布里奇特·D. 阿伦德　Bridget D. Arend　/ 著

陈定刚　/ 译

·广州·

著作权合同登记号　图字:19-2013-070

图书在版编目(CIP)数据

高效能教学的七种方法/(美)戴维斯(Davis, J. R.), (美)阿伦德(Arend, B. D.)著;陈定刚译.—广州:华南理工大学出版社,2014.9(2020.3 重印)

(大学教师教学发展经典读本译丛)

ISBN 978-7-5623-4340-0

Ⅰ.①高⋯　Ⅱ.①戴⋯②阿⋯③陈⋯　Ⅲ.①高等教育-教学研究　Ⅳ.①G642

中国版本图书馆 CIP 数据核字(2014)第 172005 号

Facilitating Seven Ways of Learning: A Resource for More Purposeful, Effective, and Enjoyable College Teaching

by James R. Davis and Bridget D. Arend

ISBN 978-1-57922-841-5

Copyright © 2013 by Stylus Publishing, LLC.

Simplified Chinese translation copyright © 2019 by South China University of Technology Press

All rights reserved. This translation published under license. No part of this book may be reproduced in any form without the written permission of the original copyrights holder.

高效能教学的七种方法

[美]詹姆斯·R. 戴维斯(James R. Davis)　布里奇特·D. 阿伦德(Bridget D. Arend)　著;陈定刚　译

出 版 人:卢家明

出版发行:华南理工大学出版社

（广州五山华南理工大学17号楼,邮编510640）

http://www.scutpress.com.cn　E-mail:scutc13@scut.edu.cn

营销部电话:020-87113487　87111048（传真）

责任编辑:李彩霞

印 刷 者:广州商华彩印有限公司

开　　本:787mm×1092mm　1/16　印张:17.25　字数:338千

版　　次:2014年9月第1版　2020年3月第3次印刷

印　　数:5001～8000册

定　　价:65.00元

版权所有　盗版必究　印装差错　负责调换

● **大学教师教学发展经典读本译丛**

编 委 会

名誉主任：章熙春　高　松
主　　任：李　正
副 主 任：项　聪　吴树雄
编　　委（按姓氏笔画顺序）：

　　　　　古煜奎　卢家明　许竹君　张　皓　张乐平

　　　　　张建功　陈定刚　周建新　周莉华　胡公博

　　　　　柯　宁　徐　玲　韩金龙

译者序

说实话,初次见到 Facilitating Seven Ways of Learning(直译为《推行七种学习方法》)这个标题,我并没有太大的兴趣。图书馆里关于教与学的书籍俯拾皆是,大街上推销快速记忆、超级学习法的也随处可见。学习,原本反映了人们对知识的殷切渴望,在某些急功近利的"教育家"和投机取巧的企业家眼里却成为博取眼球、赚得利润的商品。

翻开图书馆里关于教与学的书籍,除了系统的介绍性文章外,出现得最多的就是以下名词:主动学习、合作学习、以学生为中心的教学,等等,这些词语在读者的记忆中如同这些书本一样落满了灰尘,模糊不清。离开图书馆,人们又回到了他们原来的那一套做法,正如本书所言,传统范式的地位是如此的难以撼动。

但时代的进步让人们不得不重新审视大学教学,传统范式面临着最为严峻的挑战。本书作者在解读范式改革的必要性与严峻性的同时,怀着系统梳理前人关于教与学的理论认识的宏图大志,将已有的研究作为铺垫,结合新时代更高的教学目标与更先进的教学手段,提出了七种最有效、最实用的学习方法。

当然,光是介绍学习方法并不能打动读者,笔者愚见,本书的亮点至少体现在以下三个方面:

一、无障碍阅读。本书结构非常清晰,作者从传统范式的困境说起,提出 21 世纪社会对人才的要求以及范式转换的必要性;接着提出适合新时代的七种学习方法,内容涉及历史渊源、实例分析、评估方法,等等,让读者更清楚各学习方法的来龙去脉,也增加了实际操作的可行性;最后总结改善大学教学的宏观任务,并提出大学教学模式革新的愿景,浑然天成,平实的理论阐述与鲜活的实例分析带给读者的是对大学教学的重新思考。

二、结果导向性强。结果导向是贯穿于本书最重要的一个思想,也是本书能在同类书籍中脱颖而出的一个重要原因。教师的首要任务就是确定预期学习成果,即教学目标,然后再根据想要达到的结果选择合适的学习方法,因此,明确教学目标永远是最重要的也是必须首先完成的。在这样一种思想的引导下，教师才不会被各种诱人的花哨方案所误导，才能朝正确的方向进行教学，而学生在正确的指导下，才能达成预期的学习成果。

三、理论与实践相结合。如果只是理论的阐述，那么这本书终究也逃不过被遗忘在图书馆一角的命运。作者在书中列举了大量的实例，让理论阐述更加生动，也让读者看到了学习方法的具体实施步骤与可操作性，更重要的是让读者看到了新学习方法的成果，这让他们对传统教学范式提出挑战更有信心。

在本书翻译的过程中，本着对读者、作者和出版者负责的精神，我们力求在内容和风格上与原著保持一致，尽量做到精准、到位、便于阅读。限于学识和水平，译稿中难免有遗漏和失误之处，还请读者不吝指正！

陈定刚
2014 年 3 月

序

戴维斯（Davis）和阿伦德（Arend）在本书的开头讨论了对高等教育中的教学方式进行范式转换的必要性，他们的看法完全正确。我认为需要进行两种范式转换：一种是教学方式的范式转换，另一种是备课方式的范式转换。

当今世界日趋一体，以及信息技术革命带来快速、多元的信息渠道，这两个主要因素使第一种范式转换成为必要，那么我们为什么说还需要进行第二种范式转换呢？

高等教育的潜在价值

考虑到我们目前对学习性质以及多种改善教学的方式的认识，对所有高等院校而言，在以下四个领域为学生提供有意义的学习体验既至关重要又绝对可行：

（1）就业准备：培养在当今职场中至关重要的复合型能力，包括勇于创新、多角度考察问题以及有效地参与团队合作，尤其是与不同类型的人合作的能力。

（2）公民意识：在他们可能参加的多个政治团体中成为更有见识、有思想的公民。

（3）社会关系：学会怎样在正式和非正式关系中以更积极的方式与他人交往。

（4）个人生活：找到让自己的生活变得更充实、更有意义的途径。

如何才能让这些设想成为现实？答案是让所有从事高等教育的教师透彻地理解过去 25 年内教与学研究中产生的关于教与学的强有力的理论，并且懂得如何将其付诸实践。这些理论来源于大量的文献资料，而本书正是对这些资料的一个宝贵补充。这些研究内容主要包含以下方面：针对多个学习类型制定良好的学习目标，有效地组织小组学习，对复杂的学习类型进行评估，让学生进行主动学习，制定评价量表，包容不同个性的学生，进行大班教学，培养创造力与批判性思维，帮助学生成为自我指导型学习者以及恰当地运用科学技术、切实地促进学习效果。[1]

问题解析

问题的关键在于目前只有少数教师在运用这些观念，正如作者所引用的研究指出的那样，尽管20多年前就已经出版了充分阐述主动学习的优点及其实施步骤的书籍，但绝大多数教师在教学过程中仍采用被动学习的方式。事实上，这些关于教与学的新颖而有力的观念大多都被忽视，这也正是如今高等教育面临的困境和改革的难处所在。

为什么没有更多的人运用这些观念呢？因为第二种范式转换还未发生。高等教育机构的决策者们仍未认识到应该给教师提供职前或在职的学习教与学的机会。我每年都会在全国和全世界召开数十次研讨会，其间我会询问一些教师是否在研究生院里接受过关于大学教学的正式教育，只有10%~15%的人给出肯定的回答。同时，在以研究为主的大学的毕业研究生当中，有50%~70%会选择担任大学教师。[2]此外，有三分之二的美国高等教育机构仍未制订实质性、有意义的在职教学进修计划。[3]

我们都希望用不了多久，大学领导会发现，向学生收取日益高涨的学费，给他们上课的教师却只懂专业知识，对教与学的强大观念一无所知的现状是行不通的，因为在21世纪这些观念对个人和社会成功都至关重要。

本书的贡献

第二种范式转换真正发生时，即各高等院校开始期望全体教师——无论是初级教师，还是高级教师——充分**掌握**并知道怎样**运用**这些关于教与学的新观念时（全世界有少数高等院校已经开始启动了相关政策和程序来达成这一期望），那么本书无疑将作为一种重要的资源发挥作用。为什么这么说呢？

过去10年有两个主流观点：① 教学应当以学习为中心；② 教师必须学会以学习为中心设计自己的课程。课程设计指的是教学的决策方面，课程或教学计划开始前，教师必须确定自己的课程怎样展开以及希望自己的学生获得怎样的学习体验。

2000 年前后出版的三本关于以学习为中心的课程设计书籍提出了非常相似的看法。1998 年，格兰特·威金斯（Grant Wiggins）和杰·麦克泰（Jay McTighe）出版了《追求理解的教学设计》（Understanding by Design）。该书宣传了"逆向设计"的概念，这个概念的含义是当我们设计某项课程时，我们应当先确定课程结束时学生应该掌握的知识类型，再进行"逆向作业"，以确定哪些类型的学习和评估活动能够帮助学生获得这类知识。书中的大部分实例来自大学阶段之前的教学，但相关原则适用于任何阶段。1999 年，约翰·彼格斯（John Biggs）出版了一本名为《大学优质教学：学生做什么》（Teaching for Quality Learning at University: What the Student Does）的书籍，其中提倡"建构一致性"。这个概念是指某项课程的学习和评估活动应当与预期学习成果保持一致。由于彼格斯来自澳大利亚塔斯马尼亚州，因此该书在英联邦国家比较出名。

2003 年，我自己的书《创造有意义的学习经历》（Creating Significant Learning Experiences）出版了。当时我并不知道前述的任何一本书，但我提出的综合课程设计概念（图 0-1）与他们提出的以学习为中心的课程设计概念在本质上是相同的，教师应首先收集关于教与学情况的资料，明确课程的主要学习目标，然后决定学生实现这些学习目标需要进行哪些学习和评估活动。

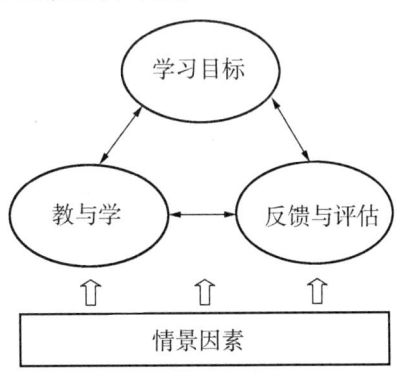

图 0-1　综合课程设计

这三本书都提出，一旦确立或选定了一套良好的学习目标，教师就应该确定特定学习目标所必需的且与其相适应的学习活动——这时本书就能派上用场了。戴维斯和阿伦德提出的七种学习方法能帮助我们为一组丰富的（用我自己的话说是有意义的）学习目标选择一系列更加精准、适当的学习活动。

本书的另一个极具价值的特征是，作者明确地理解了以学习为中心的综合课程设计中的重要关系。因此，他们针对七种学习方法（即七个系列的学习活动）中的每一种适合于该学习方法的学习目标和评估活动提出了意见。

对于关注学生学习情况的人来说——我相信这也是大多数教师的态度，本书提出了很多改善学习的宝贵策略，很多年后仍值得一读！

李·迪·芬克（L. Dee Fink）
2012年8月于俄克拉荷马州诺曼

前言

大学教学的面貌正在转变。虽然一直充满挑战,但大学教学目前正面临着全面的困境:对技术运用的更高期望迫使教授以全新的方式进行教学;认证机构正在向教师施加评估学习成果的压力;由于各学科再也无法容纳知识的爆炸性增长,因此新的学科不断产生,而旧的学科面临着概念的重建;曾经作为教授们引以为傲的"知识储备"如今可以在图书馆或互联网上即时地搜索到;新型学生——这些人对大学学习的准备程度参差不齐——以住校生、走读生或成年工作者的身份进入大学,讲授与讨论结合的主导范式受到了花样繁多的新教学方法的挑战;商业宣传活动向顾客兜售明码标价、万试万灵的解决方法,在线学习作为课堂教学的可行替代方案应运而生,而人们对如何充分利用实体课堂产生了激烈的争论。至少可以这样说,大学教学的情形变得令人困惑了,兢兢业业的教授面对目前一个成功教师的标准却无所适从。

但是这些情况也有积极的一面。传统的授课范式沿用了一个世纪之久,要求改变已不足为奇,通过新技术增强学习效果值得探索,让更多学生获得大学学位的呼声让我们有理由对高等教育的基本目的重新进行考察,而且一个世纪以来学习研究的结果也该运用于大学教学了。随着新时代可获得信息的增加,我们更有必要对大学教学的成果和方法进行某种反思,甚至有人说高等教育改革的主要推动因素应当是教学方式的转变。不管怎样,大学教学曾经拥有的稳定环境已不复存在,打个比方说,虽然游戏名号没有变化,但在过去20年内,游戏的规则、剧本、装备和场地却都改变了。

关于教学的困惑本身是严肃的事情,但令人震惊的是学生学的似乎不是21世纪生活所需的知识。哈佛大学前任校长德里克·博克(Derek Bok),在他的书《回归大学之道》(*Our Underachieving Colleges*)中对此写道:

很多大四学生毕业时的写作水平无法达到让他们的雇主满意的程度。虽然教师将批判性思维列为大学教育的首要目标,但很多毕业生在分析非技术性的复杂问题时却无法理清逻辑或表现出足够的能力。没几个获得学位的本科生能够运用一门外语进行交流或阅读，很多大学生从未学过定量推理课程，也没有获取民主国家公民应有的见识，而这些问题仅仅是诸多问题中的一部分。[1]

目前存在的困境是：作为大学教授，我们接受的培训是让我们成为研究者而非教师，而且我们投入教师培养（在职教学培训）的时间和精力受到发表学术文章的压力的限制，因而重新回到讲授和讨论的传统范式就再自然不过了，然而，学生、家长、管理者和认证机构都指望如今的大学教师能真正推动学习——让学生深入、严肃、持久、具有转化能力地学习。这种学习不单呼应了社会的需要，也满足了学生的诉求。但是面对新环境中各种充满高度期望又令人困惑的替代方案，许多大学老师发觉要有效地履行自己的职责，还是举步维艰。

建 议

目前，对这些困境主要有两种回应：一种是坚持认为过去有效的做法现在仍然可行，并因此质疑教学改革是否确实有必要；另一种是不断地进行尝试，不去过多地考虑怎样在可选方案当中进行选择，也不过多评估各方案的效果。我们建议的第三种回应是：仔细思考预期学习成果——我们希望学生掌握什么或做什么——并且推行最有可能达到预期结果的学习方法。

一个世纪以来的研究清楚证明了一点，学习不是单一的活动，而是多种多样的。与技能培养有关的学习不同于与信息理解和记忆有关的学习，而后者又不同于学习批判性和创造性思维、解决问题、决策或改变态度——这些只是大学教师希望学生具备的各种能力中的一些例子。不同的结果需要通过不同的学习方法实现，通过细致安排的一系列步骤学习某项技能并给予适当的反馈意见是一种学习方法，通过精心设计一场演讲来获取信息是另一种学习方法，通过提问学习批判性思维又是一种学习方法。学习方法是旨在达成特定学习成果的一脉相承的一系列安排和活动，本书所述的七种学习方法的独特之处在于这些方法经过充分研究、以确定的学习理论为基础且通过多年实践和观察得到验证，有效的大学教学必须扎根于确定的学习方法中。

承　诺

本书对读者的承诺如下：

（1）本书从最基本的层面全面阐述了七种独特的学习方法，并附有清晰的说明和充分的例证。如果每晚阅读一种学习方法，一周内你就可以具备所需的详细的背景知识，在此期间，你将阅读到以历史资料为线索的20世纪关于学习的研究成果。

（2）阅读本书后，你将学会怎样针对特定的内容和效果选择最适当的学习方法，这样可以帮助你从概念上组织教学，并让你从纷繁复杂的可选方案中选择主题和活动，从而更从容地掌控自己的教学实践。

（3）当你与学生开始采取某种学习方法时，你将具备一套有用且非常广泛的实用准则。探索新的学习方法需要进行一些尝试和实践，你必须将你对学习的了解创造性地运用于你的教学方法当中。正文中穿插的实例将在这个过程中为你提供协助，让你做出更切合目标的明智的教学选择。

（4）将你的教学实践建立在这七种学习方法的基础上，你将能让学生学习更多的知识并取得更好的成绩，你也会更享受教学过程。随着教学活动一次又一次成功进行，你会更熟练地让学生运用更多的学习方法，教学实践将更顺利、更有效、更圆满，从而恢复教学应有的面貌。

本书并非针对新入职教师的教学综述，其中并没有很多关于怎样编制教学大纲或怎样安排好第一天教学活动的技巧，因为其他书籍已经在这个方面进行了充分的论述。在最流行的关于大学教学的书籍当中，很多是以操作指南的形式编写的，几乎对从课程设计到等级评定的每一个与教学相关的问题都提供了相应的建议。[2]这些书籍有一定的重点，例如针对第一届学生的教学方法、针对新教师或研究生的教学方法等。[3]而关于大学教学的其他优秀书籍则着重于特定的理念、某种形式的课程设计、学习原则或高校名师的特点。[4]

很多书籍提供了关于大学教学的有用观念，而且将理论、建议和应用实例结合起来。另外，其他众多资源——期刊、通讯稿、产品和网站——也为大学教师提供了支持。但这些书籍或资源都没有在完善的学习理论的基础上从目标与不同学习方法的匹配这个角度解决教与学的问题，而这正是我们这本书的独特之处。

实际上，本书或许有点超前了。本书的目标读者是那些希望超越方法、策略、时髦和商业产品，对学习进行严肃独立思考的人。本书可供从事教育专业研究生培养工作的教授使用，也可在教学中心供新入职教师使用，或者用于帮助接受继续教育的教师对自身教学的某个方面重新进行考察。本书对于准备进入高年级教学阶段的教师最有用，可以帮助他们考察和运用关于学习的已有知识。当然，本书的对象还包括愿意花时间了解学习的方方面面以及希望参与或领导大学教学革新运动的人士。

内容和编排

本书分三篇。

第一篇"理解教与学的概念"从第一章"授课范式的变革"开始。介绍"范式"这个概念以说明最主要、最常见的大学教学方法：讲授和讨论。传统的讲授和讨论作为主导的、唯一的大学教学范式受到了多个方面的批评。一个世纪以来关于学习的认识让我们了解到其他重要且有用的学习方法。在这个新的时代，工作场所和个人生活中拥有更复杂形态的知识变得更加紧切与重要，而且，工作场所本身需要更全面的技巧和能力。随着主导范式的逐渐衰落，其他学习方法应运而生。

虽然我们描述了一种特定的教学方法，即运用独特的学习方法达到特定的目的，但我们也承认的确存在关于大学教学的其他观念，这些观念将在第二章"可能的教学途径"中进行探讨。大家必须了解这么多不同的教学方法才能对它们进行认定和评价，才能知道我们的方法相对于其他方法的定位，这样，大家就能广泛地考察大学教学活动的范围，在遇到其他方法时加以识别并知道采用完善的学习方法进行教学意味着什么。

在第三章"基于七种学习方法的教学"中，我们回答了一些相关问题，例如为什么教与学之间往往脱节，什么是学习方法，什么是完善的学习理论，等等。这一章为怎样确定学习成果提供了详细指导，从而预测学生将会掌握什么以及能做什么，并就怎样选择适当的学习方法以达到预期的成果提出了建议，这为大家深入了解我们对七种学习方法的具体阐述理清了思路。

第二篇"有效组织教与学"包含了七种学习方法对应的独立章节。这些章节列于目录部分，其中包含了关于学习的一系列观念（虽然彼此之间不一定相容），这些观念都源自于 20 世纪的研究和理论构建。每一种学习方法都有充分的论述，并提供来自不同学术领域和各类机构的实例佐证，教师在推行每一种学习方法过程中的角色和任务也得到了明确的阐述。每一种学习方法的论述中包含了相关技术和评估方法的使用，因为我们坚持认为每种学习方法都有其特定的技术和评估方法。

第三篇"变革大学教学范式"包含了结尾章节"目的更明确、更高效、更有趣的大学教学"。当你开始采用差异化程度更高、更多样化的教与学模式，那么在设定成果和选择适当的学习方法以达成预期成果时，你的目的性会更强；当你熟练地运用每一种选定的学习方法时，你就会变得卓有成效；当你变得卓有成效时，你很可能会发觉自己更享受教学过程。虽然教师个人的教学会随着一堂一堂的课逐渐得到改善，但教师个人所处的总体高等教育环境仍然存在着重重挑战。除传统的教学范式外，还有学生范式、升职和终身教席范式以及研究生教育范式，你将以此作为切入点，参与高等院校必须经历的更广泛、更有意义的变革，只有这样大学教学才能长盛不衰。

请访问 http://sevenwaysoflearning.com 查看更多资源和实例，或者与我们分享您亲身成功实施这些学习方法的途径。

致　谢

对于探索、理论化、研究、设计和详细阐述本书所述学习方法的学者和研究人员，我们感激不已。生活在一个过往贡献不一定能得到认可或重视的年代中，我们尤其希望对曾经付出如此巨大的努力探索学习理论的20世纪学者们表达我们的感激之情。我们有限的贡献只限于将清晰思考的七种学习方法的框架概念化，并收集已形成一定规模的关于有效教学的资源，编纂一本实用的综合性指南。

虽然我们已经在尾注中列出了每一个案例的出处，但我们在此仍要感谢慷慨分享教学案例以作为本书中学习方法例证的人士。我们知道这些案例帮助我们更具体地了解七种学习方法在应用时的运作机理，而且我们坚信读者也会发现这些案例具有启发意义。

我们还要感谢丹佛大学学院教学质量小组的成员，他们在连续七周时间里阅读了第四章至第十章的草稿。虽然这个小组（后来被称为"吉姆（Jim）和布里奇特（Bridget）读书俱乐部"）的目标是进行学习方法训练，但由此带来的附带成果是提出了大量有价值的反馈意见，从而在我们针对真正的读者进行测试后让每一章的内容更加明晰、重点更加突出。除我们自己外，读书俱乐部的成员还包括副院长杰森·埃里克（Jason Wyrick）、高级教学设计师保罗·诺瓦克（Paul Novak）、教学支持专家特里·约翰逊（Terri Johnson）、埃里森·奥格莱迪（Allison O'Grady）和莫莉·史密斯（Molly Smith）。

我们还要感谢在本书写作过程中支持我们的很多人，如策划编辑苏珊·施莱辛格（Susan Slesinger）不断提出了独到见解和意见以及很多有用的建议，杰森·埃里克、布莱恩·伊莉莎蒂（Brian Elizardi）和米歇尔·克鲁泽－克罗克（Michelle Kruse-Crocker）在写作初期提供了研究支持，米歇尔一直在协助记录并以电子方式在我们之间来回传递各种版本的草稿、进行影印、修正错误的尾注并进行现场补充，皮特·德朗（Pete DeLong）设计公司的皮特·德朗设计了本书的全部图片。当然，没有家人的耐心和支持，我们无法完成本书的编写工作，他们分别是吉姆的夫人阿德莱德（Adelaide）和布里奇特的先生克里斯（Chris）以及他们的孩子扎克（Zach）和克洛伊（Chloe）。正如我们互相都认同的那样，写一本书，就意味着你两年的生活中没有一刻的闲暇时间。

关于作者

詹姆斯·R. 戴维斯此前写过一本关于教学的书——《更好的教学、更丰硕的学习成果：高等教育的成功策略》（*Better Teaching, More Learning: Strategies for Success in Postsecondary Settings*, Phoenix, AZ: Oryx Press and the American Council on Education, 1993）。戴维斯教授在关于大学教学的研究生课程中使用了这本书，凭借这本书带来的知名度，他先后受邀赴美国各地及其他国家（巴西、沙特阿拉伯和中国）主持关于教学的讲座。戴维斯随后与妻子阿德莱德对《更好的教学、更丰硕的学习成果》（*Better Teaching, More Learning*）中的研究素材进行了改造和重整，在此基础上合著了另一本书，作为企业、政府和非营利组织的训练者指南：《高效训练策略：使组织内部学习成果最大化的综合指南》（*Effective Training Strategies: A Comprehensive Guide to Maximizing Learning in Organizations*, San Francisco: Berrett-Koehler, 1998）。过去几年内，戴维斯担任了丹佛大学的多个行政职务，包括教学质量中心主任（教师培养和评定）、教育学院主任和教学事务副校长。同时，作为高等教育和成人研究的教授，戴维斯仍从事教学、学术书籍撰写和博士研究生论文指导工作。戴维斯曾任丹佛大学学院（负责职业教育和继续教育）院长达10年之久。他最近退休并享受名誉教授头衔，他也拥有奥伯林学院和耶鲁大学学位以及密歇根州立大学高等教育管理专业的博士学位。

布里奇特·D. 阿伦德现为丹佛大学教务主任。她在日常工作中与希望对教学进行反思的教职员直接接触，因此获得了对大学教师思想和其所面临困难的第一手资料。阿伦德关注教学、新兴技术、在线学习和评价方面的最新文献资料。她还通过遍布全国的同事确定并收集了本书中所有的教学实例。她在莫格里奇教育学院和丹佛大学学院教成人学习和教育技术课程，并在自己的教学工作、教师培养工作、一对一咨询和讲座中运用七种学习方法。她持有科罗拉多大学博尔德分校学位以及丹佛大学高等教育和成人学习专业的博士学位。

目 录

第一篇 理解教与学的概念

第一章 授课范式的变革 / 3
范式概述 / 3
21世纪授课范式变革的必要性及其诱因 / 5
传统范式日渐衰落，困惑成为主导 / 12

第二章 可能的教学途径 / 14
基于学习参与的教学途径 / 15
基于普通教学方法的教学途径 / 15
基于区分成人教育学/儿童教育学的教学途径 / 16
基于学生差异的教学途径 / 17
基于不同的学习风格的教学途径 / 17
基于不同的学习策略的教学途径 / 18
基于技术手段的教学途径 / 19
其他教学途径 / 20
理清思路 / 21

第三章 基于七种学习方法的教学 / 22
将教与学重新联系起来 / 22
完善的学习理论 / 23
确定学习目标 / 24
学习方法的选择 / 26
七种学习方法之间的关系 / 28
学习方法选择的注意事项 / 30

目录

第二篇 有效组织教与学

第四章 基于行为学习法的教学——培养技能 / 33
将随机行为塑成一种技能 / 34
行为学习法的起源 / 36
对行为学习法的已有认识 / 37
如何评价行为学习法的学习效果 / 45
适合行为学习法的技术 / 46
最后思考 / 48
要点回顾 / 49

第五章 基于认知学习法的教学——获取知识 / 51
获取知识 / 52
认知学习法的起源 / 53
对认知学习法的已有认识 / 54
注意力的影响因素及强化注意力的教学策略 / 55
信息加工 / 58
记忆 / 66
如何评价认知学习法的学习效果 / 71
适合认知学习法的技术 / 72
最后思考 / 73
要点回顾 / 74

第六章 基于探究式学习法的教学——培养批判性、创造性和对话式思维 / 76
思维 / 78
探究式学习法的起源 / 79

目录

    对探究式学习法的已有认识 / 80

    批判性思维 / 81

    创造性思维 / 88

    对话式思维 / 91

    教师应如何推动探究式学习 / 93

    适合探究式学习法的技术 / 98

    最后思考 / 99

    要点回顾 / 100

第七章　基于心智模型学习法的教学——培养解决问题和决策的能力 / 101

    问题和决策 / 103

    心智模型概述 / 104

    心智模型学习法的起源 / 105

    培养学生解决问题和做出决策的能力 / 106

    从解决问题到做出决策 / 117

    教师应如何推行心智模型学习法 / 120

    如何评价心智模型学习法的学习效果 / 125

    适合心智模型学习法的技术 / 126

    最后思考 / 127

    要点回顾 / 127

第八章　基于群组学习法的教学——探究态度、感受和视角 / 129

    群体动力 / 132

    群组学习法的起源 / 133

    对群组学习法的已有认识 / 134

    利用团队传授团队合作技能 / 143

    让群组学习法发挥作用的教学策略 / 144

目录

群组学习法中存在的问题 / 148

如果评价群组学习法的学习效果 / 151

适合群组学习法的技术 / 152

最后思考 / 153

要点回顾 / 153

第九章　基于虚拟实境学习法的教学——训练专业判断力 / 155

虚拟实境学习法的目的——弥合学习情景与现实之间的差距 / 157

虚拟实境学习法的起源 / 157

对虚拟实境学习法的已有认识 / 160

角色扮演 / 161

戏剧情节 / 164

模拟和游戏 / 167

如何评价虚拟实境学习法的学习效果 / 172

适合虚拟实境学习法的技术 / 173

最后思考 / 174

要点回顾 / 174

第十章　基于体验式学习法的教学——反思体验 / 176

体验式学习 / 177

对体验式学习法的已有认识 / 178

在行动中反思 / 179

体验式学习法的起源 / 180

认知神经科学 / 181

大脑是怎样运作的 / 182

从大脑研究到体验式学习法 / 185

教师应如何促进体验式学习法 / 189

目录

促进反思 / 190

个人身份意识与文化差异意识 / 194

如何评价体验式学习法的学习效果 / 195

支持体验式学习法的技术 / 196

最后思考 / 197

要点回顾 / 198

第三篇　变革大学教学范式

第十一章　目的更明确、更高效、更有趣的教学 / 201

目的更明确的教学 / 201

更高效的教学 / 201

更有趣的教学 / 202

改革大学教学的宏观任务 / 203

学习带头人 / 205

未来教学展望 / 206

注释 / 208

索引 / 234

第一篇

理解教与学的概念

第一章
授课范式的变革

有责任心的教师希望在自己的教学中做出明智而有创造性的选择，但有时他们不知道怎样才能做到这一点。他们知道教师的本职工作就是授课，但如果把这个选项排除，他们就无法确定用什么来填补，他们怀疑所做的事情可能不再适宜，但他们无法确定究竟应当转向哪里，他们时而心怀愧疚，时而无所适从。

是什么阻止人们在某个方面做出明智而有创造性的选择？什么力量让他们局限在窠臼之中？是出于习惯、寻求安逸，还是缺乏对替代方案的认识？是为了遵循社会规范，抑或是害怕遭到报复、有可能面临窘境？这些只是妨碍人们做出涉及新的或不同维度选择的一些因素。对于大学教师而言，以更有创造性、更有效的方式进行教学的首要障碍是一个强大但陈旧的运作范式，是它对什么是合格的大学教学方式设定了规则。

范式概述

范式的定义

什么是范式？作为一个学术概念，"范式"源于托马斯·库恩（Thomas Kuhn）的著作《科学革命的结构》（*The Structure of Scientific Revolution*）。[1] 他用这个概念描述了作为科学活动基础的公认的一系列信条和理论。范式是考察世界的一种方式、被学术界认可的一种模型或模式。牛顿和爱因斯坦从事物理学研究，就采用了不同的范式。

广义而言，一个范式是支持某种活动的一系列规范性观念和态度的集合。由于范式是一种文化概念，因此它虽然目前存在，但过去未必就有，未来也不一定总是存在，正如库恩记载的那样，范式有可能发生变化。当范式非常强大时，受其控制的人甚至不一定能意识到它的存在，不一定能理解它是应特定历史情境而构建的,而且不一定能意识到它会发生变化。一个强大的范式会约束我们,诱使我们误以为它不容置疑,并削弱我们意识中其他范式的存在,然而,它也会帮助我们完成自己的工作,因为我们无须徒添烦恼地询问自己:我们应当做什么。大学教学就有一个强大的运作范式。

每一个范式都是以一个新观念的形式开始的,它本身是对惯常行事方式的改变。事实证明这是一种很好的观念,因此便成为一种习以为常并广泛流行的实践指南。范式开始于一种新的理念,然后被社会和制度上的变化超越,变得过时,最后被一种新的、大家认为更佳的观念取代。大学教学范式并不一直是它今天的样子。

教与学范式的历史变革

在美国高等教育刚刚萌芽的殖民地时代,学生学习的方式是在导师面前进行复述。学生阅读选定的课文后尽量理解或记住其内容,然后向导师复述大意,并由导师提供学习指导,有时学生会与其他同学或导师进行正式争论,这又称作辩论。这是一种教与学的范式:复述和辩论。[2]在19世纪发生范式转换之前,这种范式主导着大学教学。

从那时起,教与学的主导范式一直是而且在很大程度上会将继续是讲授和讨论。虽然理科学科也有实验部分作为授课的补充,职业学校有时会采取个案研究和小组项目的形式,但大学教学的主导运作范式是讲授。

讲授作为新的教学方法出现,取代了17和18世纪占主导地位的复述和辩论,但讲授并不是新事物,讲授起源于中世纪的大学,那时书籍十分缺乏,教师讲授的速度也很慢,以便学生能将讲授内容逐字记录下来。19世纪末作为主导教学方法出现的讲授是从德国引入的,正如布鲁贝克(Brubacher)和鲁迪(Rudy)在历史性著作《革新中的高等教育》(*Higher Education in Transition*)提到的那样:"学术上处于领先地位的德国教授给学生讲授,因为在向学生传授最新研究成果、帮助学生系统化地整理大量信息、让学生从总体上了解未知的领域,以及用教授对自身专业的热情来感染学生等方面,讲授都最卓有成效。"[3]

讲授教学法也是美国研究生教育萌芽阶段采用的方法,它并不是一种独立的创新,而是一个更大的范式的一部分,其中包括教授从事独创性研究并向研究生讲授自己的发现。

有些教师知道大学教学的主导范式,而且了解这只是其中一种范式,他们可能会问:这能有什么问题呢?它不是多年以来都一直行之有效吗?没错,但它是否仍然适合当今学生和21世纪社会的教育需求?传统的教学方法有没有被社会变革所淘汰?有没有被与学习有关的新知识淘汰?有没有被技术淘汰?

21世纪授课范式变革的必要性及其诱因

21世纪授课范式变革的必要性

如今，大多数大学教师在授课时都会站在全班学生的前面，一人占据整个教室约四分之一的空间，而学生坐在为听课设计的一排排座位上或者阶梯教室中并做笔记——记下可能出现在考试中或者对论文写作有帮助的重要信息、概念的关键字或简短摘要。讲授结束时，如果所有要点均已阐述而且还有足够的时间，教师会提出问题，发起对本堂课材料的讨论，每个人都知道怎么做。课讲完了，奇怪的是，即使教师在课堂上采用了其他教学方法，学生往往仍将其称作讲课："今天这堂课讲得真好！"

不同学科、专业及从属专业领域的课程安排促成并强化了授课范式的使用。各学科知识的积累（当然这也是各学科巨大的优势之一）也需要一种讲述式的教授法，以便通过课本和讲授分享大量的知识并要求该学科的内容能被"涵盖"、记住和复述。

这是否仍然是大学教学的主导范式？当然存在很多例外情形。实际上确实有其他教学方法，而且为本书中的每一种学习方法寻找实例是一次很刺激的体验。不同的教学方法证明了主导范式正在受到挑战，但同时也表明授课范式仍然很强大、很普遍。实际上，讲授范式的主导地位似乎比人们对它的成见更加深入人心。即使过去几十年内关于替代教学方法的文献资料出现了爆炸性的增长，但这个时期的研究表明讲授教学法仍然占据了主导地位，而且学生在课堂上的参与程度很低。20世纪80年代，研究者在不同的研究中观察了公立和私立本科院校各学科的班级，发现不同类型的班级在讲授教学法的运用上有些差别，但课堂上用于讲授的时间平均为80%～96%。[4]几年后，另一位研究者对80多所大学进行了调查，发现在89%的自然科学和数学课程以及81%的社会科学课程中，讲授是占支配地位的教学方法。[5]20世纪90年代，关于课堂讨论的一项研究表明，只有不到6%的上课时间用于讨论，而且一般只有25%的学生真正参与讨论。[6]之后的研究表明，2000年以后情况没有发生显著变化。2000年，经济学教授将83%的上课时间用于讲授，与5年前进行的一项相同的全国性研究的结果相比这个比例实际上没有变化。[7]而另一项研究表明，在350个高年级和低年级课时中，只有9%的学生在单次课堂讨论中发表了两个或两个以上意见。在这项研究中，教师将课堂参与定义为"前来上课、跟上阅读进度并集中注意力。"[8]

是不是大学教师不知道怎样采取其他方法呢？我们时不时会听说一些有讲授强迫症的教师的故事，但往往将他们视为虚构故事的一部分而刻意忽视。《同行评审》(*Peer Review*)（美国高等院校协会的一份出版物）编辑雪莱·约翰逊·卡蕾（Shelley Johnson Carey）提到了她学生时代遇到的一位只知道讲课的教授："学期中段的一天，我发现自己一个人坐在他的前面，那天早上我是这个班登记的 15 位学生之中唯一一位前去上课的，他没有借此机会通过交谈让我进入主题，而是根据自己的记忆滔滔不绝地讲了一个小时，整个小时我都在耗尽心力自我克制，以免打哈欠。"[9] 显然，这些都是真实的情况。

　　授课范式由教师和学生代代相传，永不止息。希望成为大学教师的学生们所参与的课堂都是反复采用讲授教学法进行授课的，当他们进入研究生院时，他们可能会参与研究生研讨会，而这些往往是以较小班级的形式进行的授课，他们很少有机会经历完全不同类型的教学方法。他们的导师也不会抛开这种根深蒂固的传统，教学生怎样用不同的方法进行教学。虽然美国研究生院委员会和美国高等院校协会发起的"未来教师培养计划"在这个方面取得了较为显著的进展，但是针对研究生的总体教师培养工作在主要大学的大多数研究生培养计划中还没有推广开来。研究生自己成为大学教师时，就会按照自己过去被教的方式去教学生。他们讲课、回答疑问，阐明概念并像以前自己被测验一样对学生进行测验。我们是否需要在大多数专业会议上询问教与学的主导范式的运用情况？主导范式还会继续存在多久？

　　授课范式受到挑战的迹象确实存在，实际上，其他一些人也已经将它认定为一种范式并尝试描述其替代方案。呼吁改变主导范式已经不是什么新鲜事。1995 年巴尔（Barr）和塔格（Tagg）发表的被广泛引用的文章《变革》(*Change*) 宣称有必要从"教学范式"转变为"学习范式"，他们还公开指责了目前采用的教学评价方法。

　　例如，我们的教师评价制度是从教学角度而非从学习角度评价教师的工作。教师一般由其同事或院长进行评价，依据是其讲课是否有条理、是否涵盖相关材料、是否表现出对自己专业学科的兴趣、是否对自己的专业有很好的理解、是否为课程做好准备，以及是否重视学生的提问和意见。这些因素全都是从教学角度来评价教师工作的，却并未提出学生是否掌握的问题，更不用说要求提供学习情况的证明或依此予以奖励。[10]

　　其他人也做出了类似的呼吁：首先，要承认高等教育已经陷入了一种过时的范式，其次，要开始进行变革。彼得·史密斯（Peter Smith）在《静悄悄的危机：美国高等教育的缺失》（*The Quiet Crisis: How Higher Education Is Failing America*）中进行了总结。

高等教育机构大多忽视了已有的关于最有效学习方式的科学理论，继续用传统的教育模式来取代明智的、有专业依据的教育过程。我们的行动表明，我们被一种特定的做事方式所束缚，而这种方式无论是在结构上还是专业上都没有以我们对学习方式的认识为根据……在已经可以用胰岛素贴片来治疗糖尿病的世界中，我们仍忽略了学习的科学性，要求学生和工作者完全凭借自己的意志和努力"坚持到底"，从而走向成功或失败。这种态度不仅不合情理，而且毫无必要，美国必须围绕我们对学习已有的认识来规划其高等院校。[11]

巴尔和塔格预测需要数十年才能改变范式，而从那时起十几年已经过去了。

如今，关于改变教学范式的对话在高等教育改革的背景下呈现出新的紧迫性，虽然高等院校的很多方面都确定了改革目标——包括入学、财务援助、体育活动、收费和课程大纲，但任何方面都不如教学那样紧迫。毕竟，教学是各类高等院校的中心任务，而且通过教学传授的知识和认识决定了学生能否做好准备向社会过渡。因此，主导范式受到来自多方面的问责也就不足为奇了。请考虑以下几个方面：

- 主导范式停留在以20世纪对学习的认识为依据的落后的学习观点上。
- 新技术提供了有吸引力的替代方案，有力地挑战了传统教学方法。
- 知识在社会中呈现出新的重要性，给那些没能为信息时代生活做好准备的人带来了严重的后果。
- 不断变化的工作情景产生的教育需求超出了一般主导范式可以应对的范围。

接下来，我们将详细考察以上每一个方面对21世纪授课范式产生的影响。

21世纪授课范式变革的诱因

对学习认识的转变

授课范式遇到的最大挑战是存在大量关于学习行为的认识，这些认识让人们对讲课能否让大学毕业生具备当今社会要求的多种能力产生怀疑。20世纪中，人们对学习有了广泛的认识，这些认识如此之多，将20世纪称作"学习世纪"也不为过。20世纪之初，行为心理学家在研究华生（Watson）和桑代克（Thorndike）早期著作的基础上进一步阐明：学习者的行为（和行为目的）与相应的反馈（有时也称作强化）之间存在关联。B. F. 斯金纳（B. F. Skinner）对这个模型进行了非常细致的研究，研究可能对将来的学习产生重大影响的因素，包括如何确定目标和预期成果，描述学习者目前能够做什么（基准）、分解学习任务并仔细拟定步骤（任务分析）并对反馈进行有意识的处理。[12] 到 20 世纪中叶，认知心理学家不再满足于行为模型，同时对其无法解决的问题感到好奇，他们开始研究人们怎样关注、处理和记忆信息。他们的贡献各不相同，但很有意义，使人们对学习者应当怎样主动为新信息建构意义并将其融入自己的知识背景有了新的认识。同时，另一批学者、社会心理学家和交际理论家研究了人们怎样以群体形式学习，尤其是交流过程中，群体成员怎样修正自己的意见、态度和观念，又怎样学会团队协作。一些学者研究了批判性和创造性思维过程以及这类学习过程怎样通过探究进行，即鼓励学习者找出并运用适当的问题来发现和获取相关知识，一些研究者对问题解决和决策的认识进行了补充，而另外还有一些研究者探索了通过角色扮演、戏剧情节和模拟实境中获得的认识。与行为学家完全背道而驰的是体验式学习法的支持者，他们提倡运用一切感官从体验中学习。最近，学习理论家开始从大脑研究领域获取对学习的认识，这门学科正式的名称是"认知神经科学"。

除了极少数人外，大部分大学教授既没有时间也没有机会了解关于学习的这些认识。当然这不是他们的过错，因为培养大学教师的主导范式没有包含关于学习的指导。一般而言，大学教师几乎没有接触过 20 世纪关于学习的认识，他们没有接受过怎样将这些认识运用于教学的系统指导，而且也没有人鼓励他们运用与当前教与学范式规范相悖的新方法。更糟糕的是，对学习进行严肃研究在研究生课程中的缺位，传递出让人始料未及的信息，即学习没什么需要认识的，了解自己的本专业就已经足够了。正如哈佛大学前任校长德里克·博克（Derek Bok）所说的那样，"在研究型大学大多数教师的心目中，教学是一种艺术，它要么过于简单而无须正式的准备，要么过于个人化而无法向他人传授，要么是对先天能力要求太高而无法传授给缺乏必要天赋的人"。[13]

学习不是一件事而是很多件事，这是"学习世纪"研究得出的重要认识。用于促进学习的不同方法会带来迥然不同的结果，而且完全采用一种教学方法只能获得与该方法相关的有限结果。讲授式教学法出了什么问题？它本身没有任何问题，它非常适合向学生介绍信息和观点、新术语和理论，叙述产生新发现的过程，但仅此而已，它在帮助学生培养技能、进行批判性或创造性思考、考察自身价值观、解决问题、做出决策等方面不是特别有效。要获得更多种多样的成果，就必须采用以不同学习方法为基础的其他教学方法，换言之，学生在教育中长期只能接触单一的学习方法是对他们极大的不公。

如果教师工作的很大一部分是推动学生学习，大学教师真的可以承担不了解学习的后果吗？不了解自己专业领域的重大新进展是不可接受的，但在传统范式中不了解学习却是完全可以原谅的，毕竟教授的唯一本职工作是讲课，而学习是学生自己的事情。因此，对学习认识的爆炸性增长向大学教学的主导范式提出了强有力的挑战，旧范式作为一个多世纪前引入时的必要变革，现在受到一个世纪以来对学习新认识的挑战。

技术创新给教学带来的挑战

教与学的传统范式也受到广泛传播的各种教育技术的挑战。从最初引入书籍，到后来的黑板、计算机、手持式平板设备，技术经常被人称为高等教育中的一个破坏性因素。技术变革往往受到抵制，即便它们真正进入高等院校，往往也只能缓慢推进。20世纪90年代中期，史蒂文·吉尔巴特（Steven Gilbert）提出了一个简单的"三部曲"流程，说明了世纪之交的技术创新会怎样改变高等教育的面貌：首先，使普通的行政管理工作自动化；其次，使目前的任务得到改善；最后，改变教与学的核心职能。[14] 吉尔巴特称，我们已经使我们的教学任务实现自动化并得到改善，但还需要十年或更久的时间才能稳步进入基础变化的第三阶段。实际上，过去几十年内大多数较新的技术已经被讲授和讨论范式所采用，采用幻灯片以可视方式增强口头陈述，使用图像和视频让陈述变得更生动，甚至使用手持式应答设备（应答器）改善（但并未根本改变）目前讲授和讨论的教学任务。笔记本电脑进入了课堂，部分高等院校甚至规定使用笔记本电脑，然而，笔记本电脑多半是被学生用来做笔记的。

不断更新的技术带来了更多的挑战和机遇。一项重要的技术创新是课程管理系统的建立，这套系统通常又称作学习管理系统（LMS）。凭借这项技术，课程外壳程序为课程提供了一个电子存储位置，教师和经过注册的学生可通过密码访问，这个电子平台可以让教师张贴和发布信息，例如人物信息、课程大纲、每周学习任务、电子版的书和文章、幻灯片、图片和图表、视频和短片、评估活动、测验和考试，甚至还包括简短授课的文稿或录像。只要正确使用，课程外壳程序就包含了与特定课程有关的所有必要信息，学生通过笔记本电脑既可以在课堂上学习，也可以在课堂之外学习。这项技术目前的使用方式基本上与讲授和讨论相容，但这项技术的某些方面也鼓励了与传统教学范式不一样的学习活动。

LMS及其他技术实现了以同步和非同步方式进行课堂讨论的机制，而且提供了与教师、其他学生、全班或小组进行一对一沟通的机会，学生可以相互提问、讨论课堂以外的问题并发起协作项目学习。与课堂讨论不同，在线讨论（尤其是不同步的线程讨论）可以让学生掌控并主导讨论的内容和方向。维基百科、博客和快速制作的视频等其他工具可以让学生创建自己的内容，内容和应用程序现已能通过移动设备获取，因此学生能在任何地点参与学习活动。目前正在开发智能导师系统为学生提供个体反馈，增强现实工具让模拟变得更加逼真，而且学生能在虚拟世界中与专家进行互动。有人预测正规 LMS 会走向终点，认为较新的技术可以让学生以超越课堂界限的方式进行协作、讨论并创建内容，而且让全世界的受众参与进来。一些杰出大学为数百位、数千位甚至数十万位参与者同时免费提供大型开放式网络课程（Massive Open Online Course，MOOC），这些课程提供了获得学分和证书或培养知识和技能的各种途径，大学课程因而产生了本质上的变化。

这些技术拓宽了互联网信息访问渠道，给学生提供随时访问信息的机会，因而给传统范式带来了挑战。只需轻松一点鼠标，就能获取关于几乎任何主题的信息，此外一些高等院校甚至将教学内容放到网上让公众免费使用。因此，互联网从一个阅读或索取内容的静态信息平台，蜕变为一个不断变化的动态空间，人们可以在其中进行协作、创建、改写、评价和分享内容。虽然目前很多技术进步被用来强化传统范式，但这些技术进步带来的各种机会催生了利用上课时间和课外学习的不同方法。曾经需要在课堂上进行的几乎所有活动现在都能在课外以电子方式进行，技术往往能以比人类更高效的方式执行教育任务，而且只要接通互联网，任何人都可轻而易举地免费获取信息。那么根本性的问题产生了：上课时间用来做什么？当然不完全是讲课！这个问题本身威胁到了讲授和讨论的传统范式，迫使教师去考虑其他学习方法。

知识在社会中的重要性日益增加

知识在社会中日益增加的重要性，是传统授课范式面临的另一个挑战。在历史上，知识一直扮演非常重要的角色，大学的创办有力地证实了这种重要性，而 20 世纪末发生的一些事件赋予了知识在社会中前所未有的重要性和紧迫性。

我们生活在所谓的"信息时代"中，虽然这个词可能已经被用滥了，但它所描述的现实极大地影响了组织机构和个人的活动。新技术让信息获取的渠道越来越广，但信息的可访问性本身并不那么重要，重要的是对信息进行处理以形成知识（尤其是新知识）的方式。关于组织机构中知识占据更重要地位的最佳描述或许包含在彼得·德鲁克（Peter Drucker）所著的《后资本主义社会》（Post-Capitalist Society）中。他跟踪了三次革命的历程：工业革命、生产力革命和管理革命，在每次革命中，知识都在以不同方式变得日益重要，但在第四次也是最近的一次革命中，即向知识型社会过渡的革命中，知识表现出了全新的意义。德鲁克称，当今"正统知识同时被视为个人和经济资源的关键。实际上，知识是如今唯一有意义的资源。传统生产要素——土地（即自然资源）、劳动力和资本并未消失,但是变得不那么重要了,只要具备相关知识,这些要素可以轻而易举地获取。在这个新的意义上,知识成为一种实用工具,一种获得社会和经济效益的手段"。[15]

德鲁克指出,目前的关键差异在于知识不仅运用于物质世界、生产和组织机构管理,而且运用于知识本身,即知识被用于促成系统性创新。

莱斯特·瑟罗(Lester Thurow)在《资本主义的未来》(*The Future of Capitalism*)一书中提出了相似的观点,主张现在是一个人为的智力产业时代,这些产业可以位于全球任何一个地方。[16]显然,知识是新的自然资源,也是新千年中的"铁矿石"和"铝土矿"。人力资本开发是从基本生存走向成功的关键,那些拥有所在组织机构所需的特定知识的人将取得成功、发挥作用,而不具备这些知识的人将会被淘汰。

罗伯特·赖克(Robert Reich)在实用性书籍《国家的作用》(*The Work of Nations*)中将未来的工作确定为提供三类服务:常规生产服务、直接服务和符号分析服务。[17]从事符号分析服务工作的人包括科学家、工程师、公共关系管理人员、投资银行家、房地产开发商、会计师、顾问和规划师,这类工作要求从业人员具备高度抽象地操纵信息的知识和能力,而且往往需要经过复杂的培训。[18]我们心目中这些人通常是在信息和通信技术以及与生产、服务提供、科研有关的技术方面造诣很高的大学毕业生。

理查德·弗罗里达(Richard Florida)将提供符号分析服务的人定义为创意阶层:"创意阶层与众不同的特性是其成员所从事的工作职能是'创造有意义的新形态'……从而充分参与创造过程……处于核心创意阶层的人长期从事这类工作,这也正是他们的本职工作。在解决问题的同时,他们的工作可能还需要找出问题:不仅要设计一个更好的'捕鼠器',而且首先要注意到一个更好的'捕鼠器'是个方便实用的工具。"[19]

知识已经在组织机构中明显表现出更高的重要性和新的紧迫性,而且对于个人生活而言也是如此。个人在养育孩子,购买房产、汽车或技术,进行自我保健和参与社会活动等方面进行复杂抉择时,拥有信息并能以批判性和创造性的方式分析信息,将信息变成有用的新知识对他们来说同样重要。

奇怪的是,知识的信息部分可以通过广泛的途径获得,以前教授视为珍宝的"知识储备"现在每个人都唾手可得,在题为《精通网络的教育朋克是怎样改变美国高等教育的》(*How Web-Savvy Edupunks Are Transforming American Higher Education*)这篇引人入胜的文章中,安雅·卡门尼斯(Anya Kamenetz)写道,目前很容易以电子方式获得多个令人眼花缭乱的信息来源(往往是免费的),[20]例如,麻省理工学院(MIT)2001年开始在网上免费提供全部课程的大纲、讲稿、课堂练习、测验、学习任务和讲课录音等材料。卡门尼斯写道，"始于MIT的'内容开放'运动已经席卷32个国家的200多所高等院校，他们都在开放式课程联盟中提供了在线课程内容。"[21]平世界知识库"委托教授撰写免费在线提供的开放式教科书"。[22]虽不那么引人注目但同样重要的是通过高级搜索机制获得的电子书、参考书、数据库和电子期刊系列，此类数据库都可通过大学图书馆或大学图书馆联盟获得。授课的主要目的之一——提供信息——现已被更加迫切的需求所取代：即怎样查找、评价、分析和使用信息以形成新知识。讽刺的是，授课范式最擅长的方面几乎再也不需要了，而它未能实现的方面已成为了学习中最重要、最紧迫的任务。

工作情景的不断变化

新时代知识的重要性极大地影响了工作的性质，工作情景本身发生了变化，也对工作者提出了新的要求。他们不仅必须是有创造力、有效能的符号分析人员，而且要具备如今的组织机构亟须的其他技巧和能力。

在如今的大多数组织机构中，工作具有全球的、跨文化的特性，无论是客户、供应商、同事还是管理者，任何人都会遇到来自世界各地的人或者与自己有文化差异的人。工作的跨文化特性有时要求我们具备语言技能，但往往更要求我们具备跨文化的敏感性和沟通技能。这些技能远远不止是简单的容忍，更要求能够实现真正的协作和创造积极的协同效应。如今的工作面向项目并由团队执行，因此懂得怎样合作变得至关重要。这不仅意味着需要了解合作的基本知识，而且需要了解较复杂的项目管理和团队合作流程。因此，如今的大学毕业生应当具备项目实施和团队合作的经验。

而且，组织机构本身在不断变化，实际上，整个行业也在不断变化，例如较大行业发生合并和撤资、小型创业公司经历成长和出售、政府引入新的所有权类型和监管职能，而非营利性机构也面临非预期的协作。如今的大部分组织机构面向变革，需要引领变革的领导者和有适应力的工作者，这意味着有一项以上专长、能同时从事不同项目并迅速适应新观点的人员大受追捧。虽然传统的授课范式有自身的优点，但接受单一的授课方式让学生无法充分培养21世纪工作情景最需要具备的技巧和能力。

传统范式日渐衰落，困惑成为主导

显然，传统范式正受到挑战，已经落后于不断变化的社会需求，曾经主流、唯一的教学模式已经盛极而衰。请记住，授课范式是在手机、笔记本电脑、电视、喷气机旅行、收音机甚至小汽车和卡车诞生之前形成并占据主导地位的，其持久性异乎寻常，叫人难以理解它为什么持续存在了这么久。

如今很多大学教师认识到了改变的必要性，但他们往往不知道用什么来代替讲课。虽然有很多替代方案，但有时这些替代方案反而让教师的生活变得更加困惑。大学教学方法大量存在，而且一些方法受到领导者的强力支持，教师面对着大量的"最佳"解决方案、独一无二的替代方案和商业产品的轰炸——我们将它描述为充满了令人困惑的教学改进理念与良方的卖方环境。其中一些理念和方法能吸引人并很有意义，有一些却毫无根据。教师务必知道如今关于大学教学的观念、理解这些观念有什么意义或建议、知道怎样批判性地评价这些观念，并且可以将这些观念与我们所称的"学习方法"加以区分。

第二章
可能的教学途径

₁₉　　很多大学教师已经为考察传统授课范式的替代方案做好了准备，但他们面临的选择之多往往让他们应接不暇。大学教师就像全世界度假海滩上的游客一样，似乎被各种各样的商贩所吸引，不仅包括贩卖实体产品的商贩（虽然已经有很多）还包括贩卖观念的商贩。在下午的海滩上——无论是墨西哥、夏威夷、加利福尼亚还是佛罗里达，商贩会向你兜售色彩鲜艳的帽子、防眩光太阳镜、手工编织的披肩、机织毛毯、手绘的碗、雕刻的口哨、冰激凌三明治、女式缀珠钱包、男式皮革钱包和银首饰。虽然这些物品并非全部一文不值，但也并非全部都价有所值。更确切地说，挑战在于找到最有价值的物品，因为可供选择的物品太多了。同样，大学教师面临的选择包括主动学习、问题导向学习、以学习者为中心的教学、探究式教学、成人教育学、学习风格、左右脑思维、合作学习、协作学习、实践社区、混合式在线教学、布鲁姆分类学、梅格行为目标，等等，如有需要我还可以列举下去。其中一些是货真价实的，就像纯银戒指一样确有其价值，是合算买卖；另一些观念虽然听起来很好，但如果不细化阐释，寻找理论或证据支持，也无法发挥效用；还有一些则可能毫无作用。大学教师生活在一个充满了教学观念的卖方环境中，大多数教师身为学科专家，却并未做好充分准备来评估这些不断涌入他们世界的观念。这个世界充满了各种观点

₂₀的倡导者，虽然倡导本身并没有什么错——我们现在也在介绍自己所倡导的观念，但从教师的立场来看，"卖方环境"叫人眼花缭乱、难以应付。我们收集了各种建议、安排、补救办法和有趣的观念，将其统称为"途径"。本章重点对目前最突出、最著名的教与学方法加以描述，并进行分类和评价。我们认为应当撰写这部分内容，才好在本书第二篇中提出自己教与学的建议。

基于学习参与的教学途径

如今的大学教师往往会遇到这些术语：以学习者为中心的教学、主动学习和探究式学习，这些方法都将学习的重点和责任放在学生身上。

"以学习者为中心的教学"是指教师角色的转移，它所采取的做法是将学习的责任放在学生或更合适的说法——"学习者"身上，这种转移将把学习任务和评估方法的控制权更多地交到学习者的手中。[1]以学习者为中心的教学不依赖于某一种学习方法，多种学习方法都与这种教学方法相容，而且实际上只有结合这些方法才能让以学习者为中心的教学有意义或产生实际学习成果。

同样，主动学习变成了一个泛称，其中包含了很多不同的教学方法。这种方法发掘学生的主动学习过程，通常被视为被动学习（比如学生在课堂上做笔记）的对立面，它是指能让学生主动参与的教学方法，例如创造或设计某个事物、解决问题、参与探讨或系统性地思考学习过程。主动学习一直是很多将主动学习与被动学习的情景进行比较研究的基础，其研究结论绝大多数倾向于主动学习方法。[2]与以学习者为中心的教学相似，主动学习可以采取几乎所有能让学生主动参与的学习方法。

"探究式学习"是另一个含义丰富的流行词语，通常是指学生在讲课期间主动就学习的材料、观念和内容提出问题，一般而言，这就表示教师不会主动给出答案，而是鼓励学生提问。"探究式学习"的另一个含义主要应用在科学领域，指通过向学生提问，让他们采用多种学习方法探究答案，着重培养学生的实验和分析技能。与以学习者为中心的教学和主动学习相似，探究式学习也可能包含多种教学方法和学习方法。

这些教学途径表明可以使用多种特定的教学方法支持主动学习、以学习者为中心的教学和探究式学习。然而，学生保持积极状态或主动进行参与的方式非常重要，而且这也决定着他们实际掌握的知识。几乎所有教学方法都能在被动的以教师为中心的学习方法中，或主动的以学生为中心的学习方法中实施。实际上，本书中七种学习方法中每一种的有效实施，都在一定程度上依赖于学习者的主观能动性和主动参与。如果希望采用主动的以学习者为中心或探究式方法进行教学，那么对这七种学习方法的研究和有效运用将有助于确定为达到这个目的而需要采用的具体方式。

基于普通教学方法的教学途径

主动学习、以学习者为中心的教学和探究式学习可以视为建立在学习观念基础上的教学方法,其他教学方法则采用普通教学方法中的常见的语言进行描述,例如讲授、讨论和实验室教学。我们所知道的学习方法都可以归入普通教学方法之中,不过我们想更进一步,具体了解采用这些学习方法时学生学习的情况以及教师和学生所进行的活动。第六章讨论的探究式学习法,会谈到关于推动讨论(包括苏格拉底讨论法)的一些想法。第八章则是班组学习法,包括众所周知的、经过广泛研究的小组教学方法、小组讨论方法,如合作学习、协作学习和以团队为基础的学习,并加以区分论述。第七章涉及心智模型学习法,这是能帮助学生系统化解决问题的一种学习方法,在理科教学中经常用到。那么,普通教学方法与我们说的学习方法有什么不同呢?普通教学方法较为模糊,经常会有多种理解;学习方法与特定学习成果结合时较为明确且有效。例如,我们通常称之为"讨论"的一般性方法,究竟是指什么?"讨论"是大学教师经常使用的一个词语,但每次讨论可能有不同的重心:可能旨在探究问题,亦可能着重于解决问题,也可能以小组讨论的形式致力于了解大家的态度和感受。在每一种情形下,学习方法迥然不同。我们试图超越普通教学方法的范畴,来探讨理据充分、定义明确的学习方法。

基于区分成人教育学/儿童教育学的教学途径

第二次世界大战后,高等院校中涌入了很多大龄学生,多数为退役老兵。几年后,人们将年纪超出一定年龄段(18～21岁)的典型群体的学生称为非传统学生。1970年,成人教育领域的先驱马尔科姆·诺尔斯(Malcolm Knowles)提出了"成人教育学"的概念,认为这种方法更适合成年人的教育。[3]诺尔斯汲取了前南斯拉夫的一位同事和社会科学界几位学者的成果,以此为基础阐述了针对成年人的教学观念,这些观念与儿童教育学形成了鲜明的对比。由于年长的成年人经历较丰富,尤其是工作经历,他们的学习方法主题导向弱,但是问题导向强。[4]他认为对成年人进行教学时,应当考虑到他们的知识需求、个人经历、自学倾向以及将所学知识运用于实际任务的渴望,采用合适的教学方法。[5]

虽然成人教育学当时是一个有用的概念,引起了人们对非传统学生特点的关注,但随着时间的推移,非传统学生变成了传统学生(实际上现在成年人学习者更多),儿童教育学经过调整后变得更像成人教育学了。事实证明成人教育学表达的观念,与主动学习或以学生为中心的学习观念一样,也是适合于一般学习的良好原则。但问题仍然存在:可以运用这些成人教育学的先进原则以达到哪些特定的学习成果?虽然人们多半会说本书所述的七种学习方法与成人教育学的原则相容，但成人教育学本身并不能产生特定种类的学习成果。

基于学生差异的教学途径

其他教学方法以学习者之间的差异作为基础。大多数教师会注意到学生在性别、文化背景、天资、成就、智力、动机、价值观、个性及其他特性上存在着巨大的个体差异，给一年级本科生上的公共课和针对研究生开的研讨会或针对在职成年学生的在线课程肯定会不同。关于学生多样性、成年人学习原则，以及通用设计、注重文化差异的教育学等概念已有现成的文献资料，对怎样调整学习方法以适应特定个人或多样化的学生群体有帮助。这里的关键字眼是"调整"，我们建议从预期学习成果出发，选择适当的学习方法，然后针对已有学生作相应调整。

基于不同的学习风格的教学途径

另一套流行的教学方法建立在了解学生偏好和差异（往往称作"学习风格"）的基础上。学习风格在20世纪70年代开始流行，到了今天，几乎没有哪个大学教师没听到过别人要自己根据学生的学习风格调整教学方式的忠告。实际上，学习风格的概念在大学教学的讨论中为什么会像今天这样无所不在，着实令人费解。有些教师听说过学习风格，对大学教学其他研究却一无所知，他们就会认为了解学生的学习风格非常重要。

这种困惑部分来自学习风格这个笼统标题下塞满了各种不同的理论和类别。在对学习风格文献资料的一次全面回顾中，人们发现了不少于71种有明显差别的方法。[6]学习风格的多个层次被形象地比喻为洋葱一层层的肉质鳞片，个性和认知结构等较为稳定的特点处于核心，而适应性较强的偏好和学习方法则构成了外层。一种理解学习风格更有用和准确的方法是将其视为各种方法的连续统一体：一端是关于具有个人固定特质的理论，另一端则是关于后天性偏好的理论，这些偏好可能会因教学方法和情境的不同产生变化。[7]

例如，在连续统一体的一端，某些关于学习风格的概念基于这样一个前提——学习过程中存在不变的核心特点。当中最著名的或许是格雷戈里克（Gregorc）的感知特性风格或邓恩夫妇（Dunn and Dunn）的VARK模型，后者提出个人在接受信息时存在视觉、听觉、阅读/书写或运动知觉等方面的不同感觉偏好。[8]这种有关学习风格的观点成为了解学习的极为流行的方式；但近几十年来关于这些教学偏好的研究存在相互矛盾之处。文献资料中对这些偏好是固定还是易变的特质,以及对于促进学习究竟起多大作用一直存在争论。

关于学习风格的其他理论也反映了稳定的个体特点,但与个性或认知结构的相关性更强。布里格斯－迈尔斯(Myers-Briggs)人格类型量表和加德纳(Gardner)的多元智能理论都属于这个类别。[9]同样,库伯(Kolb)的学习风格量表建立在对其体验式学习模型的偏好的基础上。[10]所有这些方法都归纳了据称能影响人们学习风格的较为稳定的属性。这些理论可以作为了解学生之间差异并对教学进行相应调整的有效手段,但作为达成特定学习成果的教学设计准则并没有多大价值。简言之,没人只通过听听课就能学会怎样顺利地开车。

学习风格理论唤醒了对学生偏好、优势和劣势的意识,而且提供了一套通俗易懂的表达方式,以便讨论在学生身上观察到的学习差异。但这方面的研究缺乏一个获得普遍认同的理论基础,而且研究水平参差不齐。这方面研究的一个分支转变成了一个营利性产业,过分地夸大了它的效果。目前产生了用学习风格来给学生贴标签,或把学生定位成不同类别的趋势,却忽略了他们起初的学习目标。很多批评者认为学习风格理论过于简单化,或只是些假说,缺乏论证。他们为学生和教师提供了一个有关学习障碍的直接简单的回答(不管正确与否),但深度不足,无法提供实质性的指导解决问题,或达成特定学习成果。

最重要的一点是,学习风格不应当与学习方法混淆。学习风格理论可能有助于了解学习者,但对于怎样通过特定的学习方法达成特定的学习成果的讨论却几乎毫无帮助。加德纳的多元智能理论有助于了解学生智能可能通过不同的方式展现,但加德纳自己并未根据多元智能理论设计出一种明确的教学方法。[11]他认为这是一种描述学生特性的理论,而不是教学方法。实际上,近来关于学习风格的分析得出了一致的结论,即教学应当与学习目标而不是学生偏好匹配。[12]一次又一次的研究不断表明,似乎某些教学技巧对于特定类型的学习来说格外有效,即使这样会让学生感到不自在。因此,大学教师使用一种又一种的教学方法来迎合学生多样化的学习风格偏好,希望在某些时间会对某些学生有用,简直是枉费心机。学习风格可以帮助教师了解学生之间的差异并对教学进行相应的调整,但不应作为怎样进行教学的指导方针。教学的指导方针是由或者应当是由学科的预期学习成果以及所选择的最能有效达成指定成果的适当学习方法所确定的。

基于不同的学习策略的教学途径

我们相当重视教师在本职工作中做什么或认为他们应当做什么,但任何有经验的教师都知道，学生本身也在不停地判断作为学习者应当做什么，他们针对学什么、学多少、主要学哪些课题以及在某个课题上学到什么程度进行决策，研究者将这些称作"学习策略"。这些策略存在于连续统一体中，远离固定学习风格的另一端。显然，学生会根据教学情况、学习动机及其他情况改变自己的学习方法。学习策略概念对于确定特定教学方式对学生学习方法的影响非常有效，例如，恩特威斯尔（Entwistle）的学习策略分类可以有效地确定某些教学方法对学生学习策略和学习习惯产生的效果。[13]教师可以确定教学中的某个变量能否让大多数学生采用深度学习或表面学习的学习策略。简言之，学生采取深度学习还是表面学习在很大程度上取决于学习期望和学习任务的类型。但学习策略这个概念本身必须从学生对学习的适应性反应的角度来理解，而不是作为不同类型学生的描述工具。换言之，不应给学生贴上深入或肤浅学习者的标签，而是应当理解为学生根据不同的情景、期望和教学干预来改变他们自己的学习策略。针对本书所述的七种学习方法中的任何一种，学生实际上将制定策略来管理自己的学习。教师可以通过提高期望，实行有效的评估方法激励他们进行深度学习。

基于技术手段的教学途径

过去几十年里，大部分大学教师被请求在教学中更广泛地使用技术手段。技术是指多个类型的电子媒体，但特别指以计算机作为中介的媒体。在某些情形下，请求发展成了硬性要求，因为人们认为更广泛地运用技术能改善学习效果。正如我们看到的那样，这种观念不一定正确。

围绕学习媒体效果的争论已经进行了很多年，但争论中一个重要事件是所谓"克拉克-科兹玛（Clark-Kozma）争辩"，争辩的核心是"媒介到底是不是信息"这个问题。1983年，理查德·克拉克（Richard Clark）写了一篇题为《透过媒体学习的重新思考研究》（*Reconsidering Research on Learning from Media*）的文章，称"使用任何一种专门的媒体来传播教学都不能因此产生特别的学习效果"。[14]克拉克将媒体比作运货卡车，认为媒体只是教学内容的载体，不会对学生的学习效果产生影响，好比运货卡车对蔬菜营养也不会有任何影响。罗伯特·科兹玛（Robert Kozma）则撰专文《透过媒体学习》（*Learning with Media*）回应克拉克的文章，称媒体的独特特点与学习者的特点相互作用，可以提高学习效果。[15]随着观点和反驳意见的不断提出，争论持续进行，但争论焦点在于媒体究竟只是作为载体支持良好的教学方法，还是说媒体本身就能强化学习效果。

虽然这个争论起先关注的是技术运用对学习的影响，但它也为考量技术对教学的影响提供了一个有趣的分析背景。为了促进技术运用以改善和发展教学已经投入了大量的资金。但教师面对着先进技术，却往往不知从何下手。他们所熟悉的教学工具——包括白板、讲台甚至教室——可能消失或被其他工具取代了，因此他们不得不重新审视他们为学生设定的学习目标，并从根本上对习用已久的教学方式提出质疑，在这个意义上，技术的运用可以改善教学，或至少能颠覆传统的教学方式。如此一来，教师就常常会采用新的，或许更适当的教学方法。

不过，有个问题依旧悬而未决：针对某种特定的教学类型，应当使用哪种特定的技术加以辅助？虽然技术肯定会增强学生的学习活动，但面对多种多样的技术时该如何选择，教师依然一筹莫展。在此情形下，卖方环境变得更加显著：教师要应对不断推陈出新的产品和工具，更得饱受各种天花乱坠的广告宣传轰炸。网络会议、网真会议、交互式白板、博客、维基、移动设备、情景模拟、游戏——选择无穷无尽。做出良好选择的关键是运用这些技术来支持学习的方式。虽然我们与科兹玛一样认为技术本身能以独特的方式强化某些学习活动，但我们与克拉克一样感到媒介本身并不是信息而是载体，应当把技术视为扩展某种学习方法的载体，以做出适当选择。因此，在每一章中我们都对最适于支持所述学习方法的具体技术进行了讨论。

其他教学途径

20世纪涌现了很多其他教学途径。某些具体方法和模型已纳入本书相关学习方法的论述中。例如，马杰（Mager）行为目标在以行为学习为主题的第四章有所论述。神经科学和建构主义被用来支持体验式学习法。先备知识和知识组织的概念在关于认知学习法的第五章，以及关于心智模型学习法的第七章做了相关探讨。元认知——个人对自己的理解和表现水平进行监控并进行必要调整的能力——为探究及运用心智模型学习方法提供了基础。评估和教育技术将在关于特定学习方法的章节，即第四章至第十章中有相应论述。

还存在很多互补性的视角能帮助我们对大学教学进行考察，而且它们各自都有大量的方法和支持者。我们希望本书可以让大学教师在卖方环境中不再茫然不知所措，筛选出真正有用的方法，并且理解本书介绍的七种学习方法之所以能成为有价值的教与学方法，是因为这些方法是针对特定的学习成果而设计的。

理清思路

你能从对这些教学途径的简要回顾中学到什么？大学教师所处的卖方环境中充满了很多观念、理论、概念、建议、框架和商品。这些教学途径都有支持者，而要确定哪些正确、哪些有用并不容易。支持某个观念的人当中有很多缺乏正式的教学理论背景，而很多方法在推行时并未阐明它们支持哪些特定的学习成果。另外，许多措辞模糊不定、概念不明晰——我们姑且称之为听起来似乎很重要的观念的大杂烩吧——更让缺乏相关经验的教师难以判断。是以学习者为中心的教学吗？没人会反对吧？是主动学习吗？这至少从约翰·杜威（John Dewey）哲学诞生之时就已经存在。以团队为基础的学习、博客、维基还是苏格拉底式教学？当然可以，有何不妥呢？可是，针对某个特定课程或学习目标，究竟哪个才是最佳方法？

在这个概念混乱的环境中，大学教师真正需要的是以下清单，借助这个明确而有用的框架来思考并组织教学，情况就不会那么复杂了。

- 以学生学习成果为表达形式目标
- 学生学习成果与所选择的学习方法相匹配
- 基于每种学习方法固有概念和惯例的条理清晰的教学
- 引起学生兴趣，鼓励学生参与的学科素材和活动
- 适当时使用支持并强化教学的技术
- 确实能衡量是否达成学习成果的评估方法

满足了这些条件，学生更有可能学到知识，从而会感到更开心，社会的需求能得到更好的满足，而推动了学生的实际学习，教师也会更满意，所以，与学习目的相一致的教学更有效，最终教师也更享受教学的过程。

第三章
基于七种学习方法的教学

31 　　一位同事要求8岁的儿子教他弟弟怎样系鞋带，从而为家庭提供帮助。几周后，当哥哥被问到为什么弟弟还不会系鞋带时，他回答说："我教过他，是他没学。"当然，这个小家伙并不知道自己的评价蕴含了多么深刻的道理，也不知道这些词语（包括说出来的和未说出的）被多么广泛地用于解释教学为何会偏离正轨。

将教与学重新联系起来

　　只要学生真正在学习，教学就成功了，如果没有人学，那么教学只是"喧哗与骚动，没有任何意义"。[1]或者不那么夸张地说，如果投入巨大精力进行教学，学生却根本没学进去，这种情况实在令人沮丧。我们都知道，甚至8岁大的孩子也知道，教与学之间存在一种固有的、显而易见的关联，但为什么教与学常常脱节呢？

　　教学本身经常被视为一个统一体，其中包括一套可详细描述和讨论、可评价而且甚至可能具有一个理念的离散行为，但与学生学习毫无关联。大量的关于教学的著作都只着重于教师做什么或者应当做什么，这难道不奇怪吗？这些著作给出了很多技巧，指导教师怎样编写课程大纲、怎样上第一堂课、怎样进行讲授、怎样引导讨论、怎样建立实验室等，就好像一个人在准备一顿晚餐却不考虑招待什么样的客人一样。难道关于教学的这些论述不能更深入一些，或以学习作为重点，朝着一个不同的方向更加深入地探讨吗？教师采取什么办法来促进学习呢？这难道不是关键问题吗？

完善的学习理论

以学科为导向的大学教师一提到学习理论可能就会感到战战兢兢，或许是因为"理论"这个词具有"无具体根据"的含义，而且存在一种根深蒂固的观念：怀疑学者对学习的研究与大学课堂中的实际情况几乎没什么关系。虽然存在出于谨慎的合理担忧，但对20世纪关于学习的认识置之不理也不太恰当。挑战之处在于对这些理论进行梳理、确定它们的渊源、阐明它们的基本原则，并实现从理论到实践的大跨越，将其运用于特定学科。这正是我们希望在第二篇实现的目标。

20世纪围绕学习进行了大量的研究和理论构建，这种说法现已得到广泛认同。对这些知识进行分类是一项艰巨的任务，而且并非每个人都赞同这些类别的名称或界限，但这些理论确实存在比较明显的分组。历史上最先提出而且最容易确定的是行为学习理论。行为学习理论让喜欢有根据的实证研究的人感到满意，因为这类研究能形成明确的原则和清晰的因果联系。这类研究获得的成果很容易设计成原则以指导学习。认知学习理论同样有扎实的研究基础，但顺序有所不同。虽然对注意、信息处理和记忆等主题已经进行了大量研究，但研究结果更多应用于心理活动的研究中，要从中推导并制定适用于大学教学的原则难度更大。支持探究式学习法的关于批判性和创造性思维的文献资料较少依赖实证研究，而是通过推理分析，研究思维过程来证实其合理可信之处。随着解决问题和决策理论的发展，人们对组织知识、解决问题和决策方式有了更深入的认识。班组学习的研究并没有从心理学研究中吸收成果，而大多利用了传播学领域关于群体行为和团队合作的文献资料。同样，关于角色扮演、戏剧情节和情景模拟的相关著作源自传播理论的衍生理论，例如心理剧、社会剧和博弈理论。神经科学与建构主义理论的发展也促进了人们对体验式学习的认识。

完善的学习理论依赖不同来源的解释和证明。一些理论比较依赖实证，而另一些理论比较依赖推理，但每个理论都有自己的证据规则、界限和支持理由。经过多年对关于学习的文献资料的研究及研究趋势的分析，我们相信有可能明确地描述已进行研究和理论化的七个独立方面。我们倾向于将这几个方面简单地称作"学习方法"。这个领域的工作者会不会同意不多不少正好存在七个类别？也许不会。学习理论的阐释中是否存在一些偏差和重叠？很可能会这样。有没有可能将人类学习这个复杂的领域划分成七个明确的类别？我们认为这种尝试是有意义的。本书中学习方法的名称和章节标题反映了大学教师通常试图达成的学习成果。随着时间的推移，这些类别不断发展和完善，而且像所有的知识建构一样攻守自如。要点在于学习不是一件事、不同的学习方法可以相互区分并加以命名，而且对这些学习方法的认识已经足够，可以称之为成熟完善的学习方法。这些成熟完善的学习方法是实现圆满而有效教学的关键，将在本书中加以阐述和证明。

确定学习目标

通往更有效、更圆满教学的道路上挤满了兜售各种诱人方案的"商贩"，但成功的关键是明确思考学生需要学习什么，并且将这些成果与最可能实现它们的学习方法关联起来。有效的教学首先是通过学习目标来实现的。教师提出的第一个问题是：我要教什么内容？第二个问题是：需要采用哪一种学习方法？教学（即教师的工作）必须牢固地根植于学习目标中并结合特定的学习方法。

因此，教师的首要任务是系统性地思考自己希望通过教学实现的预期学习成果，即教学目标。这个任务一般称为确定学习目标。学习目标并不包含在课程学科里，它们不在教学内容之列，而是学习者应当从这个学科中得到的东西或对这些学科知识的应用。学习目标可能千差万别，但这并不是个问题，因为学习本身也是千差万别的，而且可以利用完全不同的学习方法来帮助学习。

教师在设定学习目标时有时会对层次划分和具体程度感到困惑。这个领域的学者往往使用"目标"这个词而且建议采用三个层次的目标：在学校或教育项目层面上设定的全局目标，在课程层面上设定的教育目标以及在教学环节、课堂、单元或任务层面上设定的教学目标。[2] 全部三层目标都应相互保持一致，但最后一类目标（即教学目标）才是本书的重点。教学目标决定了所使用的学习方法。

具体地预测学习者在学习完成后能掌握什么知识或具备什么技能，对系统地思考教学目标相当有用。采用意义明确的动词（例如"解释""证明""运用"），在后面加上对学习的适当描述，可以帮助我们进行预测。例如，与"学生将学习亚当·斯密和马克思"或者"学生将了解自由市场和马克思主义"相比，"学生能够从四个主要方面对亚当·斯密和卡尔·马克思的理论进行比较：市场的作用、计划的程度、长期效果和社会公平"是一个表述较为充分的目标。只有从这个详细目标中，你才会真正认识到学生应当做什么。

布鲁姆教育目标分类学对认知领域的六类认知能力进行了划分，成为大学教师设定各类学习成果时非常有用的指南。[3] 布鲁姆分类学持续了50多年，至今仍然流行的原因在于，它是一个易于理解、非常实用的框架。几位学者对这个分类法的修正提高了原有框架的具体性。这些作者把知识维度从认知过程分离开来，而只有在认知过程这个维度中才能找到有助于描述学习的动词。[4]很多人运用认知过程——记忆、理解、运用、分析、评价和创造——来设计自己的教学，这样的教学就不会局限于传授知识。

但务必记住的是，这种流行的分类学只是针对认知领域的，而高等教育中存在其他重要的学习类型。例如，技能培养、态度塑造和自我发现等都是高等教育的一部分。幸运的是，还有其他分类学可供我们参考。布鲁姆与其同事也开始从事动作技能范畴和情感范畴的研究，而他们的成果已被其他学者完善和发展。身体运动能力发展和运动技能运用被划分成动作技能范畴的七个层次。[5]与之相似但较难明确阐述的情感范畴的五个层次——接受、反应、价值判断、组织化和个性化——阐明了对态度、观念和情感的认识和发展。[6]

大学教师发现确定课程目标时，L. 迪·芬克（L. Dee Fink）对重要学习目标的分类是一个有用的参考。[7]芬克以制定重要学习目标的一系列问题为分类基础，而且在布鲁姆分类学的认知过程之外纳入了大学教学的其他目标。他提出的问题始于对基础知识（哪些关键信息或观念较为重要？学生需要记住或理解什么？）、运用（需要培养哪些类型的重要思维？学生需要学习哪些技能？他们需要学会管理哪些复杂的专题？）及整合（学生应当确定并建立哪些联系？）的关注。这些问题还包括教师时常欠缺考虑的方面：学生能够或应当对自己有什么认识？对与他人交流有什么认识？你希望他们的兴趣或价值观发生哪些变化？你希望学生对学习产生怎样的认识？

所有这些分类法和指南都是大学教师阐述教学目标时值得参考的有用工具，但最终还得由教师自己确定各自的目标，并找到能最清楚地表达这些目标的精确语言。我们在表3-1中汇总了一系列有用的动词，希望能帮助教师完成这个任务。我们避免将动词与具体的学习方法结合，因为大多数动词都能用于多重目的。

表3-1 与阐述教学目标有关的动词

确认	评价	发现	执行	综合	修正
解释	了解	反应	实施	质疑	建立
分类	描绘	应对	区分	展示	写作
总结	发起	组合	组织	参与	产生
推断	论证	构建	归因	判断	计划
比较	辩护	简述	确定	批判	达成
说明	分享	调整			

阐明学习成果的任务一开始可能有挑战性而且感觉怪异，但只要稍加实践，再与同事讨论一遍，记录下来，这个任务就能习惯成自然了。每次上课只需要问自己：我希望学生从这节课中学到什么？他们怎样向我证明他们学会了？

学习方法的选择

经过仔细考虑确定学习目标，下一步就是将这些目标与特定的学习方法关联起来。虽然进行匹配时需要运用专业判断，但我们在本书中会尽量明确哪一种学习方法最适合达成哪些预期目标。

学习目标或者说教学目标是对某个课程或其一部分（往往称为一节课）非常精确的要求。设想某个课程（无论是校内还是在线课程）被分成几个部分，而且每个部分都有具体的学习目标，那么挑战在于怎样针对这个部分选择最有可能达成预期学习目标的学习方法。将目标与某种学习方法匹配时，教师会问道：我怎样推行这种学习方法？本书第二篇的章节就怎样选择和推行七种学习方法中的每一种提供了广泛的指导。

下面的清单包含了有助于确定学习方法的一系列问题。这些问题可以作为一份有用的对照表，来帮助选择能最有效达成预期学习目标的学习方法。第四章至第十章从这个清单中与每章所述的学习方法相关的问题开始叙述。表3-2总结了这七种学习方法。

（1）这种学习是否涉及程序性技能或动作技能？它是否属于具体的、可观察的学生活动？它是不是一套可分解为多个步骤且可观察的、例行的（虽然不一定容易）心智或身体活动？有没有一种最佳方式来执行这项技能？它是不是一项学生经过尝试并通过反馈能更熟练执行的任务？**行为学习法**能有效地达成这些学习成果（第四章）。

（2）这种学习是否涉及信息的获取？它是否涉及新观念、新术语或实用的理论？它是否需要了解某个事物运作或发挥功能的原理？它是否属于能通过解释呈现的信息？是否能辨认需要理解并记住的关键概念、主要观点或要点？**认知学习法**能有效地达成这些学习成果（第五章）。

（3）这种学习是否涉及了解并改善思考过程？它是否需要通过对信息的批判、对论点和证据的评估或推理得出结论？这种学习是否需要运用创造性思维来实际产生不同寻常但相关的新观念？它是否涉及对他人思想的评价？**探究式学习法**能有效地达成这些学习成果（第六章）。

（4）这种学习是否涉及解决问题或做出决策？它是否涉及让学生将自己的知识组织成系统性策略的挑战？学生是否需要学会怎样找出并明确问题、怎样提出解决方案、怎样评价并选择解决方案？这种学习是否要求学生处理必须自行决策的问题、衡量不同方案的价值并预测可能的结果？**心智模型学习法**能有效地达成这些学习成果（第七章）。

（5）这种学习是否涉及改变意见、态度和观念？它是否需要根据多个角度的认识形成理解？它是否涉及感情？它是否培养同理心？其中是否涉及团队合作或协作？**群组学习法**能有效地达成这些学习成果（第八章）。

（6）这种学习是否涉及多种不同情境下专业判断力的培养？是否需要在安全的环境中培养判断力？这种学习是否涉及有可能造成损坏、增加开销甚至有生命威胁的活动？如果学生进入实战前先在模拟环境中操作，他们会不会感到更自信、更得心应手？**虚拟实境学习法**能有效地达成这些学习成果（第九章）。

（7）这种学习是不是源自经验？这种学习是不是在学生走出校园后投身实际工作、服务或旅行经历时产生的？如果学生有机会反思自己的体验并从中找出意义，那么他们能否从体验中学到更多东西？其中是否有可能学会以新方式看待事物？**体验式学习法**能有效地达成这些学习成果（第十章）。

表 3-2　七种学习方法

预期学习成果 学生学习什么	学习方法 渊源和理论	常用方法 教师教授什么
培养技能 动作技能和程序性技能，重点是准确、精确和效率	行为学习法 行为心理学、操作性条件反射	任务和程序 实操练习
获取知识 某个学科或研究领域中的基本信息、概念和术语	认知学习法 认知心理学：注意、信息处理、记忆	陈述 说明
培养批判性、创造性和对话式思维能力 改善思维和推理过程	探究式学习法 逻辑性、批判性和创造性思维理论、古典哲学	以问题为导向的探究 讨论
培养解决问题和决策的能力 找出解决方案并做出选择的心理策略	心智模型学习法 格式塔心理学、解决问题和决策理论	问题 案例研究 实验 专题
探究态度、感受和视角 对态度、偏见及其他视角的认识；协作能力	群组学习法 人类传播理论、团体咨询理论	团体活动 小组专题

续表 3-2

预期学习成果 学生学习什么	学习方法 渊源和理论	常用方法 教师教授什么
专业判断力训练 复杂、与情境关联的情形下的合理判断和适当专业行动	**虚拟实境学习法** 心理剧、社会剧、博弈论	角色扮演 模拟 戏剧情节 游戏
体验的反思 通过真实体验实现自我发现和个人成长	**体验式学习法** 体验式学习法、认知神经科学、建构主义	实习 服务型学习 留学

七种学习方法之间的关系

一些读者可能会质疑这七种学习方法的组织和介绍方式。有人可能会问：为什么将行为学习法作为第一种学习方法来介绍，似乎这是为了格外突出它？实际上，我们并不认为一种学习方法优先于另一种学习方法；我们希望同等地描述和重视这些方法。这些章节大体按时间顺序编排，因此阅读完第二篇就相当于在一百年关于学习的研究中畅游了一番。行为学习法最先出现，因此它放在最前面。我们承认一些大学教师认为他们所做的事情要远比训练笼子中的鸽子复杂，而且他们认为这种学习方法已经受到质疑，已经被其他方法取代。我们将关于行为学习法的章节放在最前面是因为它代表着历史上进行学习实证研究的首次尝试。虽然行为原则最适合通过实践和反馈进行技能培养，但行为学习法的根本原则在一定程度上几乎存在于所有的学习互动中，并确实有效。认知研究在某种程度上是对行为学习法局限的反应。其他章节大体按历史顺序编排，一直到用以支持七种学习方法的认知神经科学的最新进展。

其他读者可能会问这些学习方法能否组合使用，用于我们所述范围之外的目的。请记住，这些学习方法着重于课程或课堂层面，而不是一节课中细微的分分秒秒的活动。例如，让学生参与角色扮演时，课堂可以从简短陈述开始；讲课中，教师可以让学生分成小组交谈几分钟，以了解他们对某个争议性问题的感受。我们并不认为这些偏离总体策略的细小差别有什么问题，而是把它们看作提高每一种学习方法效果的技巧。然而，在很大程度上，独立使用每种学习方法，且在不同方法之间留出足够时间让其发挥作用的话，这些方法的效果将会更加明显。

有时学习方法似乎相互重叠。例如，学生可能会以小组形式采用问题解决法参与在线模拟。这是虚拟实境学习法、心智模型学习法还是群组学习法呢？在此情形下，教师需要提出这样的问题：这里针对的主要学习成果是什么？最应当强调哪一种学习方法呢？采用探究式学习法来传授知识似乎十分有趣，但这并不是达到目标的效果最佳或效率最高的途径。学生能感觉到是否采用了适当的学习方法来达成预期成果，如果两者匹配不佳，学生会感到无所适从，所以请不要用大杂烩来困惑他们。

请考虑以下实例。

本书作者之一布里奇特·阿伦德（Bridget Arend）在丹佛大学教一门关于教育项目评估的课程。这门课有几个课程层面的教育目标，包括帮助学生培养以下能力：

- 确定何时、怎样运用五级评估法：反应、学习、行为、结果和投入回报（Return On Investment，ROI）；
- 设计和学习目标与评价目标匹配的评估方式；
- 制定适当的定性和定量评估措施；
- 改进访谈和小组座谈的技能；
- 针对教育计划设计一份综合性评价计划。

为这门课进行教学设计时，显然必须培养并练习好几种技巧和能力，其中每一种技巧和能力都涉及一种不同的学习方法。这门课在五级模型的基础上设计评价的策略，然后学生采用这种策略来制订课程评价计划。关于模型本身及相关主题的知识是通过阅读以及教师按照认知学习法的准则偶尔进行的简短解释和陈述来传授的。定量统计的基本技能也是必需的，而这是采用行为学习法通过课堂上的练习和反馈以及在线教学系统实现的。依赖情境的访谈和小组座谈的能力可以通过角色扮演活动培养和练习，而虚拟实境学习法可以用来支持这些活动。这门课的最后专题建立在心智模型学习法的基础上，要求学生采用五级模型设计一份综合性评价计划。学生在开发自己专题的过程中练习将这个模型运用于样本问题和假设情景。阿伦德评价道："在将最后专题的框架确定为心智模型之前，我经常很惊讶地发现一些学生很努力地做自己的专题，但未能适当地运用五级模型概念。现在我将它归纳为一种心智模型——用于解决复杂的评估问题，而且我花了很多时间对模型进行演练并为学生提供练习解决相关问题的机会。从此，我很少遇到学生在最后专题出现类似问题了。"设定精确的学习成果并明确知道何时、为什么采用某种学习方法之后，这门课的教学过程就变得目的性更强、更有效、更愉快了。

学习方法选择的注意事项

现在，读者应当已经很清楚，决定采用哪种学习方法的主要标准是学习成果（目标）本身。目的很简单，只是找到最适合目标的学习方法。下面依次提出三个注意事项：

首先，随机地选择学习方法并运用多种学习方法，侥幸地希望至少一部分学生能找到一种适合于他们的方法，这样做是不恰当的。无计划地使用多种学习方法并不是我们的目标。相反，如上文所述，学习方法必须与学习成果精确匹配。选择某种学习方法就表示你能通过这种方法实现确定的目标。

其次，根据学生的学习风格来选择学习方法是不恰当的。如上一章所述，首先，学习风格的整个概念本身就很不牢靠，虽然了解学生群体和个人的特点是调整教师教学方式的一个重要方面，但绝不能作为选择学习方法的依据，选择应完全建立在预期学习成果的基础上。

再次，根据是否得心应手来选择学习方法是不恰当的。实际上，大多数大学教师会感觉使用某些学习方法比使用其他方法更顺手、更有自信，但实践表明，勤奋的教师通过练习，会更加卓有成效，因此使用所有方法都更加得心应手。如果只是因为感觉得心应手而使用错误的学习方法可能不单会导致无法实现预期学习成果，还会让每个人感到混乱。

随着大家对具体学习方法的理解、选择和运用，本章介绍的很多观念将变得更明晰。随着不同学习方法的探索，这些方法与讲授和讨论的主导范式之间的差异、这些方法相互之间的差异也会变得更加明晰。随着大家不断遇到新的学习方法，这些方法的效果将显现出来，而教学中被忽视的学习成果也将凸显并可运用这些方法来解决。制定学习成果的过程将更加轻松，将适当的学习方法与其匹配的过程也将更加自然。但真正的检验标准是：使用每章说明的大量准则真正尝试推行特定的学习方法、选择支持这种学习方法的相关技术并运用适当的评估方法。真正能做到这一点的教师已经拥有了一个用于组织教学工作的理性框架，其教学也会更有成效，会享受学生学习的过程。他们能够理直气壮地说："我教了他们，他们也学会了。"

第二篇

有效组织教与学

第四章
基于行为学习法的教学——培养技能

预期学习成果 学生学习什么	学习方法 渊源和理论	常用方法 教师教授什么
培养技能 动作技能和程序性技能，重点是准确、精确和效率	行为学习法 行为心理学、操作性条件反射	任务和程序 实操练习

这种学习是否涉及程序性技能或动作技能？它是否属于具体的、可观察的学生活动？它是不是一套可分解为多个步骤且可观察的、例行的（虽然不一定容易）心智或身体活动？有没有一种最佳方式来执行这项技能？它是不是一项学生经过尝试并通过反馈能更熟练执行的任务？**行为学习法**能有效地达成这些学习成果。

一位护理学教师正一步步地指导学生掌握将导管从病人鼻腔插入胃部的技能。鼻胃管插入是护理学基础课程中传授的一项基本技能。教师是怎样运用行为学习法的原则有效而高效地传授这项技能的呢？

大学教师往往需要帮助学生培养具体技能。这些技能有时涉及身体动作，例如演奏乐器或击打网球，这些都属于动作技能，有时心理学家将其称作"心理动作技能"。其他技能可能本质上是程序性的，例如进行普通的数学计算或遵照基本的语法和标点规则，但这些技能大多更依赖心智活动，因此被称作认知技能。

很多基本技能在中学阶段已经学习过，但往往没有学会，需要在高等教育阶段再次学习。但高等教育中技能的传授并不仅限于基本技能，还包括很多高级的动作和认知技能，例如学习操作电子显微镜、计算某些统计数据、对计算机功能进行编程或操作超声波设备。技能可以很简单也可以很复杂。无论属于哪一种情况，我们都能采用以下定义：一项技能是指一套模式化的操作，要求进行常规的（虽然不一定容易）身体活动、心智活动或两者兼而有之。技能大都存在正确和错误的操作方式，我们都需要通过练习才能熟练掌握，且一旦掌握，就能记住并重复操作。在传授技能的过程中，教师往往会关注结果和效率，确保学生高度准确地执行，并以尽可能高效的方式传授这项技能。在这种情况下，教师会采用最适合传授技能的学习方法：行为学习法。

不幸的是，传授技能往往被轻视为一种低级活动。而"训练"这个词有时用来指称一类教学活动，在等级阶梯中它的级别明显低于它那个"高尚的表亲"——教育。由于很多大学教师有充分的理由认为他们主要从事高级学习活动，因此他们有时会完全忽略技能培养的需求。但实际上几乎每个学科都存在技能培养的需求，无论是写作、数学还是神经外科。显然某些课程对技能的重视程度高于另一些课程，但对于传授任何一类技能的人而言，具备技能培养意识并了解最有效支持它的学习方法是很有意义的。请参考以下实例：

（1）外语教师安排学生反复地练习新单词的发音，同时对学生发音的准确性给出反馈意见。

（2）一位语音专业的学生仔细听取语音教练提出的反馈意见，以确保发元音时嘴型张开、辅音清晰但不夸张。

（3）学习抽血的护理专业学生通过改变针头角度、调节压血带紧度、改变插入针头的速度等细微改进来提高自己的技能。

只要教师采用根植于行为心理学的学习方法，所有这些技能传授活动都能得到改进。虽然行为学习法有很多应用方式，但正如我们前面所述，主要重点在于运用行为原则传授技能。同时，了解这种学习方法如何最有效地促进技能的形成也是非常重要的。

将随机行为塑造成一种技能

心理学家最初是通过实验室环境下针对动物的一系列非常巧妙的实验了解行为学习法，并以理论形式对其进行了详细阐述的。正如新药首先在动物身上进行试验一样，最早提出的一些学习方法也是如此。因此我们应当感激而不应反感在动物身上进行的这些早期工作。因为这些尝试，行为学习理论的原则才得以确立。要想了解如何通过"行为塑造"的过程传授简单技能，最好的方法莫过于重新回顾这类早期的实验。[1]

假设研究目标是教鸽子在一个完整的圆周中顺时针行走。研究者必须首先将这个目标明确描述为可观察的行为（形成可操作的目标），这样每个人都能确定这只鸽子是否在执行任务。接下来,将鸽子放进一个特殊设计的盒子中,并观察它是否已经具备能够沿圆周顺时针行走的能力。心理学家将其称作衡量操作水平或者获取研究对象的基本水平。教育工作者可能会将其称作衡量目前表现或考查学生已经掌握的内容。假设鸽子没有沿圆周行走,而只是随意走动,不时用鸟喙在盒子里面各处敲啄。那么研究者怎样才能让它沿圆周顺时针行走呢?同样,教师怎样才能让随机行为变成技能呢?

答案是将目标分解成一系列称为"任务"或"逐步接近目标"的小步骤。这样,当鸽子走出第一步的时候——可能只是简单地将重心转移到右脚,研究者通过操纵一台装置在合适的时间向盒子中放入食物就能强化这个动作。接下来,鸽子走到右边并向右倾斜。这是偶然现象吗?不用理会这个问题!这时放入更多的食物。鸽子随后向右走了两步并将脖子扭回来向右。这时再将食物放入盘子中。随着时间的推移,行为塑造过程经过一系列步骤持续进行一直达到预定目标为止。鸽子在塑造过程中通过建立与奖励的关联进行学习,这个过程称作"操作性条件作用"。

我们当然不会在高等院校中训练鸽子,但其他研究已经表明行为塑造过程适用于人类学习的很多方面,而且可以为技能的传授提供启示。相关程序比较简单:

(1) 确定并描述一种明确的、一致认同的、可观察的目标(技能)。
(2) 确定已有技能或目前表现的衡量手段。
(3) 将技能分解为适当单元和难度的步骤。
(4) 通过提供激励和反馈对逐步接近目标进行强化,直至技能塑造成形。

这项理论应用于行为学习法的基础来自实验,它可以用于多类程序性技能或动作技能的学习。请参考以下实例。

阿拉巴马大学的杰米·格拉斯(Jamie Glass)讲师所教的课程是中级代数。在这项课程中,学生会学到各种代数原理,包括怎样处理线性不等式。为了解决高级代数问题,学生必须理解不等式,为此学生必须了解数集如何一起运用。可以首先运用示例和题目让学生掌握与这个概念有关的较小方面。例如,目标包括:① 求两个集合的交集;② 计算包含"和"的复合不等式;③ 求两个集合的并集;④ 计算包含"或"的复合不等式;⑤ 写下两个答案的区间,并在数轴上用图形画出来。杰米解释道:"在学习复合不等式时,家庭作业的前几个题目应涉及集合符号以及怎样找出两个集合的并集和交集。这是为了让学生做好准备解决后续题目中遇到的代数复合不等式。在解答了与集合有关的问题后,再让他们解答涉及两个不等式解集之间交集和并集的基本代数题。随着学生完成作业的信心越来越强,题目的难度也会逐渐加大。"学生使用一种商用软件程序来解答作业题,学生每次解答,程序都能够立即给出反馈。鼓励学生做完所有作业,直到可以正确解答所有题目,然后接受测验以了解自己对概念的掌握情况。如果他们还没有掌握概念,就可以让他们了解遗漏的知识后重新进行第二次测试。杰米总结道:"整个过程,学生可以进行大量练习。在我看来,这正是学习数学的关键。"[2]

49　　这是一种比较复杂的认知技能,但请注意这项任务涉及以一种特定方式执行的步骤、必须先掌握某些步骤,才能开始学习其他步骤,而且需要进行大量的练习。那么在这个实例中,教师是否了解行为学习理论,并将之称作行为学习法呢?或许如此。但请记住,行为学习理论已经对很多教育运动产生了影响,因而现在有着很多不同的名称。例如,直接教学法、自我调节式教学法和智能化教学法都得益于行为心理学领域成熟的研究。这个实例中的教师是不是有意识地采用行为学习法呢?或许如此。但无论我们是否知晓,行为学习法的原则确实发挥了作用。当我们理解这种学习方法时,我们就能有意识地运用它来改善学习成果。就像已经成为我们第二天性的大多数观念一样,需要有人获得深入认识、发展理论并将它转换成一种实用的形式。就行为学习法而言,伯尔赫斯·弗雷德里克·斯金纳（Burrhus Frederic Skinner）承担了这项工作。[3]

行为学习法的起源

与西格蒙德·弗洛伊德（Sigmund Freud）齐名的伯尔赫斯·弗雷德里克·斯金纳在他 1990 年去世前或许是世界上最著名的心理学家。斯金纳成了行为主义的代名词,而他也是行为主义最重要的代言人。[4]但斯金纳并不是行为学习法的发明人,甚至也不是它的发现者。但源于他对这种人类学习方法的透彻描述,我们现在可以称之为一种成熟的理论。

斯金纳应当感激约翰·B. 华生（John B. Watson）建立了心理学这门人类行为科学,因此"行为学家"一词可以用在斯金纳及其同事的身上。斯金纳或许更应当感激 E. L. 桑代克（E. L. Thorndike）,他在 20 世纪初就已经明确地阐述了反应与结果之间的基本关系（联系）,他的理论后来成了操作性条件作用的基础。通过对行为的考察,桑代克确定了奖励与学习之间的关系。[5]桑代克因为效果律被人铭记于心。如果某种反应所产生的结果（强化）令人感到满意,那么这种行为就很可能会重复进行。如果他所称的"后效"令人感到烦恼,那么这种行为就很可能不会重复进行。

斯金纳在华生和桑代克的研究成果的基础上进行了广泛的探索，并通过实验确定了操作性条件作用的原则。[6]他研究了不同时间安排对学习的速度和持久性的影响，撰写了一本关于操作性条件作用的教科书、设计了教学机器、合著了一本关于条件作用的程序化课本，而且在晚年开始思考怎样运用行为原则建立一个更公正、更人性化的社会。

对行为学习法的已有认识

经过多年研究，行为心理学家能够精确、非常详细地描述行为学习方法，将它归结为确定目标、衡量学生现有的表现水平、进行任务分析并提供适当反馈几个核心步骤。下面我们来详细地考察针对行为学习法的教学步骤。

确定教学目标

采用行为学习法培养技能时，明确学习成果是非常必要的，这些成果一般又称为"教学目标"。这些目标与其他学习成果相似，但就技能而言，这些目标必须是确切的且可观察的。那么，这些目标从哪里来呢？这些目标来自完成某种特定技能所需的能力。第三章对目标进行了更广泛的讨论，之所以要在这里进一步论述是因为它们对于行为学习法极为重要。涉及技能培养时，只有教师确定了而且通常要求写下预定教学目标的详细清单之后，才能开始实际学习。如果你没有用到这种学习方法的其他方面，那么教学目标本身对你帮助并不大，但如果没有这些目标，你可能甚至无法开始学习。

教学目标已经被正式定义为"从学习者的角度表达的较为具体的学习成果说明，用于确定学习者在教学结束时应当能够做什么"。[7]请注意，这个定义强调的不是教师做什么而是学习过程结束时学习者能够做什么。设定行为目标的经典规范是由罗伯特·F. 马杰（Robert F. Mager）制定的，这些规范都是以学生的可观察行为作为重点。[8]为了帮助教师写出确切而具体的目标，马杰对使用意思较宽泛的词语（例如了解或理解）与使用意思较确切的词语（例如确定或构建）的不同之处进行了区分。

教学目标对技能进行了描述，而且通常包括达成目标时学生能做什么以及关于合格水平衡量标准的说明。对于一个商用软件应用课程中为期两周的学习单元，教学目标可以这样写：

学生能够收集、组织数据并用一份电子表格显示结果，能够对电子表格加以命名，明确标示各行各列，并附带一份解释性说明来描述根据显示数据推导出的结论。

一些大学教师可能会回避写出如此具体的行为目标的想法,代之以笼统的概述:"学生将学习怎样编写一份电子表格。"

最终行为是什么?学习。水平衡量标准是什么?什么样的标准?我们怎样才能知道学生学会了没有?"学习"是指他们只需要描述一份电子表格,还是需要实际使用?如果教师不知道怎样确定可衡量的目标,那么他们就很难知道学生有没有学,或者学到了什么。请参考以下实例中目标是怎样陈述的。

作为开放式课程计划的一部分,麻省理工学院航空航天学院的所有课程均以在线方式列出了教学目标。每门课程的开发人员创建了他们所称的"学习目标"和"可衡量成果":"学习目标描述了学生应当达到的课程大纲主题的预期熟练程度。作为学习目标的补充,可衡量成果描述了希望学生证明这种熟练程度的具体方式。"[9]例如,马克·卓爱勒(Mark Drela)讲授的流体力学课程的教学目标如下:

学生将学会:

(1)解释流体的物理性质及其对流体流动的作用(用马赫数和雷诺数表示);

(2)运用支持流体动力学的基本应用数学工具;

(3)创建简单物体(机翼、翅膀)上和通道内无粘性、稳定流体流动的概念模型和定量模型。

但可衡量的教学成果也在前面进行了陈述。

学生将能够:

(1)向高三学生或非技术人员解释空气动力学的基本概念;

(2)以空气动力学为重点,将质量、动量和能量守恒原理应用于流体流动体系;

(3)为经过简单气动外形的无粘性、稳定流体流动建立模型,并计算或估计相关的作用力和力矩。[10]

对于马克而言,写明课程目标的好处包括对学生和教师提出明确的期望、拥有评价教学是否成功的明确依据,也只有这样,才可能做出真实的广告宣传。[11]

对于传授技能的人来说,明确的教学目标不仅有利于教学规划,而且对于教学设计和评价也至关重要。就学生而言,这些目标可以作为他们学习期望和学习方式的参考。只要有效地使用教学目标，就能将教学目标与评价手段，将教师与学习者联系起来，这样每个人都很清楚地知道预期成果是什么。在需要保证准确和效率的技能传授过程中，明确教学目标具有不可否认的重要性。

衡量学生现有的表现水平

一旦明确了目标，教师就需要确定学生是否已经能够掌握这项技能了。做法很简单，通常只要让学生运用所传授的技能，就可确定目前的水平了。如果学生能完美地运用，那么就没有必要再教他们了。但更可能出现的情况是学生并不能完美运用。有时候，他们根本一窍不通，这就需要从头学起。但起点在哪里呢？如果学生连达到目标所需的第一步都学不会，在学习的最初阶段就停滞不前，那么他们可能必须学会一些前期准备技能，即先备技能。

有时在一群学生中，一些学生已经具备了开始学习的先备技能，而另一些却不具备。这时可以对落后的学生进行额外的教学，或者推荐他们使用日益增多的传授基础技能的应用技术，以免这些学生下一步落后。了解目前表现（即学习者开始时的水平），教师可以避免重复已经掌握的内容，或设定大多数学生都感到过高的开始水平。因此，确定目前表现水平也为每个人节省时间、避免产生挫折情绪。

进行任务分析

确定教学目标和学生现有的表现水平非常重要，但任何目标都不可能一下子达成。作为目的或终点，目标在逻辑上不同于达成目标的途径。比如，目标是进行外科手术，但实际执行技能的步骤则是另一码事。大多数技能都包含多项任务和子任务。因此，大多数学习新技能的人都必须朝着目标逐步前进。将某种技能分解成多个组成部分的过程称为"任务分析"。[12]

任务分析的关键在于将所有任务和子任务集中起来并按正确的顺序排列。大学教师面临的一个难题是，作为各自领域的专业人士，他们几乎可以在无意识的情况下运用技能，但要把其中的步骤描述出来却很困难。就像烹饪时，煮到酱油变稠说起来很容易，但新厨师或许根本不知道稠密的酱油是什么样子的。因此，传授任何技能时，都务必将整个过程演练一遍并仔细留意其中包含的所有任务和子任务。这些子任务往往是学生感到困惑或容易被误导的地方。

任务分析完成后，仍然需要确定先教授哪些部分以及怎样对任务的各个部分进行协调，形成一个顺畅运行的整体。教授任务的顺序不一定与执行任务的顺序相同。例如，指导跳伞技术时，或许先教如何落地再教如何跳下才是比较明智的做法。教学的顺序有时又称作"学习层级结构"。[13]建立学习层级结构时，首先要确定学生执行技能 X 前所需具备的知识、接下来执行技能 Y 又需要哪些知识。一个技能学会了才能进入下一个技能的学习，就像代数题的解题步骤一样。

这种结构设计称为支架式教学，其中教师提供一种临时性的结构或框架来帮助学生达到一个新的水平。俄罗斯心理学家利维·维果斯基（Lev Vygotsky）提出了近侧发展区间理论，这个区间是指学习者自身能达到的水平与需要外部协助才能达到的水平之间的差距。[14]学习就发生在这个区间内。教师可根据任务的性质和学习者的特点，选择搭建结构化程度较低或较高的支架。[15]

建立了任务分析和学习层级结构之后，有时有必要对任务进行演示或模仿并加以讨论。人们对活动进行演示和描述的惯常做法得到了建模研究的理论支持。[16]阿尔伯特·班杜拉（Albert Bandura）报道的经典研究表明，学习者仅仅通过观察任务执行过程就能从中获益。[17]当然，这并不意味着一个初学者通过观察专业人士执行的过程就能马上学会该技能，而是意味着初学者在没有建模的情况下或许也能有所收获。建模，又称为模仿、观察学习或替代性学习，往往能通过学习者的视觉和言语媒介增强行为塑造过程。而且研究发现通过观察学习得到强化的其他人，学生不仅有可能更好地运用技能，而且能更好地克服对任务的恐惧心理。请参考以下实例中任务是如何进行分解的：

在科罗拉多州的埃姆斯社区学院，克里斯蒂·尼波林克（Christy Nibbelink）向学生传授基础护理课程中的多项基本护理技能，如药物使用、气管造口护理和抽吸、导管插入。这些都属于克里斯蒂所说的"无法只通过教科书就能学会，需要通过在护理实验室进行练习才能学会的技能"。对于每种技能的学习，学生都需要接受相关指导、观看录像并参照技能操作步骤表进行练习。例如，学生将鼻胃管插入病人鼻腔气道前，首先需要测量并润滑导管。插入导管后，必须向下再向后通过鼻腔，插入咽喉。在穿过某个点时，需要鼓励病人进行吞咽或喝水以防止呕吐，这样才能将导管插入胃部。如果遗漏或错误执行了这些步骤当中的任何一步，那么病人将会非常难受，而且整个过程可能必须重新进行。"在实验室练习这项技能的各个步骤时，大部分错误都会被发现，"克里斯蒂说道，"学生会花费大量时间与实验室伙伴共同练习，互相观察学习，并相互纠正错误，期间教师也会进行现场指导。"[18]

提供适当反馈

确定了教学目标、基准，将技能分解为具体任务后，就该让学生尝试运用这项技能了。如上文所述，教师可能需要一定的解释和示范工作，但这种学习方法的精髓在于"行动"，即让学生尝试执行相关实际任务。在学生进行尝试后，教师给予回应。这是学习过程中反馈的切入点。

什么是反馈？它是怎样发挥作用的？请回忆一下实验室环境中鸽子学习沿圆周顺时针行走的实例。鸽子做了一些尝试（实际上是很多尝试），但其中只有某些尝试能给它带来食物。学习发生在某种具体行动与特定结果发生关联的关键时刻。将行为与结果关联的过程称为"强化"，在教学里我们称之为"反馈"。例如，学生开始进行笨拙的尝试以学习某种技能时，教师需要适时提供反馈。对反馈进行管理是教师在推行行为学习法时所做的最重要的事情之一。

反馈可以分为两个基本类型：奖励和惩罚。获得奖励的行为很可能会被重复；因此，奖励往往被称作正强化物。正强化物是指某个个体愿意通过努力获得的事物，有时也称作"激励"。另一方面，惩罚包括某个个体希望通过努力加以避免的事物。我们怎样才能知道对于不同的人来说，什么才是奖励呢？虽然不尽相同，但仔细观察的人肯定能发现。反馈过程并不取决于奖励或惩罚本身的固有属性。实际上，强化物很可能不存在固有属性。请思考一下原因。人们在节假日期间刚饕餮大餐回来后，食物对于他们来说就很可能不算是一种奖励。但有些时候，比如说饥肠辘辘时，情况就不一样了。某个事物的强化程度取决于有机体的内部状态，即饥饱的相对程度，不同个体的口味也存在巨大差异。要让结果成为正强化物，则必须让特定的人感到满足。某个事物可能对某人有反馈作用，但对其他人却没有。因此，用强化所产生的行为来界定强化并不是偶然的。

反馈共有四种类型——发起、加快或维持预期行为的两种简单方法，即正强化和负强化；以及减缓或遏止非预期行为的两种简单方法，即消退和惩罚（负强化与惩罚经常被混为一谈，但随着进一步讨论，两者之间的区别会越来越明显）。这些术语源于实验室研究，因此似乎对教育者而言不带个人色彩而且控制性很强；但这些术语在现代词汇中已经获得了熟悉的含义。为了记住这些简单的反馈方法，请看下图。

发起、加快或维持预期行为的方法：

正强化	负强化
给予奖励	以不愉快的事作为威胁

减缓或阻止非预期行为的方法：

消退	惩罚
不给予任何强化	做不愉快的事

正强化

这种反馈方法可以作为对学习任务的奖励，根据学生的年龄或个性，正强化物可能包括：

- 表扬、关注和认可
- 对正确回答的肯定
- 对测试或作业的正面评价
- 顺利执行某种技能或某项任务
- 分数或成绩
- 奖状或奖品
- 荣誉榜或优秀生名单

正强化物是指可以传达赞许或产生满足感的事物。最佳正强化来自任务本身，即学生正确完成任务、找出某个事物的工作原理或顺利执行某种技能。有时这又称作结果的知识。[19] 正强化可能会让我们联想到亲子教育中经常使用的选择和奖励，即暗示"如果你这样做，你就会得到……"教师运用正强化目的在于激励学生，让学生完成每个步骤，并对正确完成的接近目标的步骤给予奖励。

负强化

这种反馈方法需要设定大家努力避免的不良条件。它与惩罚的相似之处在于前景令人不快，但它与惩罚的不同之处在于它无须加以实施。可以很形象地把它当成是惩罚的威胁，因为重点在于避免。与正强化一样，这种方法既可以被人为使用，也可以自然发生。典型的不良条件是学生应尽可能避免的事情，例如：

- 做错事
- 不得不重复执行任务
- 因表现不良感到不高兴
- 完成任务的时间过长
- 成绩较低或不及格
- 论文或作业被批评

- 训斥或难堪的局面
- 挂科或留校察看

虽然负强化令人不快，但由于可以避免发生，所以对行为有控制作用。负面后果的威胁往往激励着学生努力学习某一门功课。当然，威胁中存在的问题在于威胁是负面的而且有时必须加以实施，这时威胁就会变成惩罚，而惩罚自身也存在相关问题。

消退

第三种反馈方法"消退"是指选择性地不给予强化的过程。不惩罚、不奖励，故意不理会某些行为，以期行为出现频率减少或完全消失。有时教师会忽略与某种技能有关的某些习性，因为教师知道当学生发现多余的动作没发挥作用的时候，他们就会停止这些动作。例如，对于因经常发表离题的评论而打断课堂教学的学生，教师如果置之不理，那么这种讨厌的行为应当会自然消失，除非他们从同伴那里获得了社会性强化。并非所有行为都必须回应。一般用于奖励或惩罚的事物也可以撤销。消退以正强化缺失形式发挥作用。

惩罚

最后一种反馈方法是直接运用不愉快刺激。对大多数人来说，惩罚这个词无须进一步定义。[20]负强化范畴中所有形式的负反馈一旦实施都会变成惩罚。有关惩罚的基本研究表明就遏止某种行为来说，惩罚确有成效。受到惩罚的行为基本不太可能重复出现。在某些情形下，教师可能需要使用严厉的斥责或警告，尤其是涉及安全、基本权利或人格尊严等问题的时候。当必须阻止某件事情的情况下可以偶尔运用这类反馈，但大多数情形下目标并不是阻止行为，而是朝正确的方式纠正行为并维持行为。研究结果非常明确：惩罚可以有效地阻止行为但无法建立行为。要建立新的行为模式，如学习新技能时，必须大量运用正强化。

惩罚的效果并不容易控制。惩罚有一定的泛化和升级方式，而且会引起学生条件性（相关的）的情绪反应。虽然教师的意图可能是通过一种针对性较强的惩罚措施来制止某种特定的行为，但学生往往会将其他事物与这种惩罚联系起来。受到惩罚的学生可能很快就会一并讨厌教师、这门课、学习主题，甚至整个学校，因为每件事都可以与自己所受的惩罚联系起来。成功的教师从不轻易运用惩罚，而是将自己的主要精力放在如何巧妙地、有创造力地使用正强化上。毕竟，大学学生都是成年人，"胡萝卜"会比"大棒"更加有效。除了惩罚会引起一些特殊问题，这四类反馈都可以大量使用，也可以混合使用。

就行为学习法而言，必须记住的是，应当给予大量反馈——比一般教学情境中通常运用的反馈要多得多——而且必须把握好反馈的时机，即尽可能接近期望行为发生的时候给予反馈。为了推动学习，反馈还必须尽可能具体。如果学生在完成测验或作业后几天甚至几周才得到如"不正确"或"做得很差"之类的模糊评价，那么学生很可能无法从反馈中学习。相反，如果学生在完成作业后，很快就能获得准确而具体的反馈，告诉他们某个回答或作业为什么是错误的或为什么需要重写，而且其中还包含了怎样改进的具体建议，那么可以料想学生由此获得的教训会有意义得多。如果给予学生再次尝试或修改作业的机会，他们往往能从具体反馈中吸取教训并改善自己的表现。

及时的反馈能产生学习效果，这是因为及时反馈强化了任务（努力）与反馈（奖励）之间的联系。如果没有适当、适时的反馈，那么学生只会摇摆不定，永远都不能确定某件事对错与否。学生需要及时的反馈才能知道何时、怎样迈出下一步。如果没有及时的反馈，那么他们就会停滞不前。教师需要针对小步骤和总体目标做出的适当、及时的反馈，才能让塑造过程发挥作用，甚至可能需要根据不同的能力水平和技能培养的不同阶段为每个学生提供不同类型的反馈。请参考以下实例：

吉尔·皮尔森（Jill Pearon）在纽约州立大学波茨坦分校讲授录音室声乐课程，主要是教学生如何良好地发声。呼吸支持是发声所必需的诸多层级技能之一。而呼吸支持还涉及很多不同的子步骤，包括正确吸气、了解相关肌肉以及运用适当的肌肉。学生可以通过各类练习实现正确的呼吸支持，但技能的进步大都是在反复练习，并且有教师在场给予反馈的时候发生。"帮助学生意识到这些高度内在的感觉真是一种挑战，"吉尔说道，"尤其是这个过程的早期阶段，学生还在学习这些感觉并尝试表现出来的时候，他们需要从一个可靠的外部来源获知何时实现了呼吸支持、何时未实现呼吸支持。"吉尔还提出了一些问题，例如"你能不能描述你的感觉？"以帮助学生培养对感觉的认知。"由于我们无法同时感觉或注意所有这些肌肉的运动，我通常会重点关注学生在支持的状态下感受到的一种或两种感觉。"随后，学生需要进行再现、重复等大量练习。吉尔发现经常需要在不同时间针对不同的层级技能给予反馈。"就一个整体而言，如果其中某个部分未能达到标准，那么任何其他部分都无法发挥全部潜力。你可以任意地运用呼吸支持，但如果身体姿势不好，那么呼吸支持就无法充分地发挥作用。"她还能熟练地确定每个学生处于学习的哪个阶段并对其单独进行教学。"学生在学习每一种技能组合时都拥有不同的能力，面对着不同的挑战。虽然我能将唱歌的任何要素分解成一系列有逻辑关系的步骤，但有些时候取得成功所需的步骤对于每个学生是不同的。正当我认为我几乎不可能将某件事分解成更细的步骤时,一位学生正苦苦挣扎于一个步骤,在帮助他的同时我也找到了我需要寻找的,即更小的步骤。"[21]

另外,考虑何时提供练习的机会、提供多少次机会也是非常重要的。研究者对集中练习法进行了研究,此方法要求学生在短时间内反复练习某种技能,还研究了分散练习法,这种方法以较长的时间间隔进行持续时间较长的练习。虽然还有很多因素需要考虑进去,但似乎集中练习法能更有效地帮助学生掌握简单的例行任务或需要密切注意细节的任务,而分散练习法更适合较复杂的任务和成年学习者。[22]

如何评价行为学习法的学习效果

评价应当贯穿在整个教学过程中,而不只是在结束时进行。这个原则适用于大多数学习方法,但对于行为学习法尤其重要,因为这种学习方法是分步骤进行的。针对行为学习法的评价非常简单。已经设定明确教学目标的教师只需要知道学生是否在朝执行技能的目标前进及其进展过程中的表现即可。如果学习目标是可衡量的,那么教师只需要根据指定的标准来衡量学生执行技能或次级技能的能力就可以了。

人们通常对总结性评价(教学结束时的评价,往往在课程结束时进行)与形成性评价(在学习过程中进行的评价)加以区分。虽然教学结束时了解学生能否实际执行技能以确定相应分数或证明其能力很重要,但总结性评价对实际学习过程没有太大的帮助。

过去20年内,研究者将重点放在实施形成性评价对学习效果改善的影响上。形成性评价包括课堂上进行的或者并非为了评分或评价而进行的活动和练习。这些研究的重点是教师所给予反馈的质量和数量所产生的效果。20世纪90年代末,英国政府发起的一项活动对形成性评价研究进行了回顾,旨在更好地了解这种方法。结果发现形成性评价对学习的影响比所有其他类型的教育干预手段都大。[23]教师应当认识到虽然给予学生个别反馈非常耗时,但花这些时间是非常值得的。

行为学习法也与所谓的"标准参照性评价"非常自然地契合,这种评价方法着重衡量学生的熟练程度或能力而不是将学生相互比较(这种做法称作"常模参照性评价")。[24]常模参照性评价的核心问题是:与大多数其他学生相比,某个学生的表现如何。大部分学生在某次测验中的表现通常作为常模或基准,如果大部分学生正确解答了60%的题目,就以他们作为C等级并在此基础上确定其他等级。参照物是由其他学生设定的，因此"曲线评分"这个熟悉的概念也是如此。但这种方法存在一种严重的谬误。就规定的表现标准而言，全体学生都有可能达不到标准。而标准参照性评价与此不同，它将重点放在所规定的标准上：有多少学生能实际达到教学目标的要求？

标准参照性评价的运用在逻辑上形成了精熟学习法的概念。[25]这个概念最初是由芝加哥大学的本杰明·布鲁姆（Benjamin Bloom）及其同事在20世纪60年代提出的。[26]布鲁姆认为评级中的正态分布实际上反映的是教学前的情形，而教学的目标正是改变这种分布。精熟学习法正是解决让大部分学生在大多数情况下都能掌握大部分内容这个实际问题的一种尝试。

布鲁姆认为学生入学时在天资、能力和学习动力上差异很大。教师所犯的错误是对全体学生一视同仁，对他们进行同样的教学。但实际上学生需要的是差异化教学（不同数量和类型的教学），天资较差的学生需要接受更多的指导。反应较慢的学生需要更多的时间。布鲁姆认为，只要通过正确的教学，多达80%～90%的学生可以掌握学习内容。精熟学习法最重要的组成部分（设定了明确的目标、确定了合格的掌握水平之后）是教学和反馈的质量。

在课堂上，精熟学习要求重新界定机会平等。在整个美国教育史中，机会平等一般是指给予全体学生同等的机会，这往往意味着同样的教学。布鲁姆建议学习上的平等应该包括学习目标平等，而不仅仅是学习机会平等。这并不意味着（或不仅意味着）教师必须想办法平等对待每一位学生，而是给予每一位学生取得成功所需的实际帮助。因此，为了达到学习上的平等，教师可能需要不平等地对待学生——包括内容、时间、教学和强化等方面。这是公平对待的新含义：需要的越多、获得的越多。强调明确成果和逐步强化学习的行为学习法自然与标准参照法更加的匹配。只要有效运用这种方法，就会有更多学生达到熟练掌握的程度。

适合行为学习法的技术

运用于反复练习的计算机教学与行为学习法的原则有着明确的关联。过去所称的"计算机辅助教学"的发展过程非常有趣，我们可以借此了解行为学习法理论是怎样催生了最早期的一些教学技术运用的。

1961年，B. F. 斯金纳的文章《我们为什么需要教学机器》（*Why We Need Teaching Machines*）标志着人们开始运用各种形态的技术来拓展行为学习理论的原则，之后很久，"技术"一词才与计算机联系起来。[27]斯金纳所说的教学机器借鉴了一些精心编写的教科书的格式，又称作"程序化教学"，即逐步呈现课程教材的一种系统方法：学生从备选答案中选择一个答案进行答题，然后从参考页面底部或课本背面即时地确认答案，并按自己的进度学习。[28]各步骤中系统地嵌入了完整的信息提示，这样学生就能边测试边学到新知识。[29]斯金纳先生与其同事利用磁盘、卡片和磁带将程序化教学的概念运用于教学机器中。学生可以滚动翻看问题，将机器中的教材向上翻就能将自己的回答与正确答案进行比较。现在教学机器已成了明日黄花，但它逐步教学和即时反馈的方法显然是计算机应用的前身。现在我们还能在网上找到以行为学习理论为基础的反复练习和辅导课程。

另外，当学习过程中的所有变量能同时系统地运用于一位学生的时候，行为学习法往往是最有效的。20 世纪 60 年代末，B. F. 斯金纳所带的研究生之一弗蕾德·凯勒（Fred Keller）开发了一种特殊形式的自定进度学习，称为"个性化教学系统"（PSI）。[30]通过 PSI（也称为凯勒计划），学生可以按照自己的速度完成自定进度学习模块。比起课堂教学来，一些学生可能会掌握得更快，而另一些学生可能需要更长时间，因为课程完成的速度取决于个人掌握知识的快慢程度。自定进度模块的设计对于教师来说是一项繁重的工作，但随着计算机程序的进步，教学设计的管理工作可以凭借计算机获取有力辅助。

如今的大学生都是在一些高级计算机软件的陪伴下成长起来的，这些软件运用了反复练习、即时反馈和自定进度的教学方式。在小学教学中，拼写的教学可以用一种个性化的方式进行，面对一群能力水平参差不齐的学生，教师不需要耗费巨大的精力来进行教学。全班学生每周都可以利用计算机软件学习 15 分钟，而每一位学生都将进行适当难度水平的个性化拼写测验。小星星、分数和电子游戏风格的界面可以作为针对年轻学生设计的正强化物或负强化物。如今大多数大学生都有在学校和课外使用这些程序的经历。让我们重新考察一下本章开头的中级代数教学实例。

杰米·格拉斯（Jamie Glass）所教的中级代数课程并未采取传统的课堂教学方法。正如杰米说明的那样，"学生并不会听老师讲课，而是每周去数学技术学习中心上一节实验课，在课上完成这门课要求完成的作业"。他们还要求每周在实验室中投入 3 个小时的额外时间来运用本周学习的概念。这门课程要求学生积极参与，独立完成作业和测验，而不是像杰米所说的那样"坐在座位上听老师讲数学"。设立数学技术学习中心是为了让学生通过所提供的软件进行学习，而且能在需要时获得单独的帮助。软件程序与学生的课本紧密结合，可以提供每节课相关的视频、练习题和演示。如果学生在解答问题时遇到疑问，就可以使用软件来指导他们完成整个解题过程。每一个步骤都要求学生输入答案，而且程序能提供即时反馈。如果回答正确，可能会出现"很棒"这样的肯定信息。如果回答错误，软件则会向学生建议或解释怎样找出正确答案，并给学生再次尝试解题的机会。学生遇到困难时还可以向数学技术学习中心的工作人员求助。该中心每周开放70个小时以上，而且一般都有3至8位教师或助教出席，随时为遇到困难的学生提供个别帮助。杰米认为这种方法非常成功。"最终，学生必须自己承担学习概念的责任，但我们可以随时提供帮助。"[31]

计算机应用与教师支持的类似结合在以技能培养为核心的大学课程中越来越普遍。全国的大型讲授式课程都在重新设计成用高级软件程序来取代或补充教师反馈的学习模块。[32]在开放学习项目中，由来自卡内基梅隆大学和匹兹堡大学的学习专家、内容专家、人机交互专家和软件工程师组成的团队负责开发大学入门课程的智能教学系统。[33]这些系统的核心是利用以网络为基础的应用进行持续评价和反馈的能力，在学生学习在线教材的过程中对学生进行个别化教学。学生拥有充分的机会对自己的学习情况进行评价并获得即时反馈和进一步指导。学生可以独立完成这些课程，也可以在一门课中由教师根据学生对进度的综合反馈，针对困惑的出现规律或容易产生困惑的部分对教学进行调整。随着技术的进步，行为学习法不断为诸如此类的复杂工作提供强大的理论基础。

行为学习法是取得技术进步的一个成熟领域，因为它的着重点在于反复练习各个步骤、提供即时的、个性化的反馈，而这些指导对于教师来说需要消耗大量的时间和精力。这些技术领域已经取得了很多进步，不断有出版商和私人公司发行新的材料。许多由出版商发行的训练题库、测试卷和大量其他学习材料对于行为学习法来说都是很好的辅助资料；另一些教材虽然包含大量练习，但存在引导学生"死读书、读到死"的风险。这些教材可能缺乏正确类型的练习和任务以及适当类型的反馈，因此不一定真正有效。对于行为学习法的重要组成部分，即任务分析、顺序编排和适当反馈，现有程序的表现参差不齐。不过，其中设计良好的工具可以为大学教师提供极大的帮助。教师需要评价、选择并有效运用这些技术，确定以最佳方式将个人反馈与个性化软件程序配合使用，并找到自定进度教学与群体教学的最佳组合。

最后思考

行为学习理论之所以受到诟病，是因为它严格建立在可观察行为的基础上。学习是一个复杂的过程，而可观察行为不一定总能充分地反映内在的思考过程。过去50年内发生的"认知革命"使行为学习法逐渐失去往日光彩；但这种学习方法的许多基本概念（包括任务分析、反馈和自定进度）如今仍有很强的生命力。行为学习法研究打着"行为分析"的旗号继续进行，而且行为学习法帮助中小学在自闭症和全校参与训导工作等领域取得了巨大的进步。[34]

这种学习方法对于动作技能或程序性技能的培养最为有效，因为此类学习目标是有形的、可观察的，而且准确和效率在这类学习中非常重要。大学水平的大部分学科都包含某种培养动作技能或程序性技能的任务。行为学习法对于基本原则、复杂观念、批判性思维或解决问题的学习并不特别有效。对行为学习法最中肯的批评是它对步骤的过分强调可能会让人感觉过于繁琐、备受约束而且单调乏味。在行为学习法中，自我发挥的空间很小，而且也存在难以调动学生积极性的问题。外在激励对于以可观察行为变化为主的动作和程序性技能培养非常有效，但对于本书所述的其他学习方法则效果有限。外在激励因素可能会导致学生对强化系统产生过分的依赖，从而对学生培养高级阶段管理自己学习所需的内在动力非常不利。

虽然行为学习法仅对技能的培养特别有价值，但仍可将它视为一种主要的学习模式。虽然我们主要关注的是技能培养，但这种方法的原则广泛应用于其他类型教学的设计和实施中。学习成果、当前表现、步骤和反馈都是广泛适用于几乎任何学习方法的概念。行为学习法为教学环境的总体设计提供了理论基础。甚至课堂管理以及教师与学生之间最基本的交流都充满了与反馈有关的行为学暗示。本书将行为学习法作为第一种学习方法来阐述，因为它不仅代表着系统化研究学习的首次尝试，而且其应用最广泛，影响最深远，永远不会过时。它不是一种可以接受或拒绝、选择或放弃的事物，因为它是几乎每一个学习环境中固有的要素，而且无论教师有没有意识到，它都产生了所谓的"后果不可避免的后果"。

要点回顾

希望有效运用行为学习法的教师应当采取以下措施：

- 明确地确定可衡量、可观察的学习目标。
- 进行任务分析，将复杂的学习活动分解为步骤和子步骤，必要时按层级或先后顺序对这些步骤和子步骤进行排列。
- 衡量学生已有的表现水平。
- 必要时确定并补充必备技能。
- 为待执行的任务建立模型。

- 提供足够的时间和机会让学生练习。
- 以各种形式及时提供具体的反馈意见塑造学生的行为。
- 以正强化物及负强化物的形式为学生找到适当的动力。
- 利用正强化物建立行为；除非需要制止有害行为，否则避免使用惩罚手段。
- 根据所述目标对整个教学过程中的实际学习情况进行评价。
- 审慎地选择和运用技术来让学生练习技能和完成子任务，同时给予及时而具体的反馈。

第五章

基于认知学习法的教学——获取知识

预期学习成果 学生学习什么	学习方法 渊源和理论	常用方法 教师教授什么
获取知识 某个学科或研究领域中的基本信息、概念和术语	**认知学习法** 认知心理学：注意、信息加工、记忆	陈述 说明

这种学习是否涉及信息的获取？它是否涉及新观念、新术语或实用的理论？它是否需要了解某个事物运作或发挥功能的原理？它是否属于能通过解释呈现的信息？是否能辨认需要理解并记住的关键概念、主要观点或要点？**认知学习法**能有效地达成这些学习成果。

一位政治学教师采用运动类比法帮助学生获取理解新信息所需的先备知识。《美国宪法》与运动中的游戏规则有什么相似之处？这种比较是怎样帮助学生获取与政治有关的知识的？

在信息时代，具备适当的知识、理解这些知识并能运用这些知识是至关重要的。虽然如今信息可以通过多种电子渠道获得，但并不是所有这些信息都具有同等的价值，很多信息还需要进行鉴定，且与其他信息结合才能转化为知识。有时知识还需要储备在我们自己的头脑中。比如很多时候，学生需要具备一定的基本知识或背景信息才能尝试使用小组合作、批判性思维、解决问题或其他学习方法。事实信息往往是其他学习类型的基石。我们所需的一部分知识是基础而简单的，但如今使用的大多数重要知识往往非常复杂，其中涉及专门术语、难以理解的概念和各种观念之间的复杂关系。因此，获取知识仍是学生进入大学学习的主要原因之一。

获取知识

如第一章所述，讲授是高等教育阶段的主导教学范式——有人将它称为大学教学的默认方法，但这种方法显然被过度使用了。[1]讲授不仅被滥用而且经常被误用。R. K. 瑞斯本（R. K. Rathbun）所说的一句名言反映了这种常见的抱怨："讲授就是将教师的讲稿变成学生的笔记的过程，其中任何一方都不需要经过头脑的思考。"为什么会有这些批评？因为在某些情形下，课堂组织杂乱无序且呈现方式不佳；而在另一些情形下，学生已经通过阅读或多媒体演示获得了必要的知识，课堂讲授变得累赘而多余。多年来的研究表明，讲授能有效地传递知识，但对达成大多数其他学习成果来说效果不佳。[2]虽然它存在这些局限性，但讲授法并没有过时也不应完全摒弃。讲授可以非常高效地向接受能力强的受众传递信息，很多学术会议通常是如此。几乎每一门大学课程中，都会有需要呈现信息的时候。讲授法变更一下名称也许更容易让大家接受，因此我们姑且称之为呈现信息吧。我们把与之对应的学习方法称为认知学习法。

认知心理学现已成为心理学学科中一个非常广泛的分支，其研究成果涵盖了与感知和认知有关的一系列论题。我们从认知心理学中借鉴了三套概念，这些概念能最适当、最有效地帮助教师进行有效的呈现：注意、信息加工和记忆。这些概念都是认知学习法的核心。

对任何教学方式而言，最佳的起点都是设定学习成果。由于讲授法是高等教育中的主导范式，因此存在着将每一节课都变成知识传递的倾向。如今的大学教师需要确定某门课中对各种学习成果的总体需求，例如培养技能、鼓励思考过程或改变态度，随后确定真正需要传递知识的领域。澄清这一点后，教师会问：学生究竟应当从信息呈现中学到什么？重点在于激发对新观念的兴趣、介绍陌生的术语、解释某个事物的运作原理还是形成对关键概念更深入的理解？一旦明确了目的，确定了呈现的内容以及根据呈现的内容学生能够完成什么任务，那么接下来就需要回答三个重要的问题：

（1）为什么学生会被激励去留意呈现的内容？他们需要花费多少精力才能集中注意力来理解各项要点？

（2）学生会怎样接受和加工信息？什么能帮他们更容易做到这一点？

（3）学生应当记住哪些呈现的信息？呈现者应当怎样促进这个过程？

每一位教师都有过当学生的经历，都知道呈现的效果可能妙趣横生也可能枯燥无味，可能引人入胜也可能令人厌烦，可能发人深省也可能极度沉闷。为什么会这样？有人会说这取决于呈现者的个性，也有人会说这取决于主题或媒介。但我们认为，如果以学习作为关键标准，那么有效的呈现中最重要的因素应当是设计得当、面向听众的沟通过程。为什么学生在倾听或观看一个课程呈现时能学到知识？学生尝试注意、加工或记忆信息时实际发生了什么？他们又是怎样获取知识的？

认知学习法的起源

在认知心理学领域，没有比 B. F. 斯金纳更有代表性的人物了。对心理过程的研究可以在威廉·冯特（Wilhelm Wundt）、威廉·詹姆斯（William James）、F. L. 巴特莱特（F. L. Bartlett）所开展的工作以及欧洲的格式塔心理学运动中寻到根源。但从 19 世纪初到第二次世界大战结束的这段时期，心理学由行为主义者主导，他们坚持认为人类意识是一个暗箱，而行为是科学心理学唯一适当的研究对象。1950—1980 年间认知心理学领域的发展是一次不折不扣的知识革命。人类意识曾被认为是一个超出了心理学家研究范围的领域，但如今它已经成为科学研究和理论建构大放异彩的焦点。虽然一些心理学家仍在继续研究动物的沟通过程，例如在类人猿和符号语言研究中取得了引人注目的成果，但研究的重点已经转移到了人类信息加工上。这个领域吸引了一些最杰出的学者，研究活动也变得更加深入和精彩。

行为主义这个时候已经到达了最高峰。但更重要的是，越来越多的心理学家发现行为理论不足以完全描述人类的学习过程。虽然学习无疑在一定程度上受行为和后果的影响，但他们认为人类往往会对构成自身环境的刺激物做出反应并进行调整，这主要是通过人类特有的语言工具进行的。通过语言及其他符号化过程，人类会进入称为"调解"的复杂、隐蔽的心理活动。一些新派心理学家确信行为学家的错误之处在于未能研究人类心理的暗箱。他们开始相信隐蔽的心理过程是理解人类行为的关键。在他们看来，行为学家忽略了人类行为最重要的一个方面，仅仅是因为这个方面难以研究。

来自其他领域的研究成果激发了人们对认知心理学的新兴趣。心理学的军事化应用中产生了一门人类工程科学。言语学习理论家和语言学家开始建立新模型来解释语言行为。[3] 通信工程作为一种新科学得到了发展，而系统分析师也开始描述计算机输入与输出之间的工作流程。随着认知心理学家开始思考人脑输入与输出之间发生的过程，从将计算机视为一个复杂的信息加工系统，到将人类思维概念化为一个复杂的符号处理系统只是一次简短的飞跃。如果要试着确定认知心理学作为一个得到公认的领域兴起的时间，那么具体年份应该是 1958 年，那年兰德公司召集当时顶尖的心理学家召开了那次著名的会议，会上纽沃尔（Newall）、肖（Shaw）和西蒙（Simon）提出了非常有影响力的前理论主张，对需要进一步研究的基本信息过程进行了总体描述。他们的努力掀起了一股研究热潮。[4]

对认知学习法的已有认识

让我们描绘一下课堂教学的典型情景：一位教师借助多媒体的辅助用洪亮有力的声音在讲课；学生一排排地坐着在记笔记，同时试图理解演示和讲述的内容。对这种学习方式有哪些已有的认识？认知心理学家（即研究注意、加工和记忆信息的心理活动的学者）已经广泛研究了我们通过呈现进行沟通的过程。经过多年研究，他们提出了基本信息加工模型来说明认知过程的运作方式。图5-1是文献资料中常见模型经过综合、简化的版本。[5]

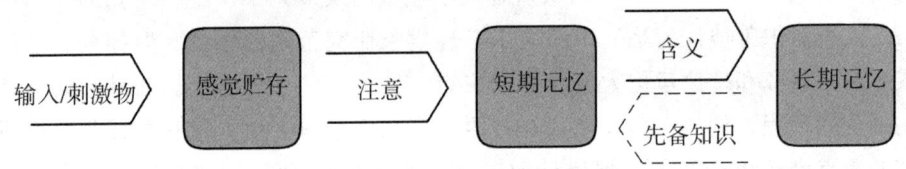

图5-1 基本信息加工模型

根据这些模型，信息通过我们的五种感官进入一个感觉贮存。过滤器被激活后根据刺激和动机选择性地忽略或筛选人们希望注意的信息，然后对信息的主要特征进行分析、提炼和编码，并在短期记忆中保持几秒，同时对信息进行整理并决定处理方式：直接回应、对信息进行思考、将信息与其他信息整合、忘记，或者存入长期记忆。长期记忆中的先备知识和过往经历可以帮助我们决定怎样处理短期记忆中的信息。如果信息具有意义、情感价值或者在先备知识的基础上有意义，那么该信息更有可能纳入长期记忆中。虽然这个过程极为复杂，但认知心理学家似乎就注意、信息加工和记忆这几种功能总体上达成了一致。这些功能当然不属于大脑中的某些部位，而是头脑中推动信息符号处理的几个相互关联的过程。

注意力的影响因素及强化注意力的教学策略

影响注意力的内在因素

教师呈现信息时，第一个任务是要引起学生的注意，虽然这是显而易见的道理，但一些教师并没有把它当成自己的责任。学生为什么必须集中注意力？他们能同时注意多少件事？就此而言，人为什么会注意某件事？一些认知心理学家将注意描述为集中的能力、一个受外部刺激和内在动机影响的过程。[6]内在方面可能超出了教师的控制范围，但外在方面存在诸多的因素可以施加影响。教师怎样才能帮助学生将注意力集中在呈现过程中最重要的部分？有哪些让学生分心的因素——笔记本电脑、移动设备、电脑游戏还是文字短信？

最早关于注意力的一些实验旨在考察人们试图同时倾听一件以上事情时会出现什么情况。彻丽（Cherry）称之为鸡尾酒会现象。[7]大多数人都会有这样的经历，置身于聚会中时，听觉总是从一个交谈转移到另一个交谈。人们在另一个交谈中听到的内容会不会让他们放弃先前交谈中听到的内容呢？彻丽等人模拟了聚会的场景，他们让研究对象通过耳机听取两条独立但相似的讯息，一只耳朵听一条讯息而另一只耳朵听另一条讯息。在双耳分听的过程中，他们指挥研究对象跟踪（大声复述）他们从指定的耳朵中听到的讯息。不出意料，试验后研究对象往往能非常详细地复述他们从指定的耳朵中听到的内容，但当他们被问到从另一只耳朵中听到了什么的时候，他们显得很茫然。有时他们甚至都无法判断讯息是否转换成了另一种语言或者是否是反向播放的。换言之，他们的注意力相对集中。

诸如此类的实验成了"注意力开关理论"的基础。如果两条讯息同时传来，那么其中一条会通过而另一条无法通过，就好像有一个开关打开一条通道的同时关闭另一条通道一样。显然，当人们注意某件事时，几乎全部注意力都集中在这里。请注意"几乎"这个词。其他研究表明，注意并不完全是一个打开或关闭的开关，而是更像一个过滤器，选择性地让重要信息进入而筛除大部分（但非全部）其余信息。也有人认为注意就像一盏聚光灯，要么完全集中在一件事上，要么分散开来，将光亮和意识同时放在很多事情上，但这时光亮较弱而且注意力比较分散，只能关注到表层信息。在20世纪90年代末进行的一次至今闻名的影像分析实验中，研究对象被要求计算身穿白色衬衫的学生传递了多少次篮球。大多数观察者都非常专注于计算移动球员的传球次数，以至于连一个打扮成大猩猩的人从场地中央穿过都没有发现。[8]重放这段录像时，大多数人都感到十分震惊,选择性的注意竟然让自己忽略了这么明显而戏剧化的景象。如今,在技术的推动下,人们几乎能获得任何信息,我们不遗漏任何事物的需求催生了琳达·斯通(Linda Stone)所称的"持续性局部注意力"的概念。[9]这个概念在年轻一代当中尤其流行,但我们当中的很多人似乎徘徊于模糊注意力的状态中,而且需要借助说明和引导才能选择性地专注于某些任务或信息。

其他实验涉及各类活动所需的和可获得的注意程度。一些活动比其他活动需要更多的注意力;在此情形下也需要用更多的心智能量来集中注意力。注意容量虽然有限,但并不是一个固定不变的独立体;它会随着活动的难度和对活动的熟悉程度而发生变化。一些活动经过充分练习后几乎能无意识地完成;另一些活动则需要全神贯注的投入。一边在开阔的公路上驾车一边进行激烈的辩论或许是可能的,但要顺利地通过一个拥挤而不熟悉的十字路口时可能连说话的空隙都没有。某些活动虽然运用相似的认知过程但无法同时进行。如阅读、交谈和书写运用的都是相似的过程,但一个人在进行交谈时完全无法阅读或写字。

学生总会在课堂上做白日梦或走神。而在这个笔记本电脑和便携式移动设备流行的时代中,教师想要抓住学生的注意力就变得更有挑战性了。对此也引发了关于多重任务处理效能的争论。很多学生认为他们在给朋友发短信、浏览互联网网站的同时也能注意听课。这么说部分是对的、部分是错的。学生可以在一堂课内完成所有这些活动,但他们无法同时进行这些活动。他们实际上只是在各项活动之间转换注意力,而且每次来回转换的时候都会耗费一些时间和精力进行处理——这是个非常低效的过程。学生往往不了解他们的注意力是有限的,教师应当给予相应的指导,并让他们认识到使用移动设备也会让周围的同学分心。

很多教师对这类设备的使用都采取放任自流的方式,而另一些教师则有意地尝试将这些技术整合到讲课中,比如要求学生参与推特交流、非正规途径的讨论和互联网搜索。如今的大学教师需要有意地设计如何将这类技术运用到讲课中来。正如有效的讲师会精心安排教室中的课桌和椅子一样,如今的教师也需要在授课时精心设计参与者与技术互动的方式。[10]教学过程中,是否对学生移动设备的功能和访问内容进行妥善的设计将会对学生的注意力产生重大的影响。

另一个研究领域主要关注大学课程中学生注意力的持久性。在典型的不间断的讲课期间,学生注意力集中和分散的时间是可预测的。他们一般在前5分钟内比较松散,接下来的10~15分钟内保持专注,之后5分钟又难以集中注意力,等等,就像这样来回波动,但随着一节课的进行专注程度总体上呈下降趋势。[11]

不幸的是我们注意力的容量是有限的，或许比直觉感觉到的更有限，也远比喜欢用多媒体工具的学生所愿意承认的更有限。所幸的是，需要密切关注某事时，我们具有一种超凡的能力，全神贯注地集中于我们想要、需要看到或听见的内容。

强化注意力的教学策略

虽然注意力的某些方面建立在内在动机的基础上，但在讲课时外部的因素也会对它产生影响。在本章中我们列出的运用认知学习法的以下16条规则中，第一套规则（规则1—5）对于教师思考注意力在讲课中的重要性非常实用。

规则1：无论用什么方法都要引起学生的注意。 除非一开始就引起学生的注意，否则他们不会从讲课中学到很多东西。这可能意味着教师需要设计一个引人入胜的开头——一个好听的故事、有强烈冲击力的视觉形象或者提出三个充分的理由，证明不掌握这些重要信息学生就无法生存。

规则2：告诉学生将注意力放在什么上面。 当学生知道他们应该将注意力放在什么上面的时候，他们往往能充分集中注意力而且心无旁骛地关注需要关注的东西。了解了这种情况对于教师来说无疑是鼓舞人心的，因此直接告诉学生应当关注的事物（例如三个要点、模型的本质或所讨论的关键过程）会很有帮助。效能型教师还会采用前导组织、进行课堂预演、分享目的和目标以及帮助学生区分重点难点等活动来加强效果。

规则3：不要超出学生的能力水平。 由于学生的注意容量比较有限，因此效能型教师会依次使用媒体，即一次只使用一种。他们知道分发了讲义资料后学生即会开始阅读并停止听课，因此会给学生时间来完成阅读。如果他们出示一幅图，他们会确认这幅图与信息相关而且能配合信息的讲解，然后只会在自己进行说明的时候出示。他们绝不会一边说话，一边分发讲义资料，还一边出示不相关的图片。

规则4：必要时放慢节奏并重新引起学生注意。 效能型教师知道一些内容比另一些更难引起学生的注意。他们认识到可能需要放慢步调、重复地讲述材料或者多次巩固难理解的概念。材料越难，学生越有可能走神。效能型教师会安排休息、运用戏剧性的停顿并通过步调、形式和风格变化来帮助恢复学生的注意。

规则5：不要尝试与干扰因素进行抗争。 大多数教师都知道当学生迟到、开始说小话或在移动设备上玩游戏时，其他学生也无法集中注意力。如果干扰作用十分强烈，那么讲授者可能需要停下来、等待，然后重复干扰发生时讲述的内容。如果学生的电子设备并未实际用于呈现讲课内容，那么要求学生关闭设备或者暂停屏幕显示时不用怀有歉意。

注意力属于有限资源，效能型教师会努力创造可持续的学习环境以进行信息加工。如果无法获得注意或注意发生中断，那么一切都无从谈起。请参考以下实例：

化学教授布伦特·艾弗森（Brent Iverson）在德克萨斯大学奥斯汀分校给多达500位学生的大班讲课，但他仍尽力关注自己的学生是否处于注意状态之中。"有时只需要暂停讲课，找一个话题将课堂所涉及的内容与他们所熟悉的事物联系起来进行讨论，就能吸引他们的注意力并重新激活课堂气氛。"在布伦特的课上，学生要求在前45天内学习多达50种化学反应，"只有少数反应涉及碳碳键，但这些却是最重要的反应。"这时布伦特会拿出自己的小号，当他用小号演奏了几个音符并宣布"现在是一个重要的转折点"时，你肯定相信学生会引起注意。"当然这是一个小伎俩，但它让人印象深刻，它会让全班保持清醒状态并展示了材料的重要性，而这正是问题的关键。"[12]

信息加工

信息加工概述

假设教师成功地吸引并集中了学生的注意力，那么怎样才能帮助学生理解讲述和展示的内容呢？学生通过视觉和听觉获取信息之后，又是对信息怎样进行加工的呢？

对感知的传统、常识性的观点是，人看到或听见的就是外在存在的事物。哲学家为了认识人的思想与客观世界之间的关系，已经进行了几个世纪的探索。认知心理学家也加入了这场争论，而且强调了思维在信息加工中的重要性。他们声称实际存在的事物与人的相关感知之间不存在一一对应的关系；相反，感知过程涉及对讲述或展示内容的高度复杂的心理阐释。[13]请思考一下：什么是真实的世界，是由一只嗅探的狗来阐释，还是从翩翩起舞的蝴蝶的角度来理解？难道这不依赖于生物体用于感知和解释的工具或器官吗？

这个解释过程中包含了什么？人是怎样识别作为传播构成要素的声音、词语、句子和图像并赋予其意义的？与认知心理学领域很多其他突破一样，这要从计算机讲起。程序员在开发目前广泛用于读取邮政区码和银行支票的扫描技术时，有必要（在条码之前）先了解怎样开发读取字母和数字的程序。为此他们设计了一个称作模板匹配的过程来搜索和匹配某种预定形状，例如数字 3 的电子模板对应于阿拉伯数字 3 的形状。但扫描仪必须读取多种刺激（例如多种不同印刷样式甚至手写字体），这个问题就变得更复杂了。例如，如果问扫描仪以下哪些字符是"A"时，扫描仪应当如何处理呢？

A △ V A a F a

在此情形下，电子设备并没有对应的模板而只有一堆特征，这些特征都具有"A"的特性。例如，"A"具有以下字符组中显示的一些典型特征。

/ / ^ a ┐ ┌

这种较复杂的扫描仪寻找的是特征而不是原样的模板；它寻找的是字符"A"的抽象特性，而不只是具体的"A"。塞尔弗里奇（Selfridge）及其同事开发了一种用于手写体字符识别的电子扫描仪，可以识别关键特征、计算这些特征并判定某个字母是否具有足够的与字母"A"相同的特性。[14]这也成为描述人类信息加工的一种有用模型。人类显然拥有一种用于信息加工的高度复杂、基于特征的图形识别系统。识别重要特征和图形在各个学科领域都非常重要，例如生物学中用显微镜观察细胞；艺术史中对印象主义和立体主义等风格的识别；音乐中大小和弦及音调的区别。

这个时候，对信息加工的这种描述集中在认知心理学家所称的自下而上的加工，即系统中由数据推动并由进入系统的刺激特征来引导的方面。与这个自下而上的系统同时运行的是一个自上而下的系统，后者更多的是由概念或假设推动，而且似乎更多地来自个体内部而非外部刺激。[15]在增加外部刺激时，个体同时从先备知识中汇集了观念、想法和意义，并对照经验对新输入的信息进行检验。支持自上而下加工的理论家强调个体在加工过程中给信息带来的影响。这些研究者发现"情境""意义建构"和"先备知识"会直接而深入地影响信息加工。

外部刺激对信息加工的影响

情境

在先前格式塔心理学家研究成果的基础上，认知心理学家能够确定感知在很大程度上受情境影响。例如，下图中，排成 5 行、4 列的圆点往往会因为它们的排列方式被感知为行或列。

上图中，这些圆点看起来更像排成几列，尤其是将最后一列遮住从而减小了各行长度的时候。下图中，相似的要素往往被感知为一个整体（即使它们之间间隔相同），因此下图更多地被视为行而非列。

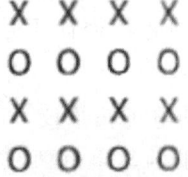

格式塔心理学告诉我们，个人会根据整体形态（格式塔）对自己的感知进行组织，因此情境非常重要。感知者将各项感知放入大的情景中加以考量，并将事物视为一个更大整体的一部分。这对教育工作者来说有何意义呢？请看以下示例。在称作"华生选择任务"的"若 p 则 q"的经典实验中，研究者要求参与者解答以下逻辑问题：

每张卡片的一面是字母，另一面是数字。请翻最少张数的卡片来验证这个规则：如果一面有一个元音，那么另一面一定有一个偶数。[16]

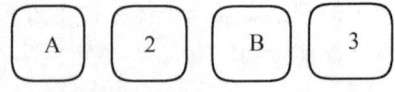

这个题目乍一看比较容易，但很少有人能正确解答。答案是两张，即翻"A"和"3"这两张卡片即可验证这个规则；"2"这张卡片不需要动，因为并未规定有偶数的卡片需要满足什么条件。还是很茫然？请尝试解答下一题：

每张卡片代表酒吧里的一位学生，且一面显示这位学生的饮品，另一面显示这位学生的年龄。请翻最少张数的卡片来验证这个规则：如果这位学生喝啤酒，那么他的年龄一定在21岁或以上。[17]

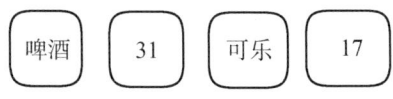

尽管其逻辑与第一题完全相同，大多数大学生很轻易就能解答第二题。这是因为第二题被放入了一个大多数青年人都很容易联想并理解的情境。

意义建构

自上而下加工理论还强调信息加工中意义建构的重要性。个人努力了解自己所看见和听见的内容的意义，尤其是语义意义，然后将其作为总体意义模式的一部分对这些信息进行加工。例如，对"汽车在冰上滑行"这句话中的"冰"这个词进行加工时，这句话的前面部分"汽车在……滑行"提供了很大的帮助。这个部分几乎使"冰"这个词呼之欲出。但如果这个句子的结尾是"香蕉皮"，那么这个部分所能提供的帮助就不大了。即使可能会有人踩香蕉皮滑倒，但汽车通常不会，那么这个句子就显得有点不知所云了，听者只能放慢节奏再仔细考察一下了。

研究证明了信息加工中语义的重要性。有意义的词组（例如护士和医生）比无意义的词组（例如护士和树）加工和发音更快。同样，按有意义的顺序列出的词语（例如狗、追逐、猫、树）比按随机顺序列出的不相关的词语（例如树、小船、泡菜、羊）加工起来更快。

对阅读研究感兴趣的认知心理学家对语义建构所处的地位进行了广泛的考察。虽然在一定程度上阅读肯定涉及学习字母表和某些发音规则所需的自下而上的功能，但越来越多的证据表明阅读者还在很大程度上依赖情境来确定意义。例如，在阅读一个句子时，我们并不需要看清每个单词的每个字母才能理解其含义：Thix example xhould proxe xhe poixt（这个例子会证明这一点）。

有时读者会根据上下文将同一个符号理解为不同的字母，如下图所示。

THE CAT

显然，人们在阅读的同时也在对词语、词组和短语进行加工，即以信息块为单位而不是一个个字母为单位。实际上，一旦一个人学会以令人满意的速度进行阅读，那么他就很难对一个个字母进行精确的加工。请数一数下面一段文字中有多少个字母"f"，再重新思考一下这个问题：

Finished files are the result of years of scientific study combined with the experience of many years. （已完成的文件是多年的科学研究结合多年的经验而取得的成果）。

如果数出的"f"少于6个，那么就需要更仔细地进行阅读了。大多数撰稿人都清楚，校对比理解性阅读要慢得多，而且大多数认知心理学家也都赞同其中涉及了不同的加工活动。所有这些示例都表达了一种观点，无论我们是否认识到，有意义的信息更容易进行加工。

先备知识

在大多数信息加工中，个人都在尝试理解所加工的信息，但意义不会凭空产生，而是来自先备知识。个人对所呈现信息的已有认识会极大地影响加工的速度和难易程度。例如，让研究对象短暂地瞟一眼包含三行无意义字母的抽认卡，例如：

GBY

QOP

LZV

他们估计很难快速而准确地加工这些信息。他们可能只会记住一行字母或几行中的几个字母。但如果让他们在同样的时间内看另一组字母：

IBM

SOS

IOU

那么加工过程就会快速、简单而准确。当然，前提是大多数研究对象都已经具备了关于第二组字母的充分的先备知识。

认知心理学家已经尝试描述储存和调出先备知识从而协助信息加工的方式。例如，需要哪些先备知识才能理解这样一段简单的文字（从丹尼尔·威林厄姆（Daniel Willingham）给出的示例改编而成）：奥斯卡在夜间得到增强，风速超过了每小时一百英里。预报员预计风眼将于明天袭击已经饱受摧残的伯利兹海岸。[18]

大多数美国学生都知道，奥斯卡既不是一个人也不是好莱坞奖项，而是一场有名的飓风。而且文中的"眼"是指这场风暴的中心部分，既不是身体的部位也不是缝衣针的针眼。小学年龄段的学生由于不具备需要多年积累的天气预报知识，可能完全无法理解这句话的意思。来自日本的大学生或许也难以理解，因为当地称作"台风"的热带风暴在日本是用数字编号而不是用人名命名的。而一些专业学生甚至可以辨认奥斯卡属于一场飓风而不是热带风暴，因为风速超过了每小时74英里。有些人知道伯利兹在哪里，而有些人不知道。如果学生不具备相关的情境、含义或先备知识，那么讲授奥斯卡时，可想而知学生的理解水平会千差万别，效果自然十分糟糕了。

认知心理学家（一定程度借助语言学家的帮助）表明个人将自身的先备知

识整理成脚本、框架和图式，而且会在遇到新信息时从预先整理的知识包中调出相关知识。例如，某人在学习关于去中式餐馆就餐的知识时，会调出餐馆的脚本。其中已经包含了一般就餐体验的信息，例如就座、阅读菜单、点菜、上菜和买单，以及这些活动的正确顺序。当某人在学习中式餐馆就餐的独特之处时，基本的餐馆脚本就会被调出使用并能有效地让新学到的知识产生意义。如果没有可供使用的餐馆脚本，那么在了解共享主菜、用筷子进餐、餐后甜点仅限于幸运曲奇饼等知识时就会产生问题。有效的信息加工涉及将新信息与旧信息（先前学习的）关联起来。请参考以下实例：

汤姆·克内克特（Tom Knecht）在韦斯特蒙特学院教政治学。他专门设计了一门课"政治与体育"以帮助学生掌握政治学中抽象而复杂的概念。这门课的学生大多数都是学人体运动学专业或是体育专业，他们缺乏美国政治的背景知识而且兴趣也不高。汤姆运用这些学生的体育先备知识协助解释政治学概念并将这些概念放在他们能联想到的相关的情境中。他解释说，《美国宪法》使政治成为可能且奠定了法律的基础，这与体育运动中的比赛规则很相似。"在篮球比赛中，如果你所在的球队落后了5分，没有剩余暂停时间，且另一队持球，那么你们会怎么做？大多数体育爱好者都知道最佳选择是对另一队犯规以停止计时。是哪一支球队还是哪些球员并不重要，因为这是比赛规则允许的最佳策略。"他以同样的方式解释道：政治领域的最佳策略也是由政治和法律系统的规则决定的。是哪一位政治家或者他或她代表哪一个政党并不重要。在一定的规则下，大多数政治行为都是可预测的。"学生可以学到大量的政治知识并发现很多政治行为可以通过类比比赛规则加以预测。"[19]

先备知识对于学习新信息非常有帮助，但有时先备知识可能是不适当、不充分的或完全错误的，因此可能干扰新信息的学习。[20]当常见词语另作他用或者误解或一知半解的知识占据主导地位时，日常先备知识可能会妨碍新知识的学习。学生可能知道怎样写期末论文，但这些知识并不适用于写自创小品或实验报告。即使有时具备准确的先备知识，但这些知识往往处于潜伏状态，需要重新激活，因此教师试图确定学生的先备知识并提醒他们这些知识的存在的做法是比较明智的。

另外，教师还需要了解自己的先备知识。认知策略的一个常见问题在于演示者专业知识的缺陷，也称作"专家盲点"。[21]大学教师如果没有获得大量的背景知识，是很难回忆起某个领域的初学者是处于什么样的知识储备状态的。因为作为教师他们的学问已经很渊博了，他们很容易对学生的背景知识、所处的情境和对意义的意识做出错误的假设。这会导致讲课时学生产生困惑且难以跟上进度。如果没有一定的知识基础和教师的适当指导，那么学生很可能会按先后顺序或随机顺序整理信息，而不是以一种概念上的、有意义的顺序来整理，虽然这对于该领域的专家而言是理所当然的。

促进信息加工的教学策略

对学生来说，接收信息并不是一个被动的过程。要想"获取信息"，学习者需要主动地、全身心投入地尝试去感知和理解所呈现的信息。运用认知学习法的原则时，主动参与的学生可以从有效陈述中接收并理解大量的新信息。第二套规则（规则6—12）回答了这样一个问题：演示者如何提高信息按预期方式进行加工的可能性？

规则6：认识到诠释是始终存在的。务必记住的是，教师讲述的内容与学生听见或看见的信息之间并不存在一一对应的关系。学生所加工的不是信息本身而是对信息的感知。从这个意义上说，教师永远无法直接告诉任何学生任何知识，因为学习者总会对知识进行处理和诠释。效能型教师会尝试去了解他的受众及其可能具备或缺乏的先备知识以及关于材料常见的先入为主的概念。

规则7：帮助学生找出所呈现信息的总体结构。学生很少以孤立片段的形式对个别信息进行加工——包括声音、词语和图像，而是把它们作为较大结构和模型的一部分进行加工。但当信息对学生来说非常陌生时，他们往往缺乏理解该信息所需的结构。如果学生正在寻找总体结构，那为什么不向他们提供一些呢？教师可以以有条理的方式展示教学内容并向学生解释其中的结构。可以用思维和图形组织器帮助他们理解信息是怎样组合的。形象地说，如果树是森林的一部分，那么首先应当介绍森林并加以命名，再介绍其中的树。细节只有放入总体格局中才具有意义。

规则8：在一定的情境下呈现信息。由于情境会使加工过程更加顺利，因此教师应当始终在大的情境中呈现信息。这些信息来自哪里？这些信息与其他相似信息或不同信息有什么关联？怎样运用这些信息？尤其是当信息较为抽象时，更应当将信息放在一个不仅是你而且你的受众都能理解的情境中。

规则9：帮助学生理解意义。由于学生总是试图找出意义以便更有效地加工信息，因此教师在呈现信息的同时需要提供对信息意义的解释。事物是怎样运作的？为什么会运作？哪些词语和短语最能有效地表达这个意义？能不能用一个生动的故事来阐明某个要点？认识到不同的人以不同的方式理解意义之后，教师不应假设意义是显而易见的，而是应当明确说明信息的意义并要求学生分享理解意义的不同方式。

规则10：在先备知识与新信息之间搭建牢固的桥梁。由于新知识的理解建立在先备知识的基础之上，因此教师必须充分了解课堂上大部分学生所具备的先备知识。教师通过课前测验、开放式知识测试题甚至只需学生举手就可以了解学生先备知识的水平。如果学生的先备知识太少，无法构成加工新信息的基础，那么教师可能需要放慢节奏或者停下进度帮助学生建立这个知识基础。假设学生已经掌握了足够的先备知识，那么教师只需要帮助学生激活这些知识并与之建立关联就行了。例题、内容回顾或者简短讨论都可以提醒学生他们已经掌握了的某些过程、技巧和程序，以及已经拥有的某些活动的脚本。有时，先备知识属于错误信息，因此需要忘掉后重新学习。

规则11：使用视觉效果和图像辅助记忆。多媒体学习领域的顶尖研究者理查德·梅耶（Richard Mayer）解释说，我们大脑中的不同部分都有单独的通道对言语和视觉信息进行加工。相比较单单加工文字信息，如果信息同时以文字和图像的形式呈现的话，我们能更好地加以保留。[22]但图像必须与内容和文字相关并能对其理解提供支持。如果图像不具备相关性，那么学生宝贵的认知加工时间都会花费在尝试理解图像上，更别提用图像来帮助理解信息了。效能型教师懂得如何运用恰如其分的视觉刺激来帮助学生加工陈述的内容。

规则12：想办法保证学生积极参与。这类学习需要积极参与——与人们对陈述的普遍理解恰恰相反，所以在教学中，教师会设计活动和安排练习鼓励学生参与到课堂中来。效能型教师可能会邀请志愿者演示某个概念、用应答器周期性提出问题，或者让学生两人一组用自己的语言总结和解释概念。教师可能会经常暂停讲课，询问学生对哪一点仍感到模糊或困惑。

莱斯利·里德（Leslie Reid）在加拿大阿尔伯塔省的卡尔加里大学教一门称作"地球科学导论"的课程。她上课时以多个重大观念作为中心来介绍课程的主要概念。即使课程大纲已经向学生解释了这些重大观念，莱斯利及其同事仍然发现学生并不知道怎样利用这个资源来理解和加工课程内容。现在，莱斯利使用概念构图法来帮助学生了解全局背景。

第一天上课时，她让学生为重大观念绘制概念图。大部分学生要么只是在一页纸的顶端列出了这些观念，要么完全不知道该写什么。当她来回走动观察学生单独或以小组形式完成作业的情况之后，莱斯利在平板电脑上展示了自己绘制的概念图，标出了各种联系并让学生讨论他们如何看待这些概念之间的联系。她在课堂上不时地让学生拿出自己的概念图或者绘制一幅新的概念图，从而不断地建立目前信息与重大观念之间的这种联系。"我们总是要求学生温习自己的概念图并直观地了解我们已经学过了什么、我们现在处在什么位置以及我们要朝什么目标前进。"莱斯利始终将参阅概念图和重大观念作为一种强化方式，告诉学生需要学习的重要信息。[23]

记 忆

大多数教师都像莱斯利那样希望学生记住他们所学的知识，但与莱斯利不同的是，他们很少去发觉学生应当记住什么或者怎样进行记忆。长期保留信息涉及记忆。我们是怎样记住事物的？是否有可能提高我们自己或其他人的记忆力？

短期记忆

认知心理学家对短期记忆和长期记忆进行了区分。顾名思义，短期记忆不会持续很久也不能记住很多内容。它的作用是短暂地记住信息以便进行处理。

在查找一个不熟悉的电话号码时，一个人通过短期记忆在拨打前的这段时间记住这个号码，但即使是这么短的时间，有时都需要再看一眼信息来源，尤其是在中间被打断的情况下。短期记忆的时间有多短？对于确切储存时间的估计各不相同。视觉形象只会在感觉贮存中保存不到二分之一秒，而声音的保存时间只有四分之一秒，但其特征可以被提取出来并保留在短期记忆中达15～30秒。[24]除非对信息进行反复演练（在心里一遍遍地重复）或者采取其他措施将信息锁在长期记忆中，否则会发生迅速衰退——这就是为什么叫"短期记忆"。

短期记忆的容量也是有限的，即无法记住很多内容。一篇题为《神奇的数字7±2：信息加工能力的局限》（*The Magical Number Seven, Plus or Minus Two: Some Limits on Our Capacity for Processing Information*）的文章至今仍非常有影响力，文中乔治·米勒（George Miller）确定大多数人在短期记忆中仅能保存5～9位信息。[25]在他进行的实验以及其他研究者后来进行的实验中，7这个神奇的数字不断地涌现了出来。在对人们可以在短期记忆中保存的声音、数字或文字数目的试验中，结果总是相似的——大约7个，上下波动不超过2个。这项原创性工作之后进行的研究基本集中在认知负荷理论上，这个概念并不针对一个具体数目，而是针对什么情况下预期学习成果会超出某人的认知能力。

短期记忆中的信息都会被忘记，除非人们采取措施让这些信息进入长期记忆。这通常需要将一串较长的信息分成几个信息块。[26]例如，将3027429643作为单一的一串数字来记忆会比较困难，但它可以分解成"302""742"和"9643"来记忆。

显然，这三组数字被记住的可能性更大。如果对这三组数字进一步进行背诵，那么这些数字将被转换、编码并以它们的方式进入长期记忆。

专家（当然大多数大学教师都是专家）对自身的专业领域有着非常深入的理解，基本上可以将信息分成较大的组块。他们的认知负荷水平不同于初学者，例如，初读者每次只能加工一个字母，因为每个字母代表一个信息块。随着读者水平的提高，他们能将一个单词作为一个信息块进行加工，最后能将整个短语作为一个信息块进行加工。高级读者在认知上能较为轻松地加工更多信息。因此，专家能从讲授式教学中学到更多的知识，而且比初学者更喜欢这样一种授课方式。这只不过是因为专家掌握的知识更多而且学会了怎样更快地加工更多信息。

既然已经证明短期记忆缺乏持久性，容量也有限，那么短期记忆的目的是什么？短期记忆发挥的重要作用是暂时地保存信息，以便让其他监视器官和控制机制采取相应的措施。这就像挂一幅图画一样，一个人扶着图画将它固定，而另一个人在一旁观察并决定是向上、向下、向左还是向右移动，或者要不要挂在这里，是挂在另一个房间里还是将它收藏起来。悬挂图画的时候，动作太快或者同时关注太多图画都是不明智的做法。工作记忆——一个截然不同但密切相关的概念——是一种容量有限的系统，用于短暂地保存词语、图像、观点和声音并进行简要的考察，同时决定接下来要采取的应对措施。

长期记忆

长期记忆概述

大多数人提到记忆时所指的实际上是长期记忆，而这个记忆领域通常也是教师和学生所关注的。长期记忆弥补了短期记忆的缺陷。如果某个事物经过24小时左右仍被记住，那么它就会被视为长期记忆的一部分。

认知心理学家对各类长期记忆进行了描述，发现记住不同类型的事物时发挥作用的过程略有差异。比如，记住幼年时走路去学校的情形不同于记住六年级学习的关于清教徒的知识，记住图像（例如国际通用的交通标志）不同于记住动作（例如滑雪或骑自行车）。认知科学家对"程序记忆"（记住怎样做某件事，例如某种运动技能）与"陈述性记忆"（记住某个事物是什么，例如事实信息）进行了区分。大多数教师主要涉及的是陈述性记忆中的"语义性记忆"，即以文字为中介的信息、观念和概念的记忆。

长期记忆是怎样运作的？可以采取哪些措施协助其运作？一个常说的观点是头脑完美地记录了每一件事，就像人体中的录像机一样，但回放的时候就有麻烦了。对代表普通大众的个人进行调查时，其中问到他们认为自身记忆的运作方式，四分之三的被调查者都认为所有信息都储存在长期记忆中，只不过自己无法将它取出。[27]虽然很多人认为信息会被完整收录却难以随时回想，但这个观点经不起研究的推敲。研究表明头脑并不会记录每一件事，而且被记录下来的信息也会发生偏差、失真和严重衰退。[28]用催眠术、吐实药和电刺激等手段尝试开启记忆，得到错误的报告、记忆碎片和对记忆的失真不比准确的记忆少。如果长期记忆不是对经历的数字化记录，那么它究竟是怎样运作的呢？

记忆的运作方式最初被理解为类似计算机的存储。其中信息储存在特定位置（就像文档保存在某个位置），而且信息需要以系统化的方式录入才能再次取出。相同类型的信息似乎储存在同类文档中。这样，"动物""鸟类""羽毛""翅膀"和"飞翔"等词语就会按一定的层次结构存储于一个网络化的不同文档中。[29]这些网络的结构已经被绘制出来，经过测试，我们知道某些事物相比其他事物更容易回想起。例如，一个斑马的具体形象比正义这个抽象概念更容易让人回想起来。将事物存入长期记忆中并将其提取出来涉及文字、概念和观念之间的关联，通常是语义关联，但不仅限于此。某些长期记忆模型强调文字关联的重要性，一个词语连接另一个词语（或者图像、声音），如此在网络化文档储存系统中形成有意义、容易记住的关联。人的大脑拥有潜在的复杂的存储和检索系统，高度依赖语言以及语言和图像传递的意义关联才能顺畅地发挥其功能。科学家现已知道，大脑运作的复杂程度远甚于计算机；它是一个持续变化和发展的有机网络，但联系仍然建立在语义关联的基础上。

情感也会影响长期记忆。索萨（Sousa）解释说，我们似乎按一定的层次结构进行记忆。[30]我们的大脑首先记住影响我们生存的数据。例如，任何孩子只要接触过明火无须提醒就知道火是热的。接下来，我们会记住与情感有关的数据。神经科学的这个新兴领域已经表明，大脑中的情感系统在记忆中发挥着重大的作用。自我概念和过往经历都会影响到哪些数据可以获准进入记忆系统。如果某位学生具有与新的学习情景相关的消极经历，那么大脑中的感觉贮存"很可能会阻断数据的输入，就像关上百叶窗阻挡光线一样。"[31]教师教导这些学生时可能会着重怎样理解信息的意义，可是真正的问题却出在情感上。

在跨过生存和情感的路障后，我们就能进行新的学习了。对于我们能够理解并认为有意义的信息，记忆起来就容易得多。如果无法满足这两个条件，那么我们要将信息纳入长期记忆就会艰难得多。如果只是想要记住某个事物，并不会给我们带来更好的记忆效果。[32]对学生而言，告诉他们某些信息将会在考试中出现会有一定的作用，但是他们的大脑不会因此更轻松地记住这些信息。

增强长期记忆的技巧

在有情感支持的环境中，给予学生可以理解的、有意义的信息，是保证记忆的最佳方式。但某些信息很难与意义联系起来，有时只能强记。字母表、九九乘法表和元素周期表都属于这类信息，只要存入长期记忆中后，就能以较小的认知负荷进行更复杂的信息加工。如果知道记忆依赖于在文字、图像、概念和观念之间建立关联，那么教师可以通过哪些方式帮助学生储存信息，以便在必要时进行检索呢？以下五种技巧对于增强长期记忆中信息的储存和检索特别有用：演练、编码、意象、位置记忆法和语义关联。

（1）演练。最经常使用但效果相对最差的记忆技巧是演练，有时教育工作者又称之为"机械式学习"。演练是指一遍遍地重复信息（大声读出、默读、进行在线测验或记忆游戏）直至记住信息。如果在每个词汇讲解期间留出足够的时间进行演练的话，那么还是有可能记住一个很难的词汇表的。但演练的效率并不是很高，通常会（可能无意识地）结合其他技巧一起使用。

（2）编码。编码是一种远比演练更有效率和效果的记忆技巧。最简单的编码是将要记住的词语与一个关键词关联起来；较为复杂水平的编码是指将要记住的信息转换成一个新的语义单位或形式。使用同义词就是一种编码形式，将某个词放在一个有意义、容易记住的句子中也是一种编码形式。较复杂的编码需要设计称作首字母缩略词的助记手段，例如用"HOMES"来记住五大湖：休伦湖（Huron）、安大略湖（Ontario）、密歇根湖（Michigan）、伊利湖（Erie）和苏必利尔湖（Superior）；或者用容易记住的句子，如："Every good boy does fine（每个好孩子都干得不错）"来记住乐谱中高音谱表里的谱线（E、G、B、D、F）。说来奇怪，研究表明越是详细和独特的编码设计，效果越好。[33]组块化是较有用的编码形式。长串的信息可以细分或转换为组块，这样需要记住的信息单元数目就会减少，也就更容易记住了。

（3）意象。意象就是心理图像。研究表明人们一般认为图片比文字更容易记忆。[34]向研究对象出示1000张生动的图片、1000张普通的图片和1000个词语时，他们平均能记住（从两张图片中选出一张）830张生动的图片、770张普通的图片和615个词语。一张图虽然不一定能抵上千言万语，但生动的图像能有效地将信息储存到长期记忆中。有一种记住新信息的方式是将它与生动，最好是滑稽甚至怪异的图像关联起来。例如，假设要某人学习一个包含了"飞机""树"和"信封"的词汇表，那么你可以画出一幅图画，画中有一架飞机，机翼上长着树，信封像树叶一样挂在树上。显然，怪异而精致的视觉关联是非常有效的记忆手段。[35]

（4）位置记忆法。另一种运用意象的记忆技巧是位置记忆法或位置法。方法是将有待学习的各项事物放入到熟悉的场景中，如房子的房间、教室的角落或者一条熟悉街道两旁的商店。例如，需要记住一张购物清单时，人们可以通过想象将清单中的每一项放到厨房里的不同的位置：牛奶放在冰箱里、纸巾放在架子上、罐装汤放在炉子上，等等。购物时即可以想象走过厨房的情形，从而回忆起需要购买的东西。[36]

（5）语义关联。有意义的信息比无意义的信息更容易记住。语言具有语言学家所称的表层结构（即词语本身的属性）和深层结构（即词语传达的潜在意义）。[37]

人们在阅读一段文字或听取陈述时，会寻找信息中潜在的意义，即内容要点。人们存入长期记忆的往往不是原话而是要点，而要点也是他们能回忆起的内容。让研究对象读一篇关于执行探查术的短文时，他们随后回忆起的很多词语，例如"医生""护士"和"手术刀"，在短文中根本没有出现。显然，他们记住的是短文的主题，然后根据主题判断这篇短文中会出现哪些词语。[38]

这就是人们记忆的方式，那遗忘又是怎么一回事呢？关于遗忘有很多种解释。遗忘的产生可能包括：过往所学内容的干扰；弗洛伊德经典理论所述的抑制；检索系统障碍（如舌尖现象）或者记忆力的实际衰退（如衰老）。[39]但更有可能的情况是，通常所称的遗忘实际上是一开始就没有对信息进行学习。人们并不是忘记了别人的姓名，更可能的情况是一开始就没有学习这些姓名。记忆通常是需要大量有意识的努力的主动加工过程。即使人们每天都会使用硬币，但让研究对象回忆一美分硬币的正面时，大多数人都无法说出上面有什么，也无法区分真假硬币。是研究对象忘记了吗？不太可能。一个人必须先记住才会忘记。通常学生说"我忘了"，不如说"我一开始就没有记住"准确。

增强长期记忆的教学策略

规则13—16条提出教师可以采取哪些措施，来提高学生记住所呈现信息的可能性。

规则13：留出时间让短期记忆发挥作用。教师们应当放慢节奏，留出足够的时间让学生加工新信息。学生将词语和图像投射到个人的短期记忆画面后，需要足够长的时间才能决定下一步该做什么。陈述的原材料（文字、图像或观念）需要一定的时间进入感觉贮存，而且从进入的那一刻起信息就会开始丢失。学生必须争分夺秒，采用记笔记、将图形与言语关联起来、在记忆中搜索熟悉的背景知识等措施以防止信息丢失。

规则14：破除自动记忆/回忆障碍的观念。让学生知道他们必须主动参与记忆过程。为了促进长期记忆，教师和学生都应该抛弃这种错误的想法：认为学生就像录像机，以为他们与老师在同一时间待在同一间教室中就会记录下所发生的一切。教师应当坦率地告诉学生，除非他们积极参与将信息存入记忆的过程，而且应当用结构图、概念图或其他组织框架帮助他们保持记忆，否则他们不会记住太多讲授内容。

规则15：**必要时为学生提供辅助记忆手段**。我们知道除非主动将信息转换成容易记住的形式，否则信息将会丢失，因此教师应当帮助学生，促进信息的存储和检索过程。当然，有人会认为教师的工作是讲授，而记忆是学生的事情。可是，如果教师能多少承担一些帮助学生记忆的责任，那么学习效果就会截然不同。这意味着教师需要选择性地告诉学生哪些内容是最重要的——如果你都不知道，他们又怎么会知道呢？——对于那些只能强记的信息应当帮助他们创造辅助记忆的方法。

规则16：**让学生知道单凭演练无法获得很好的效果**。应当与学生一同运用编码、意象和语义关联技巧来记住重要信息。这通常需要教师给学生提供同义词、首字母缩略词、集合或组块、图示、怪异的图像、简单的程序或鲜活的比喻来记住材料。如果可能的话，还应帮助学生理解新信息的含义。考试前填鸭式的死记硬背可能对短期记忆有用，而于长期记忆则毫无帮助。

如何评价认知学习法的学习效果

认知学习法主要专注知识的传递，因此对认知学习法效果的评估着重于学生对信息的识别、基本理解和对信息的回忆。客观性测验主要是对这类认知过程进行检验，因此是比较合适的测验方法。多项选择题和填空题可以有效地检验信息的记忆情况，而判断题和多选题可以用于检验信息的识别情况。让学生对信息进行总结或解释虽然不太容易评分，但可以让学生在基本记忆的基础上展示自己的理解程度。有时教师会向学生呈现信息，随后通过学生对信息的应用情况、批判性思维、解决问题的能力或其他学习方法来进行评价。这样做并不完全公正，因为教师评估的内容并不是实际讲授的内容。因此教师在呈现信息时需要理解这种教学方式下学生学习的局限性。

被称为测验效应的研究将重点放在了测验本身能增进回忆和记忆的作用上。[40]研究表明，对材料进行反复测验比单单学习材料更能强化长期记忆。测验中对材料的关注，以及反馈能让学生识别错误答案并强化正确答案。[41]很多技巧都能通过小测验和简单游戏来辅助对材料的回想，从而强化信息记忆。另外，以下实例中所述的学生应答系统（或应答器）的使用证明了进行测验以及花时间帮助学生理解信息的好处。

在克利夫兰州立大学，康纳·麦克伦南（Conor McLennan）在统计学授课过程中穿插了一些关于演示内容的问题。在幻灯片演示期间，他会定期地提出与内容有关的问题,而学生会使用手持式应答设备选择答案。康纳和班上的同学都能立即看到某一题答案的正确率。在此基础上,他能对自己的演示进行相应的调整,回顾多数学生不能正确理解的信息,或者直接跳过学生似乎已经掌握的信息。

"如果学生能立即看到自己的回答正确与否,他们就会清楚自己掌握了哪些内容、没有掌握哪些内容,这样,在后面的学习中他们就会知道把重点放在哪里、怎样有针对性地进行学习。"康纳还使用思考—配对—共享等技巧把测验题变成学习活动。[42]学生对某题进行表决后,他们会找邻近的同学进行讨论,而且在正确答案揭晓后再次进行表决。"这样可以帮助他们加工信息、尽量用自己的语言进行解释,并从其他同学那里听到信息的不同解释方式。使用这种方法后,找到正确答案的学生比例有了大幅上升。"只要有可能,康纳都会抽空回顾应答器问题中的所有回答,包括正确和错误的答案。"确认正确回答只是一个方面,我还会澄清误区并解释错误答案为何错误。讨论错误答案是强化学生理解的一种有效方式。"[43]

适合认知学习法的技术

教学辅助媒体和技术(例如应答器)可以增强知识的获取。应答器可以用来调节演示节奏、确定先备知识或检验理解情况。像康纳一样,很多教师都会让学生在答题前后与附近的同学进行交流或完成另一项活动,从而让他们理解信息的意义并将信息从短期记忆转化为长期记忆。虽然应答器确实能改善信息记忆,但要其有效地发挥作用,除了技术本身,还需要用适当的教学方法。[44]应答器的有效使用有赖于问题的质量。另外,演示中使用应答器答题的数目也会影响学生的学习效果;习题过多学生不会认真对待,习题过少则会被学生忽略。

其他形式的技术也可以作为演示的辅助手段,有时决定采用哪些辅助媒体的过程也有助于对演示本身进行编排。思考"什么视觉形象能表达我试图传递的要点?"这个问题可能会产生难以置信的帮助。练习设计和编排演示时,没有比设计用于支持主要观点的幻灯片、框架、图像和讲义更好的办法了。很多技术只是为了配合陈述的开展,其中幻灯片仍是最著名、使用最广泛的技术。使用幻灯片当然存在一定的局限,更不幸的是这种技术的便利导致了它被过度使用和滥用。很多教师为了自己的方便,将幻灯片作为笔记使用。但学生需要看的并不是教师的笔记。一想到上课就是坐在那里听教师读幻灯片(有时仅仅是将书中已有的材料重新输入进去)中的文字,学生就觉得反感。相反,幻灯片应当用来协助受众的视觉处理过程。只要仔细想想学生怎样从幻灯片演示中获取信息，而不是这些演示能给教师提供多少便利，讲授就会变得有效得多。

关于幻灯片的另一个常见的抱怨是其直线式的僵化设计。较新的演示技术为非直线式、灵活的演示提供了替代方案。例如，简报软件（Prezi）可以让教师在演示中创造不同的演示路径，并对演示进行缩放，从视觉角度为学生提供演示的总体结构和具体细节。演示辅助技术的不断发展将提供更多的选择。

随着讲课内容捕捉技术的运用，记录演示内容已经非常普及而且比较容易操作。这类记录对于缺席某一节课的学生、第二语言学习者或有学习障碍的人士非常有用，因为他们可以按自己的节奏播放演示内容，也可以根据需要多次重放。但记录下来的演示内容肯定会被误用。如果演示过于冗长或呈现效果不佳，那么通过记录观看只会让学习效果变得更糟。当演示效果大于这些缺点时，才应当采用这种技术。一种称为"反转课堂"或"翻转课堂"的学习途径日益普及且前景广阔，这种途径是指学生将观看演示作为家庭作业，在课外获取相关信息，而将课堂时间用在其他学习上。

随着这种趋势的不断发展，以及人性化技术的日益普及，演示创建后，可以通过网络共享使用，也可以通过音频、视频、配音幻灯片或其他交互式演示方法来使用。这类演示在网上及混合型课程中很常见，当然也可在校内课程采用。有种内容捕捉方法称为"人头特写"，教师只需将演示录制在录像带上。这种方法流行而简单，但往往不是最有效的。研究表明只看说话人的特写头像属于最低的刺激水平。观看两个人交谈会给学生带来更大的刺激效果，而额外的视觉刺激会进一步提高注意力。[45]现场演示中关于注意、信息加工和记忆的所有规则同样适用于多媒体演示。最好的做法是将相关的词语和图像同时呈现，使用易记、关联图像为学生提供演示框架，尽量缩短演示时间并将它分为可控制的组块。20世纪60年代对电视教育节目的研究表明，人集中注意力观看录像进行学习的最长时间为15～20分钟。[46]至于现在的多媒体在线演示，建议时限在10分钟或以下。

最后思考

演示在大学课堂占有一席之地，但其目的是明确而有限的，即让学生获取知识。由于如今可以通过多种渠道广泛地获取大量的知识和信息，花费过多的课堂时间进行演示并不可取。课程参考书或互联网搜索往往就已经能非常高效地提供所需的信息。但需要进行演示时，还是有办法让演示更有成效的。

显然，进行有效演示和解释的最佳方式是尽可能地遵照规则1～16。了解学科知识当然是最基本的，但了解并运用源于认知心理学的理论可以极大地提高演示水平，提升演示效果。教师往往专注在内容上，但有时演示者也需要关注学习成果的一些基本问题。毕竟最重要的是，教师希望参与者从演示中学到并记住什么？将要进行什么样的学习？将要获取什么知识？

杰出的专家往往忘了对一门学科一无所知是怎样一种状况，而且在将复杂的问题分解成几个有条理的要点时会感到困难。正因为如此，更要站在学习者的角度进行思考，以便于学生关注、加工和记忆的方式组织陈述的框架结构。为达到此目的，最佳的方法是教师在备课阶段不断地问自己这样一些刁钻的问题：我需要采取什么措施来吸引学生的注意？我希望他们将注意力放在什么上面？这堂课的主要观点和概念是什么？我怎样将新材料与旧知识联系起来？我希望他们记住什么？

总之，教师要牢记演示的目的是帮助学生获取知识。不利用认知学习法原则，以传统方式进行的沉闷、刻板的演示并没什么效果。刻板的言辞就像掷铅球一样。发言者花费了大量的时间来堆砌一个非常沉闷的话题，通常还打了草稿。运动员掷铅球的时候，没有人会想着要去抓住铅球。旁观者可能会羡慕运动员投掷的姿势，以及投掷的距离，但没有人会想要去抓住铅球。刻板的演讲通常也会收到同样的效果。相反的，有效的演示就像掷飞盘：演示者从一个引人注意的、相关且容易理解的要点引出，并以容易让人接住、观察和回顾的方式投掷出去。[47]

要点回顾

希望有效运用认知学习法的教师应当采取以下措施：

- 认识到呈现只在传递信息时有效。
- 引起学生注意。
- 告诉学生将注意力放在什么上面。
- 不要超出学生的能力水平。
- 不要尝试与干扰因素进行抗争，必要时应重新引起学生注意。
- 讲述新材料或难点时放慢节奏。
- 认识到学生总会对内容进行诠释。
- 帮助学生找出所呈现信息的总体结构。
- 在一定的情境下呈现信息。
- 帮助学生建构意义。

- 在先备知识与新信息之间搭建牢固的桥梁。
- 使用视觉形象和图像辅助加工。
- 想办法保证学生积极参与。
- 留出时间让短期记忆发挥作用。
- 让学生积极参与记忆。
- 必要时提供助记手段。
- 让学生知道单凭演练无法获得良好效果。

第六章
基于探究式学习法的教学
——培养批判性、创造性和对话式思维

预期学习成果 学生学习什么	学习方法 渊源和理论	常用方法 教师教授什么
培养批判性、创造性和对话式思维能力 改善思维和推理过程	探究式学习法 逻辑性、批判性和创造性思维理论、古典哲学	以问题为导向的探究讨论

这种学习方法是否涉及了解并改善思考过程?它是否需要通过对信息的批判、对论点和证据的评估或推理得出结论?这种学习是否需要运用创造性思维来实际产生不同寻常但相关的新观念?它是否涉及对他人思想的评价?**探究式学习法**能有效地达成这些学习成果。

一位英语教师要求学生书面回应她提出的问题,从而鼓励批判性地思考一篇课文。过了10分钟左右,学生将自己写出的答案交给另一位同学,后者要从答案中找出有说服力或有趣的内容。纸张不停地传递,最后教师让学生交流他们认为最令人信服的观点。然后,她用这些观点发起课堂讨论,让学生对文章进行深入探究。

教师希望学生主动思考。虽然很多教师把培养学生的思维能力作为最重要的教学目标之一,但他们往往抱怨自己没有足够的时间在这个方面下功夫,因为课堂上需要涉及的内容太多了。教学不仅仅是传播知识,而学习也不仅仅是获取信息。在这个信息爆炸的数字时代,面对洪水般涌来的各类信息,学生尤其需要培养整理信息和理解信息的能力。但什么是思维过程?为什么说学生的思维能力尤为重要?哪一种思维才是这种学习方法所关注的重点?

清晰的思维是在民主国家里良好公民的必备素质，这是支持学习思考的经典论据。[1]思维还被视为一种解放的力量，可以让人摆脱以歧视和民族中心主义为特征的蒙昧状态、摆脱狭隘的利己主义和短浅的目光。博雅教育的主要目的之一是让学生摆脱"自身的偏见、成见、曲解、错觉和错误印象"。[2]批判性思维学者保罗（Paul）和爱尔德（Elder）说："原始思维过程偏颇、歪曲、片面而蒙昧，还可能带有较深成见。然而，我们生活的质量，所生产、制作产品的质量，所建造楼宇的质量，均取决于思维的质量。拙劣粗糙的思维会让我们在金钱和生活质量上付出沉重代价。"[3]或许支持思维教学最实际的理由是组织、机构对脑力工作的需求的不断增加，这类工作涉及分析和符号处理。脑力工作需要有探究精神，需要通过大量的提问学习所需的技能及知识。

在大多数高等院校中，批判性思维通常位于规定教学成果的前列。虽然批判性思维教学看起来似乎是高等教育的主要目标之一，但不幸的是，研究表明，许多高等院校学生的学习只是停留在机械而肤浅的层面。[4]正如保罗·伦斯登（Paul Ramsden）总结的那样："大量调查显示，很多学生十分熟练地掌握了复杂的常规技能……很多学生已经拥有了大量详细的知识……很多学生考试能够及格……但向他们提出简单的探索性问题以检验内容掌握的程度时，很多学生都无法证明他们已经理解了所学的内容……学生因为接受教育而转变固有观念是'较为少见、难以为继且局限于特定情境的事件'。"[5]

思维能力的培养是一个内在过程，也是学习习惯的形成过程。[6]它并不是每周教一次或一门课程内就能掌握的能力，这个培养过程应当贯穿于整个大学阶段。

我们必须澄清"探究"这个词的使用，对第二章所提及的内容进行更详尽的阐述。在如今的教育界中，"探究"这个词几乎适用于学生主动对所学知识提出疑问的任何一种学习方法。例如，在《教学与探究式学习法》（*Teaching and Learning Through Inquiry*）一书中，维吉尼亚·李（Virginia Lee）将探究导向学习定义为"让学生调查复杂题目和问题以促进学生学习的一系列课堂活动，这些问题通常没有标准答案，活动可在教师指导下开展，但学生独立研究的情况也在不断增加"。[7]能增强好奇心的主动学习当然是一个有价值的目标，但在本书中我们特意使用"探究"一词，来指通过问题来培养批判性、创造性和对话式思维的一种特定的学习方法。这正是我们对这种学习方法的关注点——通过提问促进思考。请参考以下实例。

玛丽·里德（Mary Reda）在纽约市立大学史坦顿岛学院教英语。她采用讨论形式，教学生对一篇文章或文本片断进行批判性思考，有时会采用班级讨论、小组讨论、日记的方式，有时在课堂开始时会让学生快速写读后感。当她想深入挖掘某个作品（例如简·奥斯汀（Jane Austen）的小说）或颠覆学生价值观的文章（例如凯特·肖邦（Kate Chopin）的《觉醒》（*The Awakening*)），她就会使用自由写作的技巧让学生通过安静的写作对作品进行讨论，这种方法每个学期她会用好几次。例如，她可能会提出这样的问题"莫里森（Morrison）在《最蓝的眼睛》（*The Bluest Eye*）中为什么要使用多重叙述视角？"，然后给学生10分钟的时间进行书面回答。她也可能让学生从思考课文中自己犹疑未决的问题开始作答。然后，她将学生写出的观点返还学生，让他们标出回答中有说服力或有趣的内容，并对这些观点发表自己的看法。这样来回几轮后，她会在黑板上写出学生认为意义丰富或令人信服的观点，并开始进行口头讨论，根据学生提出的问题对文章进行解释。"经过这个过程，学生就能快速进入热烈讨论的阶段，"玛丽说道，"这个过程会把低质量或不太恰当的评论淘汰掉。跟围绕这篇文章学生'应当知道什么'的问题进行的讨论相比，我们进行的讨论往往更加复杂和多样化。"玛丽的任务是鼓励学生寻找观点之间的联系，并使用精心设置的后续问题引导讨论，例如"这篇文章哪里还出现了这种情况？"或者"这种叙事结构有什么效果？"她还会提出"作者为什么选择在这里使用隐喻手法？"这类问题来介绍专业术语或使讨论集中在技巧性和阐释性的层面。"我希望尊重沉默在思考过程中的作用。我发现这个过程不仅给安静的学生发言的机会，而对于那些平常发言积极，但可能回答较肤浅的学生，他们说得少了，却多了思考和聆听，而且能够对文章做出更丰富的阐释。"[8]

思　维

什么是思维？淋浴或驾车时在我们脑海中闪现的随机想法称作不定向思维，它不同于有目的的定向思维。定向思维包括提出问题、分析论点、确定原因、形成假设、寻找和衡量证据、区分事实与观点、判断资料来源的可信度、对数据进行分类、进行界定、运用类比、进行价值判断和权衡替代方案，还涉及某些心理特质或习惯，例如试图获得充分信息、思想开明、愿意考虑对立观点、尊重证据、暂缓判断、容忍歧义、保持好奇和怀疑的态度以及尊重事实。[9]通过使用探究法可以培养学生三种主要的思维方式：批判性思维、创造性思维和对话式思维。

批判性思维从广义上讲是"判断某个事物的真实性、价值或准确性，例如一条信息、一个主张、声明或数据来源。"[10]批判性思维主要通过正当理由或一系列原因来支持某个结论。[11]正当理由通常是在某个论点中提出的。无论是支撑一个论点还是批评他人的论点,批判性思维的重点通常都放在分析支持某个观点时证据的使用方式上。

创造性思维是"由探求本真的欲望引导(实际上是由这种欲望推动的)思维"。[12]创造性思考者非但不遵守规则,通常会打破规则。创造性思维通常会形成创造性的产品或服务、发明或新工艺。其成果拓展甚至突破了原有疆界,同时也能符合实际需求、切中问题要害。[13]

对话式思维需要同时理解和甄别不同观点并能对其进行评价。一些问题能在"同一参照系中用一套确定的逻辑步骤解决",而且通常都有一个"正确"答案。[14]但其他问题却不那么容易解决,需要在各种替代的参照系中进行较合理的选择,这样不仅需要检验证据,还必须考量整个看待问题的方式。这类问题通常都有一种以上可以讨论的解答,在处理其他答案选项时,人们需要与另一位思考者进行对话。通过对话式思维——相当于扮演其他角色进行思考,我们能够带着同理心理解对立论点和观点,借之审视自己思维,找出其长处与短板。

一些作者强调,明确地区分批判性、创造性和对话式思维是不恰当的。因为这些概念是相互重叠的,但在高度复杂的思维过程中,他们可以用来辨识不同的侧重点。各种形式的思维具有互补性。[15]正如一位作者所说的那样,"推理行不通时,想象力可以帮忙!直觉行不通时,推理会派上用场!"[16]虽然思维存在复杂性且有时确实包含相互重叠的领域,但我们已经确定这三种思维方式是我们思考思维的重点。其他类型的思维显然存在,但我们培养思维能力的核心策略是探究:提出问题让学生认识到并改善自己的思维方式。

探究式学习法的起源

与本书介绍的其他历史相对较短的学习方法不同,探究式学习法源于古典时期。哲学家最大的贡献之一就是,在各自所处的年代他们都努力阐明思维是什么。对于亚里士多德、培根、笛卡尔、洛克或罗素中每一个人,思维都有着不同的意义。哲学作为一种对思维的思考,要比科学技术早近两千年出现,如今学者对思维的诸多论述(包括归纳推理与演绎推理之间的区别、检验三段论的程序以及对话的性质)都可以追溯到柏拉图和亚里士多德的古典哲学。

思维的现代史始于20世纪初伯特兰·罗素和阿尔弗雷德·诺思·怀特黑德(Alfred North Whitehead)在19世纪数学家乔治·布尔(George Boole)早期研究基础上开展的研究工作。古德文·华生(Goodwin Watson)和爱德华·格莱泽

（Edward Glaser）设计了早期对批判性思维的测试。不久之后对创造力的研究也开始兴起。1869年，高尔顿（Galton）对所谓"天才人物"进行了研究，但对创造力研究的转折点是20世纪50年代，当时乔伊·吉尔福特（Joy Guilford）进行与创造力相关的人类智能要素的研究，保罗·托兰斯（Paul Torrance）则研究制订创造力测试。尼尔·波兹曼（Neil Postman）和查尔斯·温加特纳（Charles Weingartner）在《教学：一种颠覆性的活动》（Teaching as a Subversive Activity）中为提问教学法提供了有力支持。[17]

很多大学教师都很熟悉通常称为"苏格拉底问答法"的概念。这个概念来自苏格拉底，但很多人将其与教学中教师提出问题并要求学生回答的做法混为一谈。其实不然，苏格拉底式提问的真正目的并不仅仅是问问题这种简单的行为，尤其不是背诵答案式的提问（这种提问方式被波兹曼（Postman）和温加特纳（Weingartner）谑称为"猜我正在想什么"）。[18]只有唯一正确答案的问题不利于促进思考。真正的苏格拉底式提问是通过问题来挑战人的逻辑推理并暴露推理过程中的错误。同样，促进探究式学习法的问题旨在让学生思考问题的同时思考他们的思维过程。

对探究式学习法的已有认识

与其他学习方法一样，探究式学习法要求教师运用一套特定的行为，并要求学生扮演特定的角色。在某些方面，在运用探究式学习法时会出现特殊的问题，因为它所强调的行为，与主导授课范式中的行为完全对立。教师很难放弃讲课这种教学手段，学生也很难超越听课的习惯。虽然很多大学教师都希望学生运用批判性、创造性和对话式思维，但课堂时间还是主要用在单向信息交流上。如果仅仅听老师讲课，却没有发言、辩论、形成并检验观点或了解他人思想的机会，这对真正培养思维技能有何用处？要想让思维教学行之有效，学生应当能在经验丰富的导师的指导下练习思考。教学过程中让学生知道对思维的已有认识可能会有所帮助，但要做到这一点仅靠讲授思维技能是不够的，还要在学生实际思考时对所发生的情况进行描述和分类标示。因此，导师必须理解什么是思维、夯实关于思维过程的专业知识，并让学生主动进行思考。

怎样才能做到这一点呢？主要通过提出适当的问题来促进学生进行有效的探究。正如保罗所提示的那样，"一位善于思考的人不可能不善于提问。思考并不是由答案推动而是由问题推动的"。[19]导师可以摒弃讲授的方式，而强调提问和探寻的方式，这种转变是对传统被动课堂行为（即保罗·弗雷勒（Paulo Freire）所称的"沉默文化"）的系统攻击。[20]导师往往会面临挑战和巨大阻力，因为积习难改，而思考亦非易事。

教会人们怎样提问并善于思考（或者至少会思考）是否真正可行？难道思考不是由智力决定的吗？这样说也对也不对。正如尼克森（Nickerson）、珀金斯（Perkins）和史密斯（Smith）所指出的那样，"智力更多是指人心智禀赋的原始力量。智力的原始力量是一回事，而要熟练运用则是另一回事！"[21]研究者发现思维也涉及其他重要的因素：知识（思考的主题）、操作方式（使用的步骤和过程）以及性情（关于思考的心智态度或习性）。[22]优秀的思考者必须了解自己的思维方式，细想自己的思维如何能达到一定的标准或如何能应用更复杂的思维方式，并积极采取措施改善自己的思维。如果说思维是一件可以做得好也可以做得不好，可以高效也可以低效完成的事情，那么我们就可以学习怎样将它做得更好。这种自我反思也称作"元认知"。教师在探究中的作用就是帮助学生培养元认知意识，改善他们的思考方式。

批判性思维

什么是批判性思维？它是怎样发生的？人们又是怎样运用它的？请注意以下实例中批判性思维的培养方式。

格雷格·雷曼（Greg Reihman）在理海大学（Lehigh University）以在线课堂和面授课堂两种方式教哲学入门课程。他为学生设定的预期成果包括培养对不同哲学家的论点进行分析和评价的能力。为此需要培养很多方面的思维能力，包括在论点表达不清晰的文本中找出论点；准确重建这些论点并清晰显示其逻辑形式；辨别各类论证（归纳式和演绎式）之间的差异以及关键术语（**前提、假设、结论、有效性**等）的含义；并将这些术语运用到学生从原始文本中重新建构的论点。学会分析论点的过程是在课程内分多个阶段进行的。"第一天我向他们解释论证在支持某人观点中的作用以及尝试找出艰深观点背后的推理过程的重要性的时候，这个过程就开始了，"格雷格说道。在他的课程中，他鼓励学生在所有阅读和讨论活动中"像哲学家一样思考"。"我这样说是为了鼓励他们留意任何人所提出的主张，不管这个主张是阅读中遇到的哲学家，是我还是他们的同学提出的。我还强调这样一个观念，即虽然关注某人赞同还是不赞同其他人提出的主张并没什么错，但更重要的是要认真思考用以支撑这些主张所提出的论据。"他通过指导学生运用特定的提示来阅读文章，在课程早期就已经将这些教学观念付诸实施。开始时，这类提示只是一些基本问题，例如作者的结论是什么？提出了哪些论点来支持这个结论？乍看起来，这个论点对你有没有说服力？确定了这几个问题之后，格雷格就开始更深入地进行挖掘了。"完成几个论点的练习后，我一般会承担起从最先阅读的几篇文章重新建构几个论点的任务，但我会让学生参与这个过程，例如向他们展示一个重新叙述得很差的说法，问他们这个说法是否准确地表达了作者的观点，或者略去几个步骤让他们找出哪里发生了逻辑跳跃。当我们最终将论点表达完整时，我们就会开始研究论点是否可靠及有效。"在后续教学中，他会给学生一篇新文章并让他们自己进行这类重构或部分重构，然后让他们在课堂内或在线课堂的讨论区与同学交谈，以此来检查他们的功课。格雷格会推动这类讨论并给予评论，根据实际需要寻找方法帮助学生改变措辞、澄清逻辑或补充缺失步骤。最后，学生通过写小论文来证明自己能发现、重构、分析和评价各种论点的能力。"这样，随着课程的进行，学生获得了对论点进行批判性思考的能力，并认识到精确和严谨在思考中的重要性。"[23]

教师设计的供讨论的问题

传授批判性思维的教师可以用以下问题来分析课堂或在线讨论的内容：

（1）提出了什么主张？有些人说了或写了什么后，别人会问，"真是这样吗？"《推理的反思》（Reflections on Reasoning）的作者雷蒙德·尼克森（Raymond Nickerson）给出了这样的定义："主张是指断言（肯定地声称）某件事情属实的声明。它是关于真实性的声明。"[24] 我们应该怎样看待主张呢？

（2）这个主张是一个看法还是一个信念？例如"百事可乐口感比可口可乐好"就是一个看法。经验丰富的教师立即就能发现这是关于口感的一个看法，但这类争议是没有办法解决的。另一方面，信念（这里作为哲学术语使用，而非神学术语）不同于看法是因为可以找出证据来支持一个信念。如果我们将关于软饮料的陈述改为"俄亥俄州人更喜欢百事可乐而不是可口可乐"，那么这就成了一个信念，可以收集证据来支持这个信念。要想将主张变成信念，那么主张必须清晰而明确、与现实有所联系并能用证据支持，而且根据证据的可信度，可以被接受或怀疑。

（3）信念能否得到支持？可靠的陈述有相应的证据加以支持。如果某个信念得到足够的充分证据支撑时，我们可以称之为事实性陈述。如果陈述对应于某种事物的状态而且有充分的证据时，我们更倾向于相信它。正因为如此我们称之为"信念"，即我们确信属实的陈述。

（4）论证是什么？批判性思考者对所指的"论证"（argument）与言语分歧这个日常概念区别很大。"论证是一系列主张，其中一些是前提，一项称作结论。"[25]更简单地说，论证是旨在支持某项结论的一连串陈述。尼克森提出了一些我们应当记住的、与论证有关的要点：论证有一定的目的（令人信服）；论证可强可弱；论证由多个部分组成；论证可以拆分、变换和重新组合；论证可能缺失某些步骤；论证可简单也可复杂；论证是可评价的。[26]经验丰富的教师听取讨论后会询问某个人建构的是哪一类论证，这个人想要证明什么。

（5）结论是什么？末尾的结论恰恰是论证中首先要审视的部分。这个论证想要说服我们相信什么？通常有些词语可以作为找出结论的线索，例如"从而""证明""因此"或"我们可以得出这样的结论"。描述性结论属于对目前存在情形的陈述；规约性结论属于对应该如何做的陈述。例如在商业课程中，"这家公司的财务状况不佳"就是一个描述性结论，而"这家公司应当裁减300位员工"就是一个规约性结论。经验丰富的导师会留意结论，即论证者在论证中希望你相信的部分。

（6）前提是什么？前提即提供证据的陈述，[27]是用于支持结论的合理的陈述，并且通常有好几个。为了支持"这家公司的财务状况不佳"这个结论，我们会寻找能提供财务状况相关证据的陈述，例如销售额、收入总额、利润、市场份额和生产率。前提包含了证据中的事实和数据。但应当注意的是，前提是可能存在争论的。前提可能被质疑，由于证据是通过收集用来支持某个结论的，因此能支持另一个结论的一些确凿的证据可以忽略。我们需要记住的是，论证是用来支持结论的。

（7）假设是什么？假设是人们已经相信且显而易见的陈述，或者是无人质疑的陈述。在没有仔细考察的情况下，假设可能而且经常作为证据使用。有时假设会明显地标示出来，通过用词就可以识别，如"就我们的论证而言，让我们假设……"这样的措辞。有时假设没有明说，因此我们需要将其找出并加以标记。更糟糕的情况是假设可能完全不存在，完全没有标示出来，而结论又高度依赖于这样的假设。教师会对假设相当留心，因为它们很危险，往往未经质疑或确认就被作为证据使用。

这里论述的批判性思维要素更容易以书面方式加以识别，比如说在一篇摘录的文字或在线穿插式讨论中，我们可以回头浏览文章并分析相关陈述。然而在面对面讨论中，这些要素会转瞬而逝，有时理解很难跟得上说话的节奏。运用探究法经验丰富的教师就会知道怎样留意论证的结构——结论、前提和假设。学生表达自己想法的时候，导师会默默地问道：提出了什么观点？接受这个观点的理由是什么？做了什么假设？运用探究法的教师可以帮助学生自己发现论证中的主张和假设。

论证类型

论证可以分为归纳式论证和演绎式论证，可以运用隐喻也可采取法律论证的形式。经验丰富的导师还会帮助学生找出所进行论证的类型以及怎样更有效地进行论证。

归纳式论证

归纳式论证是高等教育中最容易理解且很可能也是最广泛使用的一类论证。归纳式论证中一般使用若干条证据并从中得出结论。《推理的要素》（*The Elements of Reasoning*）的作者爱德华·科贝特（Edward Corbett）举出托马斯·赫胥黎（Thomas Huxley）青苹果的例子来说明归纳过程。[28]如果你拿起一只坚硬的青苹果，咬了一口，发现苹果很酸，那么你就会形成这样一个假设：也许坚硬的青苹果都是酸的。如果你发现几个坚硬的青苹果都是酸的（检验你的假设的一种方式），那么你就可以做出这样一个概括（总结）：坚硬的青苹果通常是酸的。如果你尝试找出甜的坚硬的青苹果（所作假设的反例）但没有找到，那么你就可以做出所有坚硬的青苹果都是酸的这样的结论了。归纳式论证是自然科学和社会科学领域大部分科学研究的根基。根据证据的收集方式、收集的数量和分析方式以及对假设或替代性假设检验方式的不同，归纳式论证中的证据可强可弱。归纳式论证有堆砌证据的倾向，而经验丰富的教师能够发现哪些证据不被使用，也能了解证据使用的深度。他们会问，有没有足够多适当类型的证据来支持特定的结论呢？总之，归纳式论证使用证据来推导结论。

演绎式论证

演绎式论证恰好与归纳式论证相反。这类论证从某个主张开始回溯。让我们再次使用青苹果的例子，我们从关于坚硬的青苹果的陈述（现在作为一个前提）开始通过推理得出结论。[29]这个陈述就是所有坚硬的青苹果都是酸的。你给我的苹果又硬又青，因此这个苹果是酸的。这个结论是从前提的内容和排列推理出来的。我不用品尝这个苹果就知道它肯定是酸的，这是一个合乎逻辑的结论。逻辑学家精心设计了一个完整的规则体系对演绎式论证进行排列，这些规则十分实用，但即使是最先提出三段论的亚里士多德（采取上文论述的青苹果论证的形式）也承认该体系存在一定程度的人为建构。作为教师，你不太可能看到学生在讨论中相互抛出三段论来建构论证，而是学生可能在论证中使用三段论的某些片段，即亚里士多德所称的省略式三段论。省略式三段论只采用一个前提和一个结论，而另一个前提是隐含的。例如：

玛丽亚一定是一位快乐的学生，因为她始终保持微笑。

完整的三段论是：

始终保持微笑的学生是快乐的。

玛丽亚是一位始终保持微笑的学生。

因此，玛丽亚一定是一位快乐的学生。

经验丰富的教师能发现演绎式论证的这些片段，而且知道怎样通过提问让学生透彻地思考这些片段。

类比

类比就是比较，而运用类比的论证利用了所比较对象的相似性。例如，你可能会听人说做好经理就像做好父母一样。这里比较的对象是管理与养育子女，而得出的结论是与经理有关的。这个案例中的证据来自相似的特性，例如智慧、经验、深切关怀和引导能力。这个类比在发现有启发性的相似点时能发挥效果，但遇到关键性差异时则不再成立（所有类比最终都会如此）。如养育子女中暗含的专制或溺爱可能会被视为足以破坏这个类比的重大差异。经验丰富的教师能发现论证中的类比并梳理其相似性（使之成为强类比）和差异（使之成为弱类比）。最重要的是，教师知道"类比永远不会真正证明什么……而且只能用来说服人，但绝不能作为结论。"[30]

法律论证

法律论证采取法律案件中使用的形式，往往称作图尔敏（Toulmin）模型。[31]斯蒂芬·图尔敏（Stephen Toulmin）是20世纪英国的一位哲学家，他于1958年出版了名为《论证的用途》（*The Uses of Argument*）的著作，在书中提出了一种在法律专业中非常流行的论证模型。每个法律案件都有一定的权利主张。论据是支持权利主张的事实或理由。论据需要通过支持性证据来证明权利主张的合理性。权利主张往往并不是绝对的，因此某人有可能以反证的形式对权利主张提出反对。图尔敏模型的有趣之处在于它涉及证明程度。正如科贝特（Corbett）在描述这个模型时所说的那样，"法庭审理的逻辑在于，往往不是根据已经证明的事实而是根据所论证的可能性对案件进行判决。"[32]经验丰富的教师会发现什么时候论证开始带有法庭审理的色彩。

批判性思维的构成要素

批判性思维有四个重要构成要素（这也是采用探究式学习法的教师所关心的），它们是：定义、采用的语言形式、类别以及观点之间的关系。

定义

人们在思考时会想到某个事物，而且通常会用概念来描述这个事物。这样一来，人们就掌握了概念而且会同时对概念产生自己的理解。例如，对于"狗"这个概念，人们会达成高度的共识，但对于"领导力"这个概念，根据他们的认识和经验，理解可能会有很大的差别。教师可以通过下定义的方式帮助学生更加明确他们所谈论的概念。下定义时，需要使用一致确定并能充分代表所讨论对象的词语。

语言

有时人们会以隐喻的方式使用语言，就像诗人那样充满了意境和情感，但另一些情形下语言必须精确，要求所使用的词语与所描述的事实尽可能直接对应。语言是观念和概念的载体，也是意义的传递工具。然而，语言往往也会造成误解和思维混乱，语言也可能不可靠。尼克森给出了一个幽默的例子："没有东西能胜过永恒的快乐，一个火腿三明治比没有东西要好，因此一个火腿三明治胜过永恒的快乐。"[33]

请注意从第一个前提到第二个前提之间"没有东西"（nothing）这个词意义产生了变化，也正是这个变化导致了滑稽的结论。批判性思考者对语言的运用十分谨慎，而经验丰富的教师也会对语言的使用十分小心，因为它会导致讨论偏离预期轨道。

类别

思路清晰的人往往会将观点归纳为不同的类别。这需要对观点进行梳理和分类，即完成分门别类的任务。类别的名称并不总是预先知道的，而是有时根据一系列相似的事物总结而成的。经验丰富的教师知道学生何时需要使用类别，而且能帮助学生建立类别并加以命名，然后将各个项目归入正确的类别。

关系

清晰的思维还需要明确观点之间或观点类别之间的关系。一套变量是否会影响另一套变量，因此可以将其作为因果关系进行思考？还是一套要素只与另一套要素相关但没有因果关系？这种关系是时间上的还是空间上的，是直线式的、循环的还是螺旋形的？能否将这些观点放入某个矩阵或网络结构中进行考察？讨论的参与者往往过于关注材料，而不知道需要怎样进行组织。经验丰富的教师会指出尝试对所表达观点之间的关系进行描述的重要性，而且能提出一些建议让学生进行检验。有时绘制图表对表明观点之间的关系非常实用。

逻辑谬误

批判性思维也存在一定的风险，学者将这些风险称作逻辑谬误。有经验的教师熟知这些逻辑谬误而且能很快找出它们，教学生如何识别这些谬误并加以讲解。以下所列的并不包括全部谬误，也并未深入讨论，但应该留心并避免这些谬误。

与人有关的谬误

（1）人身攻击（Ad hominem）——指名道姓地攻击某人。Ad hominem 为拉丁语，原意是"针对某人"（to the person），表示对支持某个立场的人的信誉或可靠性的攻击。

（2）诉诸群众（Ad populum）——呼吁公众。指通过诉诸目标公众的恐惧、偏见或情感需求而形成的论证。

（3）罪恶关联——通过关联或证词进行赞誉或诋毁。通过将观点与密友或名人关联起来来强化论证，或通过将其与声名狼藉的人士关联起来加以弱化。

诉诸外部支持的谬误

（1）诉诸权威——借用专家名声。将论点与某个权威人士的姓名或话语联系起来，从而提高论证的说服力。

（2）诉诸传统——用过去发生的事证明眼前事情的合理性。如通过主张过去事情总是以某种特定方式来完成的，以证明那种方式也适用于现在。

（3）诉诸数量——群体支持。努力证明为数众多的人赞同或不赞同某个观点或立场。

与语言有关的谬误

（1）刻板印象——贴标签。贴标签的方法通常用于掩盖进一步解释的需要，例如"她不肯合作"或者"他遇到了中年危机"。

（2）粉饰法——使用夸张的术语、花哨的行话或巧妙的措辞。这些可能听起来不错但通常会妨碍理解。

（3）含糊其辞——改换含义。有时某个词语的含义会随着讨论的进行发生变化，就像上面火腿三明治示例中的"没有东西"那个词一样。

（4）偷换论点——换一种方式陈述结论。有时证据并不是真正的证据，而只是将结论换了一种方式进行陈述。（不应与征求问题混淆。）

（5）撇开话题——改换主题。有时会插入另一个问题使讨论偏离原来的轨道。

推理谬误

（1）假两难推理——实际上存在好几种替代方案时却只设置两种方案。

（2）简单解释——不承认对立的原因或多种原因。

（3）将"应当"与"实际"混为一谈——将目标与实际情况混为一谈，从而误解规范性陈述和描述性陈述。

证据谬误

（1）收集片面的信息——只寻找支持某个立场的资料而不以公正的方式考察所有证据。

（2）选择性地使用证据——只使用支持某个立场的资料而忽略或排除相反的证据。

（3）不相关的证据——引入与所论证的要点无关的外部信息。

结论谬误

（1）过度概括——从有限的证据得出过多的结论。

（2）草率了结——直接跳到结论。由于缺乏足够的证据，因此可能需要将一些结论视为暂时性的，或最好当作假设来进行进一步探索。

（3）寻求完美解决方案——排除部分解决方案。有解决方案可能比没有解决方案好，即使只能解决部分问题或效果不够完美。

（4）相反结论——排斥论证结构不充分的结论。不能仅仅因为论证过程不够完善就认为结论是错误的，也许只是需要更好地组织论证而已。

虽然批判性思维似乎有些复杂，但这个过程的本质实际上非常简单。简言之，批判性思维就是确定所提出的观点及其论证方式的过程。如果学生在思考时能认识到并避免谬误，那么他们就会更擅长批判性地思考。如果学生能有机会在专家的指导下进行练习，就能培养批判性思维。

创造性思维

什么是创造性思维？它在创造力这个广义概念中处于什么位置？以下实例会让我们对创造力的性质有什么认识？

马文·巴特尔（Marvin Bartel）已经在高盛学院从事艺术教学30多年了，他的目标之一就是帮助学生培养创造性思维习惯。在一次作业中，他要求学生用视觉关系表示非视觉关系，从而将概念从一个抽象范畴转换到另一个抽象范畴。在向学生保证不会涉及任何隐私后，他让学生对家庭关系进行分析并在不使用图像或主题的情况下表示这些关系。学生可以利用形状、尺寸、线条、颜色和纹理，以任何色媒体来设计一个平面作品。这个过程部分涉及学生实验。"艺术家提出观点的方式之一是尝试两个或以上的初步设想、对它们进行比较，选择最佳者进行改善，"马文说道。为了鼓励创新，学生对同一件事进行两次或以上尝试并对同一件事相似但不同的做法进行比较。通过这些实验，学生可以探索改变尺寸、形状、强度或明暗（色调）时重复使用某种颜色或某个线条能观察到什么样的效果。比较可以帮助学生找出哪一种方式能最有效地呈现他们所追求的效果。在这项作业中，马文提出了这样一些问题：你怎样才能在设计中同时表现协调与不协调的效果？你希望观众从你的作品中看出什么样的效果？你想让你作品中的哪些元素必须存在但不显而易见？学生遇到困难的时候往往会要求观看实例，但马文有意避免使用实例。"我会向他们解释，一旦你看到了实例，就会像你要写一首新歌的时候脑海中始终萦绕着另一首歌一样。"创造性教学中一个重要的策略就是避免给出任何预想的答案或假设，以免阻碍学生自己着手做实验进行探索。"学生有时认为他们需要等待灵感迸发。他们并未认识到一些视觉实验和视觉比较会训练他们潜意识的创造力。我让他们相信，根据我自己的经验，很多想法都是在工作过程中迸发出来的。"[34]

创造力理论

《创造力：沉浸体验以及发现和发明的心理状态》（*Creativity: Flow and the Psychology of Discovery and Invention*）的作者、心理学家米哈里·契克森米哈（Mihaly Csikszentmihalyi）认为"有创造性的"这个词适用于这样一类人：他们表达不同寻常的思想，他们非常有趣、能激发别人，他们以新颖而独特的方式体验世界，他们的观念很新颖、判断有见地、能提出只有自己了解的重要发现，就像列奥纳多·达·芬奇、爱迪生、毕加索或爱因斯坦这些在某个重要方面改变了我们文化的人物。[35]契克森米哈通过访谈研究将创新定义为："创新是能改变已存在的领域或将某个已存在领域转变为一个新领域的某种行为、想法或作品。"[36]

创造力来自哪里？它是怎样运作的？从古代希伯来人对神的信仰和希腊缪斯（乐曲、诗歌、艺术和科学女神）的概念开始，关于创造力的理论层出不穷。

天才理论

高尔顿对"遗传天才"的研究是关于创造力的早期研究之一。[37]遗传天才这个观念主导创造力理论将近一个世纪，以至于很多人仍然认为创造力是一种天赋，要么与生俱来，要么永不具备。罗伯特·韦斯伯格（Robert Weisberg）

称，"天才观念实际上是一种错误的说法"，按此说法，"真正创造性的行为是伟人凭借自身努力而不依赖先前成果，灵感一现就取得的伟大成就"。虽然制作创意作品的个人不一定完全等同于普通人，但韦斯伯格称"其思维过程并非不同"。[38] 换言之，进行创造性思维的机会一开始是人人平等的，重要的是人们怎样在已有成果的基础上继续前行。

联想理论

另一项理论强调联想，以系统化的方式将不同观点结合起来，尤其是以一般情况下意想不到的方式。关于创造力的联想理论成了梅德尼克（Mednick）设计的远距离联想测验的基础。测验中有一部分是提供三个看似不相关的词语，要求受测者找出与这三个词都有关联的第四个词。因此，"户外""狗"和"猫"的关联词应当是"房子"。根据这项理论，创造力涉及联想方式、数量、恰当联想的选择以及按联想的层次结构将这些关联组织起来。[39]

发散思维理论

J. P. 吉尔福特（J. P. Guilford）有意找出与创造力有关的因素，并将这些因素与通常用于描述智力的特性区分开来。[40] 他将这些因素命名并描述为流畅性（产生大量发散性观念）、灵活性（改变自身心理定势的自发性）、独创性（相对于他人观点的独特性）和细致性（使细节具体化的能力）。E. 保罗·托伦斯（E. Paul Torrence）将吉尔福特的分类发展成一种成熟的理论，而且还设计了一系列的创造力测验，这些测验成为一种被广泛采用的创造力测量工具。[41] 吉尔福特的理论和托伦斯的测验提供了与创造性思维相关的各类心智技能、思维能力和习惯的标准清单。[42]

创新过程

创新过程可分为若干步骤的观点可追溯到 1945 年的瓦拉斯（Wallas），他将之简单地分为准备、孕育、顿悟和细化四个步骤。[43] 而契克森米哈根据访谈对象对自身工作的描述加以研究，提出了一个五阶段的创新过程：准备、孕育、顿悟、评价和细化。[44] 契克森米哈的研究印证了那句老话"创造力青睐有准备的人"。

培养创造性思维

与批判性思维一样，提供以创造性方式进行思考的机会并予以指导是培养创造性思维的最佳方式。虽然越来越多的人相信创造力是可以培养的，但人们对所谓的"突破定势思维"的简单练习寄予了过高期望。创造力非常复杂，并不是持续参与关于创造力的讲座或网络研讨会就能形成的。

根据对创造力的已有认识，教师应当将重点放在以下方面：

（1）准备——在需要创造力的学科领域花更多的时间培养有准备的学习者，要知道这是创造力的培养中不可或缺的过程。

（2）熟悉——让学习者了解并体会创造性思维的组成因素，尤其是流畅性、灵活性、独创性和精致性。

（3）具体项目——让学习者参与可能对个人或组织有用的具体项目。

培养创造性思维与批判性思维一样，关键都在于提问。虽然批判性思维和创造性思维差别很大，各自采用了不同的探究形式，但两者的学习途径都是通过提问让学生了解自己的认知和洞察力，并帮助他们提出自己的问题。

对话式思维

批判性思维要求通过仔细的、合乎逻辑的推理步骤系统化地找出考虑周全的解决方案。创造性思维需要长期准备、灵感的迸发、以新视角看待事物的能力以及持之以恒地细化加工。而第三类思维，对话式思维，则可以在人们意见不一致时促进彼此之间更好的理解。

深切关注思维的人会担心思维技能可能会被误用。尤其是擅长于批判性思维的人有可能将这种思维方式用于自私的目的。在柏拉图所处的古雅典时代，诡辩家向年轻公民传授如何适应法庭及其他公共辩论场所的社会技能，即怎样更好地论证以在辩论中占据上风。以这种方式运用批判性思维达到自身目的的做法有一个历史悠久的名称：诡辩术。

自我中心和公正思考者

理查德·保罗（Richard Paul）是美国批判性思维运动的领袖之一，多年来对人类自我中心思维的倾向进行了有趣的描述。"我们每个人都有进行扭曲、伪造、编造和误传信息的倾向。"保罗表示，"出于普遍和个人的恐惧、欲望、偏见、定势、希望、梦想和各种非理性驱动因素，我们自我中心的一面永远不会停止将我们的经历分门别类。"[45]纠正这种自我中心倾向的办法是有意识地努力理解他人的想法。

另一方面，公正思考者努力在认知上保持谦逊的态度，同时公正地看待所有观点。公正思考者属于对话式思考者。对话式思维涉及不同观点或参照系之间的对话或扩展交流。保罗称，"当不同观念或推理相互之间产生矛盾，对话就会带有辩证性质，这时我们需要对各方的优缺点进行评价。"[46]毋庸赘言，在今天的社会里，帮助学生理解他人的观点十分有必要。

鼓励对话式思维

对话式思维的本质是真正深入体验不同观点的内在逻辑。这就要求我们以移情方式来就某个问题表达一种以上的观点。这种移情表达可以通过站在他人角度进行思考来实现。比如，他或她会说什么？他或她会怎样进行论证？哪些议题是最优先的？真正的难处在于让各方愿意以移情方式进入对立的观点，并认识到自己观点的缺陷，而这样做的目标是探索而不是获胜。为此，学习者需要学会支持和反驳对立的观点，学会批判自身的观点和他人的观点。对话式思维中尤为重要的是：情感作为思维的一个重要组成部分，有时会成为思维的障碍，因此需要找出思维中隐含的情感因素，并分析它所发挥的作用。对话式思维尤其适合伦理问题，因为这涉及好坏与对错的问题。伦理问题要求我们与自己对话、与他人对话，可以让学生跨越不同的视角进行思考，无论是基于文化、同龄群体、宗教、学科、时间还是情感状态。请参考以下实例：

劳拉·海曼（Laura Heymann）在威廉玛丽学院马歇尔－威斯法学院第一年的侵权法课程中教授对话式思维。对话式思维几乎是所有法律教学工作的一部分，因为作为律师，需要具备从多个方面思考论点的能力。劳拉采用俗称"苏格拉底问答法"的方法进行教学，但她非常谨慎，尽可能地忠实于其本质。"苏格拉底问答法不应该仅仅是寻求事实性的回答，其精髓应该是促使学生为特定观点建构论据，然后通过考虑这些论据在其他事实类型中的运用来思考它们的意义。"劳拉说道。在一个实例中，劳拉和她的学生讨论了一个案例，其中一位调查的记者假扮成一位病人，揭露了一家眼科诊所向病人推荐不必要的手术的做法。这篇报道发出后，这家诊所以非法入侵罪起诉这位记者，声称如果他们知道记者的真实意图就绝不会让他进门。劳拉让学生从两个方面分析这个案例。记者的论据是什么？诊所的说法依据何在？讨论了法院判定的结果：记者并未犯非法入侵罪后，劳拉要学生举一反三，设想在其他情景下会如何得出判决。如果是餐厅评论家有意隐瞒自己的身份会造成什么后果？要是某人装作顾客刺探竞争对手的业务怎么办？要预测这些情形下的结果，首先需要明白原始案例中引导法院判决的原则，并在假设的情景中检验这些直觉。"所有练习的最终目标不是让学生给出深思熟虑的回答，而是让他们预测会出现什么样的问题，这样他们才能善于凭自己的力量找到解决的办法。"劳拉在整个课程中使用了多种探究方法。有时，她让学生同时扮演某个案件中双方的出庭律师。由她或另一位学生担任法官，通过提问对各方进行调查并促使学生找出另一方论证中的弱点。"首先我努力强调过程才是最重要的，而且尝试论证最终不成立的论点也是完全可以的。对我来说，让学生不感到怯场或窘促非常重要，而且我认为教授对错误论证的回应必须细心谨慎、深思熟虑。总之，苏格拉底式对话的目标是通过模拟需要提出的各类问题帮助学生深入思考问题，而不只是给出答案。"[47]

以培养对话式思维作为目标时，教师应当在讨论中做什么？或许教师遇到了到目前为止最大的挑战是：帮助学生真正参与到苏格拉底式对话中来，不仅仅是和教师对话，而且也在学生之间进行。理查德·保罗认为，教师在这类苏格拉底式提问的作用是不断提出"根本性的问题和观点。"[48]保罗指出可针对所有观念提出的四类根本性问题，并提供了一个实用的框架，摘要如下：

（1）起源。你是怎么想到这个的？你能回想起形成这个观点时的情形吗？

（2）支持。你为什么这么认为呢？你有没有相应的证据？人们这么认为有什么理由？你这么认为时是否假设这样或那样是对的？你是否认为这是一个合理的假设？

（3）观点冲突。有些人可能会说……来反驳你的观点。你会怎样回答？你怎样看待这个对立的观点？你会怎样回应这个反对意见……？

（4）意义和影响。这样认为会产生什么实际后果？你会怎样将它付诸行动？这个观点会产生什么后果？我们是否也应当认为……才能保持一致呢？你是不是暗示……？[49]

这类讨论不会在问题之间以直线方式前进。保罗指出讨论会具有"弯弯曲曲、前后反复的效应。"[50]另一位对话式思维的作者马太·利普曼（Matthew Lipman）将其称为"共同思考"，并将其比作走路，"就是要让自己不断失去平衡才能向前移动。你在走路时永远不会让两只脚同时踏踏实实地踩在地上。每向前走一步就会让向前再进一步成为可能；在对话中，每个论点都会引发一个相反的论点，两者相互超越交替推动前进。"[51]

教师应如何推动探究式学习

如上文所述，有不同类型的思维存在，教师需要根据想要培养思维过程的类型不同而调整传授思维的方式。教师首先需要提出：这属于哪一类思维？这个思维过程的预期成果是什么？是对主张的批判性分析、创造新的观念还是对不同观点的深入理解？思维进行到了什么阶段？通过正在进行的活动培养了哪些类型的思维技能？为了有效推行探究式学习法，教师需要采取以下措施。

理解思维过程

教师需要认识思维过程，包括它的要素、概念、规则和谬误，而且应当能运用这种知识来引导探究。传授探究法的教师应该留意讨论中产生的问题，尽可能地记住所有思维偏离预定轨道之处，并运用对思维过程的认识设置讨论。效能型教师还会为学生示范思维过程。

巧妙提问

明确想要传授的思维类型和要素后，教师最好能回到适用于任何探究形式的标准技巧：提出正确的问题并让学生做同样的事情。但哪些问题才是正确的问题？在可能提出的所有问题中，导师应当怎样选择最佳的问题？基于《提问的实践》(*The Practice of Questioning*) 的作者詹姆斯·狄龙 (James Dillon) 以及《讨论式教学法》(*Discussion as a Way of Teaching*) 的作者史蒂文·布鲁克菲尔德 (Steven Brookfield) 和史蒂文·普瑞斯基尔 (Steven Preskill) 的研究工作，我们提出以下参考意见：[52]

（1）避免背诵。应当区分探究与背诵。背诵通常是指提出有正确或错误答案的问题。背诵是真正探究的天敌。

（2）谨慎地选择问题。应当将重点放在问题的目标上。人们会从探究中学到什么？某个问题会怎样让他们朝这个目标前进？

（3）预测回答。预测可能的回答及其应对方式。对问题重新进行考察。思考问题的运作方式。在此基础上思考另一个问题会不会更好地达到目的？

（4）寻找假设。某个问题后隐藏着哪些假设？假设会促使人们做出某些类型的回答。

（5）避免两分型问题。有两种选项的问题（有时又称作"非此即彼的问题"）会阻碍探究的进行。这些问题可以用其他方式表述，例如，"某些人认为是X，但其他人认为是Y；那么你认为是什么？"

（6）使用开放式问题。开放式问题可以有多种多样的回答。

（7）使用叙述性问题。有些问题需要通过叙述进行回答，没有一个直接的答案。例如，"上周四你在哪里？"可以直接回答，而"你能告诉我们上周四发生了什么吗？"需要叙述性回答。

（8）谨慎地选择问题的措辞。措辞和词序的不同会使问题有不同的回答。

提出有意义的问题

虽然问题都有回答，但回答并不是像定义所说的那样是回复问题时所说的话。相对而言，用回应这个词更贴切。一些问题没有得到回应，而另一些问题得到了一个非答案的回应。因此在探究中，最好不要寻找答案而是寻找有助于讨论的有用而诚实的回应。人们期待回应能丰富或提升讨论，包括以问题做回应。教师期待的回应是能提供有价值的信息、定义和重新定义、澄清、证据的基本规则、已确定的价值、可行的假设、创造性的洞见、其他视角和暂时性的结论等。

效能型教师会有意收集对特定学科或课程有效的基本问题。一系列完整的基本问题可以帮助教师应对突然卡壳的尴尬，这些问题在引导探究进入新方向时也特别实用。以下按类型列出的基本问题示例来源于布鲁克菲尔德和普瑞斯基尔。[53]这些问题可以帮助教师发起讨论并引导讨论的顺利进行。

（1）要求提供更多证据的问题——你是怎么知道的？作者所说的哪些内容能支持你的论点？

（2）要求澄清的问题——你能换个方式表达吗？你这样说是什么意思？你能举个例子说明吗？

（3）开放式问题——作者这样说想表达什么意思？你为什么认为应当是X呢？

（4）关联性或延伸性问题——你刚才说的与X之前说的之间有没有关联？你是在质疑还是支持其他人所表达的观点？

（5）假设性问题——如果X没有发生，那么情况可能会有什么不同？

（6）因果问题——X可能产生的影响是什么？

（7）总结与综合问题——这次讨论形成的一两个重要观点是什么？这个主题还有哪些未解决的问题？你从今天的讨论中更好地理解了什么？

教师还希望学生提出自己的问题。教师应当要求学生不断练习提出好的问题，直到他们形成了这样的习惯为止。

创造良好的氛围

探究过程不仅取决于仔细建构、认真设计的问题，还取决于有没有鼓励并激发学生交流观点的氛围。教师必须创造一个良好的环境让学生学习并练习思维过程，学生不用担心自己表现过于愚笨，也不用担心因为自己的评论不够好而受到批评。尤其是一直以来被边缘化的群体、留学生或代表班级少数意见的学生，支持性的课堂氛围可以帮助学生克服障碍，让学生觉得自己的观点是受到尊重和重视的。如果某位学生鼓起勇气在课堂上发言或在网上勇敢地发表自己的观点，得到的却是对自己提出的问题或观点的奚落或蔑视，这恐怕是最让人难堪的情形。

教师的态度以及表达问题的方式和语调会极大地影响学生回应的方式。教师应当努力创造一种氛围，通过积极听取学生的观点、欣赏不同的视角、鼓励公开的讨论、促进参与、接受与众不同的观念、允许学生犯错误、给予学生思考时间、培养他们的自信心并真正重视他们表达的内容，来确实地促进学生积极思考。在纸上写出观点或结对讨论都能有效帮助学生首先提出初步想法，再与全班交流。在需要经常讨论敏感话题的课程中，给学生的讨论制定基本规则会很有用处，例如努力让所有意见都得到表达、回应前要先将理解放在第一位、确认意见不一致是正常的现象且是学习的一部分、不一致的意见应当针对观点而不针对个人、在有人觉得被冒犯时站出来说话并以此作为一个教导时机，以及从所有观点中搜寻有价值的内容。

是否每一位学生都应同等地参与讨论？还是可以让积极性最高而且最喜欢交流自己观点的学生带头？事实上，在讨论中听取多个角度的观点是有价值的，教师往往会运用学生博客、二人组合或小组等技巧让所有学生表达自己的意见。全班都参与进来时，尤其是班级规模超过15位学生时，没有必要让所有学生都发言，而且要认识到某些学生并不喜欢在班上发言。由于探究的目的是挑战每一位学生的思维，因此一定程度上的不安或不确定是自然甚至必然的现象。教师应当创造适当的氛围，让学生知道不管是交流自己的想法或是保持沉默，他们都不会因此而受到惩罚也不用觉得丢脸。目标是100%参与思考而非100%发言。教师有时可能需要与个别学生一起找出适合学生个体、让他们觉得自在的参与方式。

巧妙主导和推动讨论

除创造氛围和选择问题外，教师还必须主动对讨论进行操控。教师应当对观点进行重新叙述和反馈，要求学生进一步说明，询问学生同意或不同意该意见，鼓励其发表看法，表明大家倾向于同意什么、不同意什么，最重要的是提出更多问题。在《教学：一种颠覆性的活动》（*Teaching as a Subversive Activity*）一书中，波兹曼和温加特纳表明，能成功组织探究学习的教师不希望某个问题只得到一种回答；他们会鼓励学生之间的互动、很少对结论进行总结，而且通常会根据学生对所提出问题的回答来推动课程。[54]因此，教师小心行事，时而引导讨论，时而放任讨论。乔治·科里森（George Collison）及其同事对这种情形给出了一个很好的类比。他们将推动讨论的技巧比喻为制作爆米花的过程：如果过早介入，那么很多谷粒（观点）就没有机会浮现出来。但如果过迟介入，学生会感到被引入死胡同而遭遇挫败（而且会产生爆米花烧焦的难闻气味）。[55]

探究还取决于讨论中提出问题的流程和顺序，即提出问题的节奏、等待回答的时间和问题之间的时间间隔。教师往往会因为急躁而不留出足够的时间让学生思考而导致探究过程进展过快。对于这种情况，一般的建议是教师在提问后应当至少等待3～5秒再继续说话，对于复杂、有难度的问题等待时间还应更长些。实际上，布鲁克菲尔德认为，教师应当欣然肯定课堂上的沉默，因为这是培养思维技能的一个重要方面。在沉默期间，教师可以让学生花时间去思考并将自己想法写下来。如果思考过程就像所描述的那样复杂而困难，那么即使有专家指导也应花更多的时间。效能型教师会努力设计问题并设定提问节奏、聆听回答并确认和总结有价值的评论，从而形成有目标、有动力、有成果的讨论。

由于书面形式的讨论有永久性的记录，而且在某种意义上能使思维过程外显，因此，通过在线非同步媒体传授思维技能一直是探究过程的研究基础。过去10年内，加拿大学者在约翰·杜威（John Dewey）实用探究模型的基础上提出了一种在线课程中的批判性思维模型。该模型提出了思维技能培养的四个阶段：触发事件、探索、整合与解决。[56]其他学者将在线讨论描述为两个主要阶段：明确重点和深化对话。[57]在确认这些阶段后，效能型教师会首先关注如何设定正确的议题、文本或触发事件。在探索或明确重点这个主要阶段，教师会提出问题，帮助学生确定方向，按其相关性整理观点并专注于各项要点。大部分提问在这个阶段进行，提问通常会持续几天甚至几周。教师还需要帮助学生对话题的各个方面进行提问，建立联系，尊重不同视角，以期实现集思广益，对讨论话题提出尝试性的解决方案。通过这样的方式，在线教师就能实现主动操控并推动讨论流程了。

无论是采取在线、书面还是面对面的方式，教师在反馈学生的评论时都应保持中立的态度。说来奇怪，行为学习法中采用的正强化（在第四章论述）运用在探究中可能产生破坏性的作用。一旦教师说，"对，你回答正确"或者"这个想法很好"，就会暗示学生他们不再需要进一步思考这个话题了。而在引导过程中做出中立的反馈并提出中立的跟进问题会让学生继续思考。

良好的探究以有争议的问题为中心并达成某个目标。效能型教师知道通过哪些问题发起讨论、会激励全体学生参与、知道何时及怎样改变讨论方向，而且乐意朝不确定的目标前进。

如何考查探究式学习法学习效果

与其他学习方法一样，教师应明确表达自己的目标，并将其作为学习成果评价的依据。目标是让学生更擅长衡量某个问题的正反两面；从另一个角度辩论某个事例；还是仅仅发现各种偏见的来源？每一个目标都暗含着思维的不同侧面，而且明确表达这些目标应当能帮助教师确定怎样评价每一位学生的学习进展。

虽然教师可能最终希望以总结性评价的形式评价思考的质量，但探究式学习法的重点通常更多地在于过程，因此形成性评价和学生的参与成了更重要的评估手段。由于思维活动只有在鼓励反复尝试、允许犯错的良好环境中才能最有效地进行，因此根据讨论中学生表达意见的质量进行评定只会适得其反。如果学生担心同学和教师会怎样评价自己在课堂上表达的意见，那他们怎么检验新观念，怎么会提出与众不同的观点呢？[58]因此，对探究式学习法的评估往往采取对参与质量进行推断的形式——主动倾听、有见地的质疑以及对讨论做出有意义的贡献都可作为评估的依据。在课堂上这些都很容易观察出来。在线讨论中，教师可通过本周讨论中贴出的多个有思想深度的好点子加以衡量。

教师很可能会依靠形成性评估获得对探究过程的反馈。课堂评估技巧可能对监测学生思考进度极为有用。安吉洛（Angelo）和克罗斯（Cross）曾著书论述课堂评估技巧，并列出了评估批判性思维技能的几种主要技巧：分类网格、正反面网格、内容/形式/功能提纲和分析备忘录等方法。[59]这些方法可以在讨论前后使用，让教师了解学生思维过程的进展情况。这类反馈也可以帮助教师估计自己的进度，什么时候需要选择新材料或不同的材料，并重新设定提问模式。课堂评估技巧还可以作为学生自我评估的一种手段，可以帮助他们监测和改善自己的思维。

对批判性、创造性和对话式思维进行总结性评估往往需要仔细观察学生在讨论中的思维过程，但书面评估也很重要，例如论文、陈述或创意作品。虽然本章主要论述了现场讨论这一主要探究方法，但也可以提出问题布置书面作业。还有比给有争议的问题下定义、提出引发争论的问题和评估学生的回答更有效的思维评估方式吗？也可以要求学生分析自己回答时使用的思维方式。如果最终成果是一篇论文、陈述、辩论或创意作品，那么评价量表将是非常有用的工具。很多完善的批判性思维量表实例都能在网上找到。[60]由于思维是不断发展的，因此对作业草稿和订正内容的评分可以帮助教师和学生看到不断进步的实证。

适合探究式学习法的技术

探究推动的讨论不仅可以在面授课堂上进行，在线课程、混合型课程甚至在校园传授的课程都可采用在线非同步讨论，问题和评论穿插式地出现，可以清楚表明谁对谁做出回应。学生只要有空都可以参与，因此探究可以在持续一周或几天的课程期间进行，而不只是限于短短的一堂课。这些类型的讨论正日益普及，而且与思维技能的教学天然契合。实际上，有人声称书面形式的在线非同步讨论是培养反省思维和批判性思维的理想手段。[61]加里森（Garrison）和沃恩（Vaughan）等学者正在研究哪一类思维与哪一类讨论媒体搭配最适合。[62]他们指出，在线讨论可以让人在提出观点前进行反思，不像实时讨论或课堂讨论那样反思几乎都在向群体提出观点之后进行。与实时课堂教学情景不同的是，学生和教师都有时间，在发言之前考虑清楚某个回答、找出支持性证据并正确表达自己的想法。

在线讨论中，教师担任了与面授课堂一样的多个引导角色，但任务却稍有不同。在在线讨论中，教师提出问题以发起讨论，然后给出后续评论和问题、将偏离主题的思维重新导入正轨、对帖子进行总结、让学生关注有见地的帖子、选择对学生的帖子进行回应的时机和方式、跟上小组设定的节奏并对讨论进行总结。教师的作用是"阐明和延伸其他人的思考。"[63]教师可以在帖子中采用不同的语态和语气引出学生不同类型的回应和进一步的思考。例如，培养学生反省思维的指导人与不偏不倚的协调人各自有着不同的角色任务，但其本质仍然在于提问。特丽莎·本德（Trisha Bender）认为，"教师必须始终记住，在推动在线讨论时，提出正确的问题几乎总是远比给出正确的答案更重要。"[64]

最后思考

思维技能的培养需要时间。由于思维能力的培养就是形成思维习惯的过程，因此批判性、创造性和对话式思维的培养都应贯穿于高等院校中几乎每一节课。学生需要了解探究的目的并在专业指导下逐渐变得更善于思考。同样，教师不能指望一次探究性的教学就能取得成功，练习是必不可少的。

教师每次使用这种学习方法时都希望推动一次趣味盎然的讨论，但这种学习方法的长期目标是塑造和传授探究的习惯，从而将教师的工作逐渐移交给学生，让学生越来越擅长提出适当的问题并给出有见地的回答。一旦学生学会怎样有效地提问，提问的技能通常会不断延伸。有人或许会说，真正会提问的大学毕业生，在生活中想要或需要学习任何知识都不成问题。

对教师而言，推动探究感觉像是把所有任务都交给了学生，而且有些学生也有同样的感觉。习惯于在课堂上扮演被动角色的学生初遇探究式学习法时会有被骗或挫败的感觉。虽然探究式学习法对学生和教师而言都是一种充满挑战且不轻松的学习方法，但不能因此就忽视或摒弃这种方法。毕竟，不会思考的大学毕业生又有什么用呢？探究法可能难以预测，可能永远都不会按计划进行，但尝试这种方法的过程有可能带来丰厚的回报。正如布鲁克菲尔德和普瑞斯基尔所说的那样，他们进行讨论"是因为讨论过程既令人愉快、兴奋，又难以预测，还得承担风险，就好比攀登一座山峰或在湍急的溪流中进行漂流。"[65]

要点回顾

希望有效运用探究式学习法的教师应当采取以下措施：

- 了解思维过程，包括其要素、规则和谬误，并借此指导探究。
- 给学生实际思考的机会。
- 创造一个练习思考的良好环境，必要时设定基本规则。
- 有策略地使用问题，避免背诵型问题。
- 在探究时留出时间让学生思考。
- 提出有意义的开放式问题并预测可能的回答。
- 主动控制和推动讨论，保证学生不偏离正轨，同时鼓励多角度思考。
- 运用形成性评估方法让学生的思维变得可见和可观察。
- 在不干扰实验和创造力的情况下，必要时可使用总结性评估来衡量反省思维。

第七章

基于心智模型学习法的教学
——培养解决问题和决策的能力

预期学习成果 学生学习什么	学习方法 渊源和理论	常用方法 教师教授什么
培养解决问题和决策的能力 找出解决方案并做出选择的心理策略	心智模型学习法 格式塔心理学、解决问题和决策理论	问题 案例研究 实验 专题

这种学习是否涉及解决问题或做出决策？它是否涉及让学生将自己的知识组织成系统性策略的挑战？学生是否需要学会怎样找出并明确问题、怎样提出解决方案、怎样评价并选择解决方案？这种学习是否要求学生处理必须自行决策的问题、衡量不同方案的价值并预测可能的结果？**心智模型学习法**能有效地达成这些学习成果。

一位物理学教师用一系列与超负荷有关的题目让学生计算并设计新房子的布线系统。需要多少个插座，多少条电路？怎样设置这些插座和电路才能尽可能避免烧坏断路器？教师应当怎样指导学生解决问题？

生活中充满了问题，等待人们找出解决方法。其中一些问题是人们在日常家庭生活、社区或工作中遇到的实际问题。如今，各类组织机构的工作几乎都可以视为一个找出问题、解决问题和实施解决方案的持续过程。问题里也可能蕴藏着机会，如那些与研究、新产品的开发或设立新服务有关的问题。有些问题较为抽象、没有实际价值，例如那些以拓展思维甚至娱乐为目的的数学和逻辑题。课堂环境既可用于解决虚拟问题，也可以用于解决现实性问题，而且大多数大学教师都渴望帮助学生拓展和提高解决问题的能力。

学生是怎样学习解决问题和做出决策的呢？学习途径一般有样本问题、案例研究、实验任务和项目专题。案例研究是一个有关情境的简短的叙述式描述，当中包含一个或多个问题，需要参与者采取一系列的行动解决。案例研究通过某种情境、某个过程或某个人提出复杂的问题，一般都是以班级讨论、小组讨论或在线讨论的方式进行，且在多种教学环境中都可采用。实验任务所提出的问题往往需要通过实验和系统性研究加以解决。自然科学学科中的实验工作越来越多采用问题导向学习法。专题项目是由个人或小组在课外、以班级学习组的形式或在临床环境中独立完成的。专题项目也涉及某个已确定的问题或重要决定，通常包括对问题进行深入阐述、收集背景信息、汇总新数据、观察结果并提出一套建议。这种学习方法可用来教会学生有效而高效地解决问题并做出决策，这也正是这种学习方法的专注点：解决问题和做出决策。

请参考以下实例中物理学教师是怎样运用问题来激励学生的。

芭芭拉·达奇（Barbara Duch）在特拉华大学教物理课时运用问题作为她的主要教学方法。"我希望培养学生像物理学家那样进行推理和解决问题的能力，"芭芭拉说道，"问题会让他们根据他们所学的知识和原理进行决策并证明自己的推理。"只有真实的问题才能对学生产生激励作用，因此教师应多采用实际的议题，而非布置填空练习。芭芭拉非常喜欢自己提出的一个与超负荷有关的问题：为一位朋友的新房子设计电路系统。它实际上由一系列问题组成，学生分小组工作。[1]这个问题以描述一所新设计房子的基本概况开始，并结合了朋友给出的一些意见："斯坦（Stan）告诉你他不知道自己的房子需要安装多少电路才能保证安全。实际上，斯坦甚至不清楚电路的意思，也不明白断路器的工作原理。"学生首先需要回答斯坦提出的关于电路概念的一系列疑问。教师得到学生回答后，就可以公布问题的第二部分，给出房子及其使用的更多细节信息："莎伦（Sharon）告诉你厨房里将会摆放很多电器，包括微波炉、冰箱、搅拌机和烤箱等。斯坦说他的电脑和打印机以及莎伦的熨烫和缝纫设备都要放在同一间卧室中。"这时，学生需要确定每个房间需要的最少插座数量并画出电路图。紧接着，教师要求各组学生查看当地房屋法规，以确定房间内需要安装的插座数目，厨房、车库等需要采用的电路类型，还鼓励各组学生列出自己的疑问或处理问题所需要查找的信息。教师有时会让各个小组向其他同学报告自己的进度。最后，再次与教师确认后，学生就要为整个房子设计一个线路平面图，而且要保证用电高峰时段内断路器不会跳闸。芭芭拉说道，"这个问题要求学生在实际条件的限制下，思考他们能做出什么假设，存在哪些已知和未知的情况，能采用什么方法来解决这个问题。这种复杂的问题保证了学生不只是会利用方程式进行计算，而是真正理解了电路的概念。"[2]

问题和决策

问题是为寻求解决方案或供学生讨论而提出的疑问，通常存在着疑惑、不确定性或难度。解决问题和批判性思维领域的一位知名学者戴安·海尔珀恩（Diane Halpern）讲述了一个关于问题的经典案例：

假如夜晚在一长段黑暗、人迹罕至的高速公路上独自驾车时，你突然听到轮胎漏气时发出熟悉的"噗噗声"，你把车子停靠在路肩上，借着月色和一个小手电筒的光亮，无可奈何地去换轮胎。你仔细地拆下轮毂螺帽后将它们放在路边的轮毂罩中。这时有人开车疾驰而过，撞翻了轮毂罩，轮毂螺帽散落在黑暗的高速公路上，完全找不到。就这样，你独自坐在黑暗高速公路上，手里抓着备用轮胎，漏气的轮胎靠在车上，轮毂螺帽都不见了。更糟糕的是，冰冷的雨水从天而降。这时你会怎么办？[3]

这个问题从多个方面来说都堪称经典。问题的中心是一个期望结果：把备用轮胎装到车轮上。问题既包含了有用信息，也有无用信息。轮毂螺帽的丢失让这种情形成为一个问题，必须重新叙述或系统化地处理这个问题才能找出解决方案。怎样才能解决这个问题？这个问题属于哪一类型？我们以前遇到过这样的问题吗？

海尔珀恩称，她的一位学生曾在白天遇到过相似的问题，而附近一所精神病院的住院医师帮他找到了解决方案：他们建议他从其他轮胎上分别拆下一枚轮毂螺帽将备用轮胎装上。在只有三枚轮毂螺帽的情况下，轮胎可以安全地行驶一段很短的距离，支撑到车辆到达不远处的加油站。[4]

而决定与问题不同。人们通过选择最佳行动方案来做出决定。由于决定涉及价值观和主观感受，因此人们各持己见是很自然的事。决定会激发偏执的感受，而实际上这通常能有效地检验某个事物属于决定还是问题。即使给出了轮毂螺帽问题的解决方案，有人还是需要做出决定这是不是首选解决方案及其成功的可能性。用手机打电话给汽车协会是不是更好？解决问题的重点是找出能改善现状的解决方案。问题解决者会提出建议，他们会说出怎样通过特定的解决方案解决特定的问题。接下来就轮到决策者决定怎么做了。

心智模型概述

解决问题和做出决策在大多数情况下都比较复杂。相关的影响因素（变量）越多，想把它们理清楚就越困难。想象一下杂耍者要将那么多木瓶抛到空中，不能有一个掉地；或者马戏演员同时在 10 根棍子上转动 10 个盘子的画面。这样的景象会让人目瞪口呆，让你不敢置信或者疑惑不解。因此，我们必须找出一些解释的办法，来解开困惑。心理学家将这种不知所措的现象称作"认知超负荷"。我们的思维需要某个系统来处理复杂的事物。这正是我们求助于心智模型的原因。

我们日常生活中时刻都在运用心智模型，这些模型一般都是对事物运作方式的简单描绘。托马斯·沃德（Thomas Ward）、罗纳德·芬克（Ronald Finke）和史蒂文·史密斯（Steven Smith）很好地描述了这个概念：

我们积极地建构心智模型以理解复杂的现象，并在此过程中运用了关于世界上各种事物运行方式的基本常识。我们可能需要了解人类消化过程的本质、离合器或制动系统是怎样运行的，或者为什么太阳、月亮和星星总是按一定的规律出现和消失。我们头脑中形成的组成这些系统的各个部分以及这些部分之间如何相互作用的心智图像被称作心智模型。[5]

我们使用心智模型的时候，"模型可以让我们建立假设情景、对结果进行预测并在内心'运行'这个模型来检验预测结果。"[6] 大多数解决问题的专家都会使用心智模型，系统化地模拟解决问题所需的多个步骤。决策者使用心智模型来权衡决策中所涉及的各个因素，并预测可能获得的结果。

建立心智模型的第一步是针对情景形成心智意象。比如，你知道以下哪些犬类的耳朵是竖起的吗：德国牧羊犬、小猎犬、可卡犬还是猎狐梗？当人们被问及如何作答时，他们说他们会试图想象这些犬类的形象和它们的耳朵的样子。人们一般不会以言语的方式思考这个问题，因为没有人会需要记住诸如牧羊犬耳朵竖起、小猎犬耳朵下垂等信息。[7] 这个建立和操纵意象的简单过程是运用心智模型学习法的焦点。

心智模型也有一些其他的叫法，像心理策略、语言、方案、策略，甚至工具。皮亚杰（Piaget）及其他教育心理学家采用了"图式"这个词。当然重点不是其名称，而是它们怎样作为解决问题和做出决策的概念性工具而发挥作用。[8] 心智模型有时也称作启发法或拇指规则。启发法源于希腊语"heuriskein"（意思为"发现"),是指可能对找出问题的解决方案有所帮助的一般规则、指引或模型。没有人可以保证使用心智模型一定可以帮助人们找出解决问题的正确办法,但至少提高了这种可能性,或者说使用心智模型总比不知所措要好。

心智模型学习法的起源

心智模型的使用有一段精彩的历史。与行为心理学一样,一些早期研究是在动物身上进行的。1925年沃尔夫冈·科勒(Wolfgang Köhler)的经典实验是用猴子进行的。[9]科勒用关在笼子里的一只名叫"苏丹"的黑猩猩设计了一系列巧妙的实验。在实验中,笼子高处挂着香蕉,苏丹需要想办法如何才能够得着。苏丹有时会得到几根棍子,有时会得到几个可以让它叠起来的箱子,有时既是棍子,又是箱子。科勒通过密切观测黑猩猩的行为发现,经过一段时间的迷惑和挫折后,黑猩猩似乎突然想到了解决方案。产生顿悟之后,它将箱子堆叠起来、爬上箱子并用棍子去够香蕉。多次观测到苏丹及其他黑猩猩的这种行为后,科勒得出这样的结论,即使是动物,解决问题都需要在某种程度上"用心智控制各种活动以找到目标解决方案",即超越了反复试验范畴的一种顿悟。[10]那么科勒使用的黑猩猩是不是运用了心智模型呢?

解决问题的现代史始于1945年卡尔·登克尔(Karl Duncker)进行的研究。登克尔沿用科勒及其他德国格式塔心理学家的方法,要求研究对象在尝试解决问题的时候边思考边把自己的想法说出来,这样他就能跟踪他们的推理过程和认知状态了。登克尔发现研究对象陈述问题的方式与他们解决方案的准确性之间存在密切关联。[11]关于解决问题的经典专著之一也出现在20世纪40年代,是乔治·波利亚(George Polya)的《怎样解题》(*How to Solve It*)。[12]波利亚是一位著名的数学家,1887年出生于匈牙利,从1940年开始在斯坦福大学任教。是他普及了"启发法"的使用。[13]问题解决理论中被引用得最多的一项或许是艾伦·纽厄尔(Allen Newell)和赫伯特·西蒙(Herbert Simon)提出的解决问题的一般模型,这个模型最初出现在1972年他们所著的《人类问题求解》(*Human Problem Solving*)中。[14]他们创造的"目标状态""初始状态"和"问题空间"这几个术语几乎见于关于解决问题的每一篇文章中。[15]

做出决策需要对各种选择进行权衡并对结果进行预测,而且在某种程度上依赖于概率论。从正式意义上来说,决策可追溯到哲学家和数学家布莱兹·帕斯卡(Blaise Pascal,1623—1662),有些人认为他开创了首个决策分析技巧,用于权衡在不知道上帝是否存在的情况下是否奉行基督徒生活方式的后果。[16]这就是著名的"帕斯卡的赌注",用于在不确定的情况下的概率决策。与很多其他概念一样，用于权衡某个决定利弊清单的概念也是本杰明·富兰克林（Benjamin Franklin）提出的。现代决策理论较为复杂而且往往与数学有关。现在称为"期望效用函数理论"（expected utility theory）的一般性决策理论是约翰·冯·诺依曼（John von Neumann）和奥斯卡·莫根施特恩（Oskar Morgenstern）于1947年提出的。[17]他们的理论为决策的心理学研究确定了基本方向。

培养学生解决问题和做出决策的能力

与批判性、创造性和对话式思维一样，人们日益认识到解决问题和做出决策所需的技巧是可以掌握的。或许第一个难题是让那些认为自己不善于解决问题的学生相信，他们可以寻求帮助提高自己解决问题的能力。很多学生多年来在题海中苦苦挣扎备受打击，而且学校并未专门设置"解决问题"的科目，因此他们逐渐变得不愿面对问题，而且形成了自己不善于解决问题的这种自我概念。在没有解决问题的可行策略（实际上是存在的）的情况下，他们学会了回避问题，即约翰·布兰斯福德（John Bransford）和巴里·斯泰恩（Barry Stein）所称的"我不干了"的问题应对方式。[18]教师必须找出这些逃避问题的学生，并确保让他们能体会到与日俱增的成功，从而重建解决问题的自信心。

务必让学生知道解决问题和做出决策的实际运作方式、其中涉及哪些基本过程和步骤、有哪些可以使用的技巧以及哪些心智模型能有效地解决哪些类型的问题。学生还务必清楚，与创造性思维一样，解决问题和做出决策的能力可以通过学习特定领域的知识加以提高，即熟知一个或多个学术领域。与其他学习方法一样，最好不要对技巧进行讲授，而是应当为学生提供学习环境，让他们在专业指导下进行练习。正如艾伦·莱斯戈尔德（Alan Lesgold）总结的那样，"练习在学习过程中是必不可少的。应当将自己的精力放在解决问题上而不仅仅是听老师讲课……最有效的教学方式是让学生实际解决问题，而教师应当阻止学生做徒劳无功的努力，并在没有取得进展时提供线索，从而让这个过程更有效率……要想学会怎样解决问题，必须先成功地解决一些问题。"[19]

如果真是如此，那么教师的作用就是提出真实的问题或者退而求其次提供案例、实验室和专题，并不断地给予学生解决问题的机会。请参考以下课堂专题实例。

安东·卡马罗塔（Anton Camarota）在丹佛大学讲授环境政策与管理课程。在这门课中，学生将学习环境管理系统的标准和要求。"由于学习这门课程的学生将要从事环境管理系统管理工作，因此我们希望他们知道怎样主动而系统地运用其标准和框架。"安东说道。学生必须能确定适用于某个行业的不同方面、影响和法律要求,并将这些因素转化为一系列目标和计划,从而为系统的环境管理提供有效的基础。他们必须能具备大局观并了解各部分是怎样组合起来的。"为了达成这些目标,学生需要完成一个大型专题项目,即为一家中小型公司编制一份完整的环境管理系统手册。"完整的环境管理系统手册比商业计划更加全面,一个小组需要用整个学期的时间才能编制完成。"为了解决这个问题,学生使用了一个模板作为这个专题的框架或心智模型。"在此过程中,他们必须从多个程序或文件做出适当的选择。最后,所有小的选择和选项都必须整合到一个务实可行的连贯计划中。"每个部分都是一个实际的步骤,但将它们组合起来是一个比较抽象而复杂的过程,这也正是这个框架的有用之处。"学生以小组形式使用实际数据共同在线编制手册。一个小组用一个星期的时间编制手册的一部分,然后转交给另一个小组。安东给出意见和反馈后,下一周由另一个小组对他的意见进行处理并增加新的材料。这个过程在整个学期中反复进行,而且随着项目的推进越来越困难,因为各小组需要将新材料与已有材料整合。班级同学利用讨论区持续进行讨论,推动编制过程,并了解手册的已有部分与每周学习的新内容之间的关联。安东不仅根据结果也根据过程对专题进行评分。"在现实生活中,过程是他们需要把握的重点,"他说道,"学生必须确实了解各要素之间如何相互作用、理解总体框架,并能将各部分编制成一个统一体。"[20]

找出问题

大部分关于解决问题的著作中所确定的起始步骤之一都是找出问题。这个步骤之所以重要,是因为我们在生活中的取向一般都是避免问题而不是找出问题。我们的父母教导我们别惹麻烦,而且我们的文化中也有这样的俗语:"不要自找麻烦;麻烦会自己找上门。"[21]在学校环境中,学生通常都必须集中精力为别人创造的问题找到正确答案,但关于找出和确定问题的过程也可以使学生获益良多。可以说,有效解决问题的第一步是首先找出需要解决的正确问题。

基本的问题解决模型

纽厄尔和西蒙的关于解决问题的总体框架

纽厄尔和西蒙所著的《人类问题求解》(*Human Problem Solving*)是关于解决问题的一本经典著作。他们提出的解决问题的理论和一般性方法见于各种文章,在此简要阐述如下。[22]

(1)目标状态。大多数问题都需要找出解决方案。在漏气轮胎的问题中,将备用轮胎装到车轮上是目标状态,更广义地说,让车辆重新行驶才是目标。我们经常可能观察到,有些人慌慌张张地忙碌于解决问题,但却没有首先对目标状态达成一个明确的概念,或者根本不知道问题解决后事情会演变成怎样。

(2) 初始状态。与问题的陈述一同给出的还有条件。这些条件是问题解决者必须首先处理的,即人们带给问题的所有给定条件,包括条件、界限和已有信息。

(3) 问题空间。初始状态与目标状态之间的距离(间隔)就是问题空间,即可解决问题的区间。

(4) 解决路径。在问题空间内可以有多个选项。选项是整个过程中有可能解决问题的潜在解决方案或步骤。解决路径是人们作为潜在解决方案或步骤提出的旨在解决问题的观点。

(5) 操作。在问题空间中,必须执行某些操作才能从初始状态走向目标状态。心智模型对于操作的执行非常有帮助,因为操作过程通常很有挑战性。

(6) 障碍。问题空间充满了障碍,从初始状态走向目标状态并不太容易,因为如果很容易的话就不存在问题了。如果不存在障碍,那么这些操作过程最好称作任务,即已知解决方案的工作步骤,这样也就不存在问题了。[23]

问题思考心智模型

纽厄尔和西蒙的总体框架为思考问题解决提供了一个有用模型,其中可融入更具体的心智模型。这个简单但非常实用的问题思考心智模型如图7-1所示。这些心智模型适用于在问题空间中执行操作从而产生解决路径。

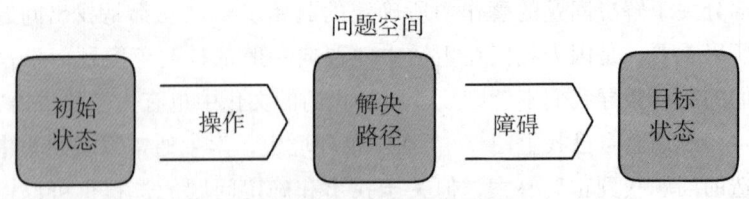

图 7-1 问题思考心智模型

运用在韦恩·威克尔格伦(Wayne Wickelgren)研究基础上提出的以下几项规则可以使我们更有效地使用这个总体模型:[24]

(1) 确定目标。问题很少表达得非常清晰。大多数问题都需要在寻求解决方案前进一步定义、重新界定并澄清目标。

(2) 决定问题是否需要解决。埃恩·米特洛夫(Ian Mitroff)和哈罗德·林斯通(Harold Linstone)在《无限思维:打破传统经营思维的枷锁》(*The Unbounded Mind: Breaking the Chains of Traditional Business Thinking*)一书中提出了这

个很好的建议。"应当弄清楚某个问题需要'解决''分解'还是'消除'。解决问题是指找出准确或最佳的解决方案；分解问题是指寻找'足够好'的解决方案；而消除问题是认识到可能存在其他更需要集中精力解决的问题。"[25]因此首先要问这个问题值得解决吗？

（3）识别给定条件。给定条件是指事实和数据、任何可获得的信息以及界定问题和限制解决方案的因素。这些信息的哪些部分是有价值的？哪些部分实际上是多余的、毫无用处的甚至误导的信息？

（4）掌控解决路径。我们的目标不是找出大量的解决路径，而是找出适当的、最佳的解决路径。[26]当你想到很多路径的时候，应当考虑哪些解决路径是最可行的？

（5）切勿将问题解决与创造力混为一谈。与流行观念不同的是，解决问题并不涉及挑战常规或跳出思维定势。创造性地解决问题或许是一个不恰当的表述，而头脑风暴也并不是最适合的技巧。找出解决路径与创造力没有太大的关系，因为它涉及巧妙地运用心智模型来产生最有可能的解决方案。

（6）确定问题类型。纵横字谜游戏与拼图游戏的难点不同。分析性问题的证据包含在该问题之中；而综合性问题需要跳出问题本身来收集新的信息和可能性。[27]一些问题涉及重新排列，比如重组字的任务是将一系列字母（例如ISTSCTSITA）重新排列成一个词语（例如STATISTICS），其他问题就像类比问题一样需要发现某种结构或关系。必须在一套固定规则内重新排列对象的问题称作转换性问题，例如"在不……的情况下把硬币移到……"[28]限制性问题有太多可能的解决方案（例如魔方），而它的挑战在于减少解决路径的数目，以期找到正确的解决路径。正如巴里（Barry）和鲁蒂诺（Rudinow）所说的那样，"问题呈现出多种多样的形状、大小和种类。同样要成为问题解决的能手所需的具体策略和技能也是多种多样的。"[29]

用心智模型产生解决方案

当然，问题空间内发生的事情才是至关重要的，这里也是心智模型直接发挥作用的地方。实际上，这可能是这个过程中最重要的部分。专家型问题解决者会对自己的思维进行监控并使用规范性模型，这些模型可以提供"实现思考者的目标所需的最佳思维方式。"[30]下面是用心智模型产生的一些解决问题的方案。

随机搜索法

随机搜索法有时又称作反复试验法。穷举搜索法需要对解决路径上的每一种可能的方案进行考察。例如，在解答THA重组字游戏时，这几个字母只有六种可能的排列方式：THA、TAH、ATH、AHT、HTA和HAT。问题解决者通过反复试验最终必然会将 HAT 作为解决方案，即使它排在最后一个。这种心智模型非常适合解决选项较少并有可能对所有替代方案进行检验的问题。如果存在多种可能的解决路径而且解决路径本身较为复杂且存在分支结构时，穷举搜索就会变得十分低效。如果学生连续快速地对一个又一个观点进行尝试，即检验某个观点后将它撤销再提出另一个观点，那么他们主要是通过反复试验进行学习的。科勒研究的黑猩猩在解决香蕉问题时或许比这做得更好。如果随机搜索法不能成功，那就需要采用更好的方法了。

系统化随机搜索法

这种心智模型产生的问题解决方案包括对随机搜索工作进行分类并发现某些选项的有效程度。如果存在大量选项，那么或许可以对整组的相似选项进行分类。或者可以用计算机软件对某个实验的选项进行系统化检验。这些工作会消除随机搜索的随机性并使之更系统化。

爬山法

请想象一下你在眼睛被蒙住的情况下站在一座山上，而你的目标是到达山顶。你朝某个方向迈出一步，但从脚的反馈得知这是下坡方向。你再次尝试向另一个方向移动，于是你开始向上爬。虽然步子很小，但你可以确信自己越来越接近目标，即使你不知道目标的具体方位。[31]内科医师有时会使用爬山法为慢性病人找到适当的药物剂量。通过小幅增加药物剂量来达到那个不明确的目标。与反复试验法不同的是，在这种情形下接近目标时会获得反馈。

手段－目的分析法

如果目标就是终点但达到目标的手段并不明确，那么有时找到子目标并设计达到子目标的手段是一种有用的做法。更直接地说，可以将问题分成多个子问题，然后从比较简单的部分入手。我们可以用汉诺塔问题（如下图所示）这个常用的例子对手段目的分析法进行说明。[32]这里的目标是将堆在一起的三枚硬币（25分硬币、5分硬币、1分硬币，其中25分硬币放在最底下）从最初的位置移走，经过第二个位置后在第三个位置上按同样的顺序将它们重新堆叠起来，其中每次只能移动一枚硬币，而且小的硬币必须放在大的硬币之上。

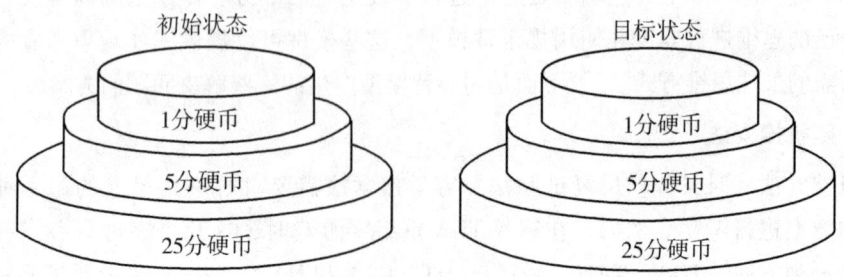

在这个问题中，目标状态看上去与初始状态完全一样，但每次只能移动一枚硬币的规则让它成为一个问题。中间位置这个概念表明可以将硬币移到这里作为过渡。如果分步骤进行，那么找到这个问题的解决方案并不难。首先是寻找一个子目标：将 25 分硬币移到第三个位置。下一个子目标则是将 5 分和 1 分硬币从 25 分硬币上取下，以便移动 25 分硬币。为此，可以将 1 分硬币移到第三个位置，将 5 分硬币移到第二个位置，然后将 1 分硬币重新放到 5 分硬币上。这时，第三个位置空出来了，再将 25 分硬币移到第三个位置上。下一个子目标是将 5 分硬币重新放到 25 分硬币上。为此，可以将 1 分硬币暂时移回第一个位置，这样 5 分硬币就能重新移到第三个位置的 25 分硬币上，再将 1 分硬币重新放到 5 分硬币上。当然，关键在于每次只朝一个子目标努力，便可更好地管理解决问题所需的心智操作。

倒推法

我们都会自然而然地提出这样一个问题，我应该首先做什么？但对于某些类型的问题，最好是问我最后应该做什么？倒数第二件事是什么？依此类推，一直倒推到开头。在孩子喜欢玩的纸笔迷宫游戏中，从目标开始倒推往往更容易找出答案。[33]如果进行正推，那么迷宫中的每个转折都是一个决定点；但如果进行倒推，那么决定点就会变成必然的选择。戴安·海尔珀恩（Diane Halpern）同样提供了一个精彩的例证：

某个湖泊上的睡莲每 24 小时面积就会增加一倍。从第一朵睡莲出现到整个湖面完全被睡莲覆盖需要 60 天。那么一半湖面被覆盖发生在哪一天？[34]

请尝试倒推法。第 60 天湖面被完全覆盖，那么第 59 天会发生什么情况呢？对，如果每天面积增加一倍，那么第 59 天就是一半湖面被覆盖了。

半分法

海尔珀恩用她自己发明的一个游戏对这种心智模型进行了说明。使用这种方法可以在 7 次以内猜出 100 岁以下任何人的年龄。首先问某人是否小于 50 岁。如果回答是，那么下一个问题是此人是否大于 25 岁，以此类推。下一个问题总是将剩余岁数分成两半，直至找出答案。[35]这种方法往往作为一种故障定位技巧使用，例如停电事故、电缆中断或排水管堵塞。为了避免破坏整条线路，最好对其各段进行检查并通过排除过程确定需要修复的位置。缩减范围是解决某些问题最有效的方法。

简化法

有些问题比较复杂，通过暂时中止规则或削减细节对问题进行简化可能会有所帮助。例如，请思考下图中威克尔格伦（Wicklgren）所称的反转木瓶问题。[36]

假设苏茜有一套保龄球设备而且在球道的终点处将木瓶排列方向反过来了。现在需要将木瓶从（给定）反向排列改为（目标）正向排列。苏茜可能是设置出了错误，但她知道怎样只移动三个木瓶来修正这个错误。

要解决这个问题，可以采取几个行动来简化这个问题。首先自问是否需要使木瓶保持在完全相同的水平行上，或者能否将布局向前或向后移动一到两行？如果只需要移动少数木瓶，那么应当考虑哪些木瓶将保持原位。考虑哪些木瓶可以保持原位而不是要移动哪些木瓶。或许你能够看出中心部分的木瓶不需要移动。那么请考虑什么样的新布局能使最多的木瓶保持原位。现在这个问题已经大大简化了，可以考虑需要移动哪些木瓶了。（如果你仍需要提示，请尝试将四个木瓶那行中的左右两个木瓶分别移到两个木瓶那行的左右两边。这时会变成什么样子？）

代数字法

很多问题很难抽象地进行处理，但有时使用具体数字或对象后，问题会变得更容易处理。[37]例如，请思考这个抽象问题：

请证明"abcabc"形式的所有六位数都可以被13整除。最好首先用具体数字进行尝试：416416÷13 = 32032。

这个例子并未证明题中的关系。要证明这种关系始终成立需要进行因数分解和代数运算，但使用具体数字能够表明这种关系至少在某些情况下成立。使用实际数据可以说是解决很多问题的一个好办法，因为它可以让我们观察到拟定的解决方案是否可行，或如何发挥作用。

矛盾法

有些问题解决路径繁多，很容易让人一头雾水，因此十分有必要排除部分解决路径。[38]排除的方法之一是，考察潜在解决方案是否与初始状态下的给定条件相矛盾，或者是否与合理预测到的目标状态不相容。某些情形下，只需要通过目测比较或估计就能得出结论，"这是不可能的！"这样就排除了部分潜在解决方案，将注意力集中在更有希望的解决路径上。因此，矛盾法与估计非常相似，用于从合理的解决方案中剔除无法实现或荒谬的方案。然而，研究表明并不是每个人都擅长估计。[39] 对于潜在解决方案，我们能问的最好的问题之一就是：这可能是答案吗，还是应当将它排除？

图表、可视化方法

没有任何规则规定我们必须完全在头脑中解决所有问题。虽然我们可以运用心智模型增强解决问题的能力，但我们也可以通过将信息转换为直观的形式来增强心智模型的运用。当我们面对过多的信息感到不知所措时，绘制一幅图表会非常有帮助。将信息呈现在纸上就相当于将心智模型从头脑中取出来。如今，很多问题都能通过计算机软件投影及其他数据可视化程序而变得直观。

类比法

或许你手头的问题与另一个问题很像，但这并不意味着这两个问题一定是相似的；实际上两者可能相差甚远，但从一个问题获得的启发或许可以运用于另一个问题。心理学家吉克（Gick）和霍利约克（Holyoak）在一系列巧妙的实验中对学生进行了测验，以考察某段描述中相似的情形能否作为一个模型，来启发学生提出无法用其他方法产生的可能解决方案。[40] 他们采用了卡尔·登克尔（Karl Duncker）著名的放射线问题，医生需要通过放射疗法治疗一种不宜进行手术的胃癌。他们随后提出了一个相似的军事问题：一位将军需要找出攻占一座堡垒的最佳路线。这些类比实验的结果表明，75%的学生接触类比示例后提出了新的解决方案，但在未接触类比示例的学生当中只有10%做到了这一点。当然，这里的关键在于找到好的类比示例（不一定总是现成的），而且有能力从中获得启发并用于解决问题。

选择正确的心智模型

效能型问题解决者会仔细思考他们处理的问题类型及其适用的模型。"哦，这有点像汉诺塔问题，我们需要解决子问题""这是一个需要倒推的迷宫问题"或者"这只是另一种形式的放射线问题"，如果能够这样说，解决问题就容易多了。任何学科中，某些类型的问题都会经常出现，而效能型问题解决者能从先前解决的问题中得知哪个心智模型最有效。效能型问题解决者善于发现问题之间的相似和不同之处，并能判断选择哪种心智模型。

根据先前问题的解决方式解决新问题称作"迁移"。迁移是学习中最重要的方面之一；毕竟，大学生的主要目的不正是通过学习提高自己，从而更好地面对和解决毕业后遇到的实际问题么？我们希望迁移会轻易或频繁地发生，可惜实际上并非如此。当我们尝试在不同问题之间进行迁移时，很容易被问题的表层因素所迷惑，而不能发现其更重要的深层结构。[41]比如解数学应用题时，如果这些问题具有相同的表层因素，那么迁移更容易实现，提到金钱的应用题似乎与关于金钱的其他应用题相关。但如果突然提出一个关于时间但结构相似的新问题（与金钱无关），那么学生就很难找出并关联这两个问题深层结构的相似之处了。

怎样才能强化迁移过程呢？如果教师能发现问题中的相似和不同之处并将重点放在深层知识结构上，那么就好办了。教师可以提出以下问题帮助学生找出这些结构："如果我们改变了问题的这个方面，那么会发生什么？如果我们改变了另一个方面呢？现在它是同一个问题还是不同的问题？它现在是否与这个问题更相似了？"这样可以帮助学生确定问题的基本性质并找出可以使用的基本模型。另外，在多种情境下进行问题教学还能帮助学生认识到这些基础结构也适用于其他情形。

有时所选择的心智模型无法发挥作用，那么这时可能需要转换到另一个模型。韦恩·威克尔格伦在《怎样解决问题》（*How to Solve Problems*）中写道，"你可能会不断想到不恰当的方法尝试解决问题，因而觉得自己总是在原地转圈圈……即不断地产生同一类不适用的想法……想要走出死循环并尝试新办法的一个良好的开端是对自己一直在做的事进行分析……而不是思考问题本身。"[42]

正如威克尔格伦所建议的那样，在某个阶段，可能必须把问题放在一边，对所使用的心智模型进行细致的重新考察，才能重新评价某个心智模型的有效性并有意识地选择另一个模型。效能型问题解决者会对心智模型的选择和使用进行监控——这类监控被称作元认知（参见第六章第81页的论述），具有元认知的问题解决者都知道怎样在模型之间进行有效的转换。

避免误区

应当留意和避免一些与问题解决有关的常见误区。

缺乏足够的背景知识

尝试解决有挑战性的问题对教师和学生都很有吸引力。但学生需要足够的知识才能解决问题。如果不具备这个要素，那么整个体验就可能会充满挫折。但从另一方面来说，学生即使在未完全做好准备的情况下也必须开始练习解决问题。

误解问题

急着寻找解决路径可能会导致脑子里没有清晰的目标状态，对初始状态的了解也不够充分。初始状态信息会有两种情况：当你急着寻找解决路径时，好的信息被你忽略了，或者不相关的信息被你误当成有价值的信息了。下面袜子问题的例子，说明了弄清目标状态，并在初始状态时从不相关信息中找出重要信息是多么关键。

如果你的抽屉里按4∶5的比例放着黑色袜子与棕色袜子，那么你必须拿出多少只袜子才能保证拿到一双颜色相同的袜子？[43]

学生进行了各类有趣的尝试来解答这个简单的小问题。出于某种原因，他们很难注意到目标是用最少的次数拿出一双颜色相同的袜子。他们误以为需要拿出两双袜子或者目标是让物主重新整理装袜子的抽屉以解决这个问题。他们提出了各种担心（袜子是同一个尺寸的吗？）和规则（我拿出每只袜子后还需要放回去吗？）。他们想知道自己能否用眼睛看，然后又不好意思地承认如果能用眼睛看，那么这就不再是个问题。他们往往会忽略初始状态下最重要的信息（只有两种颜色），而且往往将重点放在不相关、误导性的信息上（黑色袜子与棕色袜子之比为4∶5）。一旦理解了这个问题，那么很快就能解决：在不看抽屉的情况下，如果有点运气，只要两次就能拿出两只颜色相同的袜子，但为了保险起见，只需要再拿一次就肯定能拿出两只颜色相同的袜子。如果误解了问题，为解决问题所做的努力就注定会失败。

隐含的预设

预设是从常识（或在缺乏常识的情况下）输入到问题中的约束条件，而且人们通常不会意识到预设的存在。预设会让问题解决者以某种方式给问题设定框架，并因此缩小了问题空间内选项的数目。找出并去掉预设可以让更多的潜在解决方案进入问题空间。

功能固着

我们会给某些物体或概念的已知用途贴上严格的标签，致使我们无法想象将它们用于其他用途，这种倾向称作功能固着。在我们的头脑中，螺丝刀就是用来拧螺丝的，因此很难想象将螺丝刀用于其他用途。但如果我们不再把它看成一把螺丝刀而是称之为小工具或小玩意，这种重新思考就能让它具备更多可能的功能。"当某个事物的名称未确定时，那么使用它的可能性似乎也不受限制。"[44]抽象概念也是如此，比如会计学或领导能力。

专家型和新手型问题解决者

为了更好地了解专家怎样解决问题，学者进行了多项研究。德格鲁特（de-

Groot）在20世纪60年代进行的著名研究中，让专家棋手和新手在下棋时把自己如何决定下一步棋的想法说出来，从而进行对比。[45]他的研究表明，专家和新手有着截然不同的思维方式。专家不一定会像他起先假设的那样，比新手思考更多的选项，但专家会思考更有战略意义的选项。他们的选择是根据熟悉的模式、常用的策略和棋子之间的关系做出的，而这些经验完全来自下棋时间的积累。专家级棋手的不同之处在于建构知识的方式。[46]

另一项研究也非常清楚地证明了这一点。研究中，他将已经学过一门物理课的大学生与物理学研究生和教授进行对比。[47]他要求两组研究对象对物理问题进行分类。大学生所在的初级组大多根据问题的表层情境进行分类，如斜面的问题、弹簧的问题等。而专家组则根据问题的基础原理进行分类：聚焦于能量守恒的问题分为一组，无论这些问题涉及斜面还是弹簧。专家能以一致且互相联系的方式理解问题背后的原理和策略，而新手往往只能建立肤浅的关联。

从上述研究以及将专家型与新手型问题解决者进行对比的研究中，我们可以得知：

（1）与创造力一样，问题解决能力需要以特定领域的高水平知识作为先决条件。正如约翰·布兰斯福和德巴里·斯泰恩所说的那样，"问题解决能力往往取决于某个学科的专业知识。我们解决问题的能力并不等同于一套解决问题的技能。"[48]我们可实际应用的知识容量有限，这也正是限制我们思考问题的因素之一。专家拥有高层次的背景知识，因此能使信息组块化，从而其可实际应用的知识容量也更大。

（2）专家通过建立高级知识结构来保有特定领域的知识；他们往往会建构实体模型或图表来呈现问题，通过这些呈现方式他们可以使用完整、连贯而具体的图式来想清楚问题。[49]

（3）专家善于确定信息是否与某个问题相关。他们知道如何提取重要信息，而且即使做错了也能在知情的情况下做出更好的选择。

（4）专家型问题解决者善于确定他们正在处理的问题类型。他们的脑子里有大量的心智模型，而且即使他们只知道问题的五分之一，他们也能在获得实际解决问题所需的足够数据之前对问题进行正确描述和分类。[50]

（5）专家型问题解决者能非常熟练地运用元认知监控解决问题的过程。他们集中精力于解决问题上，并在此过程中监控自己所做的努力。[51]

专家型问题解决者在相关学科中拥有更多的背景知识，而且能比新手能更好地运用自己的脑力资源。

从解决问题到做出决策

各个专业的大学毕业生都要经常参与人员聘用、项目计划或应对灾害应变等方面的决策。解决问题需要通过各种解决路径达到预期的目标状态，做出决策则涉及对利弊进行权衡并在众多替代方案中选择最佳（或者危害较小的）方案。决策不同于传统问题解决，通常没有唯一正确的决定；往往有几个可选方案，而决策的任务就是选出最佳方案。而且，解决问题时选择是好是坏往往只要对已知条件与解决方案进行逻辑推理就可以判断，但决策的结果通常必须经过时间检验。

解决问题与做出决策的共同之处在于它们都需要耗费认知能力，即有效地解决问题或做出良好决定所需的操纵各种脑力活动的能力。大多数决定都涉及很多不同的变量，而且需要进行多维度的比较。[52] 因此，做决策的核心挑战是判定需要考虑多少个维度以及哪些维度，并且知道如何对他们进行权衡。心智模型在这个决策过程中再次变得十分有用。正因为如此，本章将做出决策和解决问题放在一起讨论：两者都易造成思维混乱，但通过心智模型都能变得简单。

当然，无须使用心智模型也能做出决定，但使用模型后决定通常会更加明智。正如约翰·马伦（John Mullen）和拜伦·罗斯（Byron Roth）在《决策：逻辑与实践》（*Decision Making：Its Logic and Practice*）中所说的那样："有时当你没经过多少思考或分析，漫不经心地做出一个决定时，结果也挺好。这时你应当感谢你的幸运之星。但大多数时候，糟糕的决定带来的也是糟糕的结果。这样突显了一个事实——决策"过程"与决定能否带来良好的"结果"之间并不总是一致。当我们说某个决定很明智、合理或理性时，我们实际上所指的是做出决定时的想法，而不是它带来的良好结果。"[53]

糟糕的决策过程却带来了良好的决定，只能说是纯属巧合。我们进行决策时，往往有很多其他人是这些决定的受益者（或者受害者），在这个过程中我们扮演着受托人的角色。[54] 这也促使我们遵照决策模型，并定期评价该模型产生的结果。

基本的决策模型

采用心智模型做出决策有10个关键步骤。[55] 伴随着这10个步骤的解释过程，我们会提供一个人员招聘的例子（比如招聘一位教员或院长）对其进行辅助说明。

（1）确定价值观。价值观是对期望或有用事物理据充分的陈述。[56] 在决策理论中，合乎逻辑的价值观涉及组织内的个人或决策主体认为哪些是可取的目标，哪些目标相对其他目标更可取；而这些价值观会推动决策过程。一些决策模型采用"效用"这个词。这个决定会产生什么效用？在录用决定中，会有人问，填补这个职位空缺时最需要考虑组织的哪些价值观？

（2）确定结果。这个步骤的一个重要部分是确定能实现价值观的结果。在录用时，招聘人员会问，让这个人任职会带来哪些具体结果？而他们的目标是"做出能带来最大价值结果的选择。"[57]

（3）权衡结果。如果可能出现几种结果，那么这些结果不一定同等程度上符合我们的需要。部分结果的权重可能大于其他结果。结果可以进行评级加权。[58]加权过程可以确定不同结果的相对重要性。在做出录用决定时，招聘者会问，在可能获得的多个结果中，新录用者应当带来哪些最优结果？

（4）提出选项。决策时需要在选项当中进行选择。选项可以是不同计划、方案或人员。在招聘过程中，选项就是求职者。大量合适的选项可以提高决策的质量。

（5）识别选项的属性。选项总是具有一定的属性。在招聘过程中，这些属性就是应聘者的特征和品质。在这些属性中，一部分可以视为互补属性，即某个方面的弱势可以用另一个方面的优势加以弥补。[59]

（6）将属性与结果匹配。哪些属性最有可能获得预期结果？在人事决策中，需要把候选人（选项）的属性与预期结果的加权特性进行匹配，然后可以得出，哪些候选人的哪些特性最有可能带来最理想的结果。

（7）做出选择。应当认真考虑各种选项的属性及其怎样带来预期结果。在人事决策中，这意味着所选候选人的特性最有可能带来最重视的结果，从而实现组织的价值观。做出选择后应将它变成行动建议。

（8）从概率角度考虑选择及其后果。没有人能够保证决定会产生什么效果。即使是经过深思熟虑的人事决策仍然存在成为不良决定的风险。这就是为什么预测也属于决策的一部分，而且选择通常都要从概率角度考虑。因此应当从可能结果和后果的角度对决定进行辩护。由于结果是不确定的，因此人们必须了解其不确定的程度，然后考虑其后果，决策理论家将其称作期望效用理论——即后果中存在多少效用（或隐患）。

（9）预测结果有多大可能发生。概率被描述为"打赌的意愿"。[60]如果你愿意打赌，这场赌博是必定会赢，还是存在一定风险呢？如果存在风险，那么风险有多大？在人事决策中，可能的结果是由几个变量（所选求职者的属性）组合起来决定的。这些变量就是你下的赌注。人们必须预测某个决定最可能产生的结果，并依据一定的基础做出这类预测。

（10）使各步骤保持一致。检查价值观、结果、选项、选项属性和实际选择之间的一致性。使用这个模型时，容易产生过于关注过程的某个方面的倾向，例如过多地关注确定结果或提出选项。在人事决策中，这样做可能会导致花费过多的时间在进行职位描述（结果）或者建造庞大的求职者（选项）人才库上。要想让这个模型运行起来，必须让所有步骤都发挥作用并保持高度一致。

决策误区

与解决问题一样，决策也有自身的误区。

一厢情愿

一厢情愿，有时也称作"波丽安娜效应"（Pollyanna Principle），是指过高估计成功的概率、只看到某个决定可能带来的良好结果、极力淡化或否认风险存在的倾向。[61]专家型决策者会切实地对风险进行评估，而且会思考错误决定会带来什么样的后果。[62]当然，选择某个选项有可能是错误的，但不选择这个选项也可能是错误的。风险表现为错失的机会，也表现为重大的失误。就一般决策模型而言，持一厢情愿想法的人往往会过高估计某些选项的属性、夸大这些选项达成结果和实现价值观的方式，或者过高估计某个选项的效用和概率。

圈套

大多数决定都是以其他决定为背景而存在的，而且某个决定（尤其是不良决定）会对另一个决定造成影响。[63]有时，先前已经证明为不良的决定已经耗费了大量时间、金钱和精力。如果组织中的某个人或全体人员已经做出了很大的投入，那么他、她或他们可能会持续陷入先前决定的陷阱中，很难为目前的决定做出不受之前影响的、崭新的、理性的选择。当然，避免这个误区的最佳方法是将不同的决定分开来看，并单个进行分析。

权衡取舍

决策者愿意为了某个结果放弃另一个结果，或者因为有另外属性的补偿而不管某个弱点或缺失的属性，这就是在权衡取舍。[64]我们要问：放弃了什么？它有多么重要？决定的权衡取舍是否真能补偿损失？在商业上，权衡取舍往往包含机会成本，即不采取一系列特定的行动可能造成的实际的可衡量的成本。一旦做出一个权衡取舍的决定，那么就存在做出其他权衡取舍决定的倾向，这种倾向有时又称为滑坡效应。陷入一系列妥协性的权衡取舍，最终会形成一系列不良的决定。这种连串反应可以通过制定指导原则控制，即为没有商量余地的事项设定底线。

厌恶损失

厌恶损失并非指损失的可能性,而是指我们不得不放弃某个已有事物时蒙受的损失。请参考以下实例:史密斯先生以每瓶 5 美元的价格买了一箱葡萄酒。几年后有人出价每瓶 100 美元收购这些葡萄酒。虽然他从来不购买超过每瓶 35 美元的葡萄酒,但他拒绝出售。[65] 为什么呢?因为这样一来史密斯先生就不得不舍弃自己的酒了。虽然这是一个极好的机会,而且无疑能顺利通过任何决策模型的检验,但对损失的厌恶成了这笔交易的拦路虎。

赌徒谬误

在所谓的"幸运轮盘游戏"中,人们往往认为如果数字 7 已经出现了两次,那么它再次出现的可能性就不大了;如果数字 7 最近没有出现,那么它应该就要出现了。但在真正随机的情景中,每转一次轮盘,上面的每个数字都有机会出现,因为轮盘没有记忆功能。在大量的转动之后,随机分布的特点逐渐显现,但在任何一段有限的时间内,轮盘不会记住哪些出现过哪些未出现过。在随机情境中根据记忆来进行判断的不理性倾向就称作"赌徒谬误"。可能的结果不太可能像轮盘那样随机,但人们仍有可能按照赌徒谬误的方式思考。[66] 诸如"该我赢了"或者"现在轮到我们了"这类语句中,我们可以看到非理性决策的迹象。

误解趋势

与预测结果有关的另一个误区是对趋势的理解。只有形成趋势的所有因素都保持不变,趋势才是真实可信的。但如果趋势的判定是建立在有限数据的基础上,那么这些趋势一开始就是不可靠的。[67] 例如,在一家小型农村医院里,60% 的新生儿是女孩的趋势并不稀奇,因为新生儿人数太少,无法像大型城市医院那样最终达到平均。因此预测某个决定的可能结果时需要谨慎地使用趋势数据。

教师应如何推行心智模型学习法

要学会解决问题就要让学生亲自动手去解决问题。同样,要学会做决策就要让学生亲自动脑做出决策。虽然人们随时随地都需要解决问题和做出决策,但他们并没有因此就提高了解决问题和做决策的能力,或避免常见误区的能力,因为他们不理解相关过程,也没有获得相应指导。这就需要使用心智模型教学法,并通过案例、实验和专题训练,让他们有机会在专业指导下培养解决问题和决策能力。参考以下这位商业教授是怎样使用案例的:

格兰登·吉尔（Grandon Gill）在南佛罗里达大学任教。在企业信息系统这门课程中，他通过案例研究帮助学生培养对信息技术的实施进行决策的能力。"学生必须认识到，能否有效使用信息技术在很大程度上取决于所使用的组织和管理环境，"格兰登说道，"而这些都是比较复杂的决定。"在每周一次的案例研究中，学生需要用两三个小时的时间准备案例、详细阅读案例、记下笔记、确定哪些是相关信息、哪些是次要的信息并准备一份要点总结。虽然格兰登没有在案例研究前预先提出问题——他希望完全模拟真实情境，个人必须自行确定相关信息——但他提供了一份案例准备工作表，帮助学生对决策过程进行组织。工作表为学生提供了信息技术决策的心智模型。这个模型通常包括识别当前环境和利益相关方，确定每一个因素的正面或负面影响，针对案例中的主角所面临的情境进行SWOT（优势、劣势、机会、威胁）分析，列出并分析所有可能的替代方案及其附带的影响和反馈。在课堂上，首先在案例研究前提出书面问题，从简短的讨论开始案例教学，回顾案例的重点。格兰登会冷不防地点名叫学生介绍案例并提出初步的建议，当然这也是激励学生课前预习的一种策略。接下来的讨论是案例教学法的精华所在。"我在引导讨论时并非扮演一个指导者的角色，应该说有点像一位'有效的推动者'。我的主要职责就是提问并通过问题引出案例的细节。"格兰登总是在每堂课结束时留出时间让学生概括与综合，对讨论和决策过程进行反思，并"帮助学生更好地了解哪些类型的情景可能会用到该案例中学到的知识。"[68]

推行案例教学法

将案例用于教育的观念虽然在犹太教法典传统中很常见，但一般认为直到19世纪80年代，克里斯托夫·兰德尔（Christopher Langdell）才将案例引入哈佛法学院，1909年，哈佛大学校长劳伦斯·洛威尔（Lawrence Lowell）创办哈佛商学院时也提倡使用案例。[69]洛威尔得出了关于商业教学方式的惊人结论："商业训练中的案例教学法被认为是为今后从事商业工作做准备的最佳方式，因为银行家、制造商、销售商或运输商对问题的讨论主要在于识别某种情景中的基本要素，并将组织和交易原则运用于这些要素。他们最重要的工作就是解决问题，为此他们必须具备快速分析与综合的能力。"[70]

哈佛大学似乎是将案例教学法用于学习在组织内解决问题和做出决策的发源地，而且迄今为止哈佛大学教职员在案例教学和案例提供方面都是执牛耳者。

案例教学法是一种"以讨论为导向的主动学习模式，通过来自复杂现实生活的案例问题进行训练。"[71]迈克尔·林德斯（Michiel Leenders）和詹姆斯·厄斯金（James Erskine）在《案例研究：案例编写过程》（*Case Research: The Case Writing Process*）中对案例教学法定义为："案例教学法是指以案例作为教学载体，给予学生自己扮演决策者或问题解决者角色的机会。通过反复进行个人分析、与他人讨论、问题界定、确定替代方案、阐明目标和决策标准、选择行动和实施计划，学生能够在实验环境中培养分析和规划的技能。如果用一个医学的类比，那么案例就是可供学生练习的尸体。"[72]

案例教学法的本质是解决问题和做出决策，因为案例需要由学习者找出解决方案并阐述具体行动过程。正因为如此，案例教学法包括讨论、分析和案例报告。[73]

虽然教师有时会使用准备好（现成）的案例，但案例素材越真实、越相关，就越有可能保证有意义的学习。哈佛大学虽然是创建现成案例的鼻祖，但哈佛大学的很多案例是为高层管理人员设计的。有些学生不太可能在毕业后不久就晋升到这些职位，因此需要准备相关性更高、更适合他们的案例。在上一节格兰登·吉尔的实例中，他使用了以中小型本地公司为背景的案例。很多其他案例素材通过互联网搜索很容易就能找到。

教师可以借鉴以下几类案例：

（1）传统案例——传统案例一般都提供详细的背景信息和当前信息，会介绍关键决策者，提出问题或者寻求建议，整个案例可能会分阶段展开。在传统案例中，参与者需要提前阅读案例、为分析和讨论案例做好准备并最终汇报自己的建议。

（2）真实案例——真实案例是由宾夕法尼亚大学沃顿商学院的沃尔特·B.墨菲（Walter B. Murphy）最先提出的另一类案例。这类案例包括一份简短的书面陈述，并安排来自相关组织的实际经历了这个案例的一位机构代表进行现场演示。[74]参与者需要就这个案例做一份报告，现场演示者审阅这些报告后在下次造访时会告诉学生这个案例的实际结果。

（3）关键事件案例——这类案例又称作皮格斯案例，通过对关键事件的演示，激励讨论主持人（掌握事实的人）较为详细地回答问题，从而为案例提供事实依据。[75]参与者需要集中注意关键因素并用图表呈现议题，提出理由充分的意见，然后全面反思整个案例，最后回过头来重新思考案例的某些方面。

（4）临床案例——有时案例适合做出诊断结论，在社会工作、心理学、医疗或护理领域常常出现这种情况。在这类案例中，一个具体情景，往往会涉及某个人，汇同一些相关信息和不相关信息一同呈现。某些信息一开始并不会提供给学生，因为作为学习过程的一部分，学生需要决定问什么问题或者收集哪些信息。这样做的目的通常是为了选择适当的模型或看待问题的框架，以便进行诊断或计划行动过程。

由于一些案例很长,需要很多时间准备,因此教师有时可能需要使用节选案例、单一问题的案例和关键事件。对案例进行比较也很有帮助。在一项研究中,明确要求同时分析两个鲜明对比案例的学生比逐个研究这些案例的学生表现出更多学习迁移。[76]因为这个过程会要求学生有意识地寻找和识别这两个案例中的要素,而这些要素对所传授的模型的宏观结构非常重要。

管理和推动案例教学是一个充满挑战的过程,很多教师都是通过反复尝试得出经验,但实际上他们只需要从案例教学经验丰富的教师那里寻求指导就可以了。教师能围绕关键问题来建构案例讨论。熟练的教师可以让这个讨论过程看上去是由学生自发推动的,但实际上是由教师有意识引导学生对案例的主要论题和重要方面进行讨论的。[77]

推行引导性或开放性实验以及问题导向学习法

科学实验室为学生提供了通过实验来学习解决问题的良好机会。通过实验,学生能亲身体验到某个问题的不同方面是如何影响总体结果的,或者调整某个单一变量会怎样产生不同的结果。有时,科学实验会最终沦为公式化的练习,学生按照明确指示完成实验,却几乎不知道结果有什么意义或者整个练习的重要性何在。20世纪70年代,马歇尔·赫伦(Marshall Herron)设计了赫伦量表,用于确定某个实验结构化程度。依据教师是否提供了问题或程序、解决方案是否已知,该量表分为四级:验证性、结构化、引导性和开放性。在某些课程中可能所有级别的实验都适用,因为学生需要一定的基础知识才能有效运用心智模型,但只有在引导性或开放性实验中学生才会实际提出需要探究的问题或解决问题的程序,因此这类实验才能真正培养心智模型专业运用能力。效能型实验教师会将实验的重点放在活动的原因方面(即为什么建立这个模型),也会放在结果的相关性及其如何与本课程中其他问题的关联上。

自然科学的教师无疑十分熟悉一种以问题为导向的教学方法——问题导向学习法。这种方法最早在医学领域普及,但现已广泛应用于多个学科。这个模型起源于20世纪70年代加拿大麦克马斯特大学医学院的教学改革,从那时起该模型就得到了广泛的应用。在医学教育中,实验室和诊所在学习中发挥基础性的作用。问题导向学习法将教学转换为临床案例情境下的概念探索。学生会被分成不同小组,每个小组会分配到一个临床案例,他们必须自行确定已知信息、需要获取的信息以及获取所需信息的方法,才能对案例做出诊断。学习成果不仅仅是产生一个诊断结论,还包括在这个过程中学习医学的基本知识和解决问题的技巧。与一般预先提供给学生心智模型的案例和专题不同,问题导向学习法的重点是让学生设法自行选择或建立适当的心智模型。

问题导向学习法已经推广到其他许多学科，而在不同情境下使用问题已成为传授心智模型的一种有效方式。教科书每章末尾的问题往往都是定义明确、只有一种答案的问题。这类问题不需要学生对问题进行界定，也不需要决定采取哪些步骤来解决。[78]学生最终采取的解决办法只不过是在相应章节中找出一个看上去相似的问题，并套用其公式或算法。相反，训练使用心智模型的问题关注的是对采取的程序或使用的公式做出决策的过程。问题可以改写成开放式、真实的、意义不明确的问题，教师也可以根据真实应用情境自行设计问题。这类问题应当有足够的挑战性，但也不要太难，以免学生灰心。[79]很多此类问题都是分阶段设计的，因此重点始终在所涉及的过程和步骤上，而不只是集中在解决方案上。

利用专题项目

专题项目可能会像案例或实验那样以问题描述、事件或有待决定的问题作为开头。学生可以独立完成，但往往都是以小组形式合作，收集数据、向关键人士寻求建议、提出并检验解决方案，然后时常碰头以检查进度。真正的专题项目往往涉及某个实际问题或是针对实际决策的准备，这项任务会更严肃，因为结果会有实际作用。某些专题项目需要几周时间才能完成。为解决问题和决策而组建的专题项目小组通常有一位项目组长、确定的各个截止日期、应交付的结果以及定期向教师咨询的机会。

扮演好合适的角色

教师在案例、实验和专题中扮演什么角色？作为规划者，教师需要选择案例、实验活动或专题项目；阐明目的；根据需要提供额外的事实信息；并向学生示范提问、总结和反思整个沟通过程。教师不仅是活动的管理者，也是活动的咨询者、指导者和技术顾问。[80]教师必须能出色扮演及转换这些角色，并把握正确扮演时机。作为解决问题和决策的幕后专家，教师需要不断督促学生在解决问题时保持系统性，而不能毫无条理地尝试。教师应当将活动视为学习解决问题和决策的潜在载体。最重要的是，教师需要耐心而持续地询问学生使用了哪些心智模型及其使用方式。以下为实例：

曼朱·巴特（Manju Bhat）在温斯顿萨勒姆州立大学教生理学和生命科学。在解剖学和生理学等课程中，他将学生分成小组并让他们解决真实的问题，从而以这种方式开展实验工作。"除了详细了解人体的解剖学和生理学知识之外，我还希望学这门课的学生用科学的方法深入了解人体器官系统在维持体内平衡时涉及的生理互动和补偿机制，"曼朱说道，"实验环节不应被视为一个独立的实体；相反，学生可以通过运用基本解剖技术、组织学研究和代表性脊椎动物的相关生理现象，将课本知识与实验过程结合起来。"在一次典型的问题导向学习体验中，曼朱以简短的演示作为开头，然后让学生自行组织2～3人的小组通过研究模型来确定解剖结构。随后曼朱提出一个问题，并鼓励学生运用课堂上学到的所有知识和可利用的资源（实验室手册、在线工具等）提出解决方案或解答问题。这类问题往往被描述为真实的生活情境。"我发现使用现实生活情境实例时，学生往往对学习表现出更浓厚的兴趣，也更乐意参与到小组讨论中，而且经常能将问题与自己遇到的实例联系起来，"曼朱说道，"他们可以看到自己所学的身体结构和机能是怎样运用于真实情景的。"例如，在学习皮肤系统时，学生需要研究皮肤的总体结构、分层、细胞类型及其功能。他们会探索表层死细胞是怎样脱落并被新细胞取代的。他向学生介绍了一个问题情景，其中肤色较浅的蒂莫西·琼斯（Timothy Jones）整个春假都躺在佛罗里达海滩上晒太阳。他回来时肤色变深了，大约过了六周他的肤色才恢复原样。他要求学生对此做出解释：琼斯的肤色是怎样变深的？其中的机理是什么？为什么需要六周时间肤色才会还原？等等。另外，学生还探索了防晒油有什么影响；为什么深肤色的人不太容易患皮肤癌等更深一层的问题。"一些学生发现很难将所学的事实与概念（在这个实例即为皮肤的结构组成）及其功能意义联系起来。而这正是这些问题的用意：让学生探索这种关联并看清事实之间是怎样相互关联的。"[81]

如何评价心智模型学习法的学习效果

提倡使用心智模型的教师实际上是希望学生思考并反复考虑他们用于解决问题和做出决策的基本知识结构。这样做的目的是想让学生保持系统性的学习。因此，对这种学习方法的评价重点在于帮助学生展现他们使用的思维模式及其所用信息的组织方法。要求学生展示自己的成果、说明自己的思维方式对这种学习方法而言非常有效。

有助于心智模型开发的形成性评价方法可以帮助教师知道学生如何组织自己的知识。一些常用来展现思维过程的课堂评价方法可以进行改编使用：要求学生对各类问题或某个问题的不同方面进行分类；能识别样本的问题类型、为重要的变量绘制概念图；或者根据是否具备某些特征对问题进行分类。[82]

需要进行总结性评价时，只要能将思维过程直观地显示出来进行评价，就可以通过基于问题的测验来评价概念理解情况。让学生以口头或书面的方式描述他们对模型的使用，或说明他们解决问题的方式，以此揭示他们所运用的过程。其他一些有效的方法包括在创建专题项目或完成实验期间为某些事件的完成设定期限，在案例讨论的不同阶段让小组提交报告，或者教师在整个过程中对学生完成的任务提供反馈并澄清相关概念。最终结果自然很重要，但误打误撞有时也能得到绝妙的解决方案。学生交给老师评定的作品不仅应当包含所得出的结论，还应当包含得出结论所采用的方法。

对小组案例或专题项目的完成进行评定可能比较困难，成品是书面报告时更是如此，因为写作很难以团队协作的方式完成。一般情况下，大部分写作任务是由一位或少数学生完成的。同样，进行专题项目演示时也可以分解任务，每人承担一部分，到最后每位学生所能学到的内容只限于自己所完成的那部分。但实际上专题项目的目标是让所有学生都能理解整个过程，并能解释解决方案或决定是如何形成的。在心智模型中采用小组形式时，教师可能需要对单个学生的成果进行评分或审阅。第八章中关于对小组或团队合作进行评定有很多同样的经验也适用于这种情形。

米凯尔森（Michaelsen）、奈特（Knight）和芬克（Fink）针对一类特定的小组学习提出了一种方法来解决这些问题，当然，这种方法也适用于心智模型。[83]他们建议给学生布置一些复杂的案例或问题，其中虽然包含难理解的概念，但同时也提供了能以简单的形式呈现的选择，比如提问"你会选择选项 A、B 还是 C？"提供有待论证的明确选择后，问题的焦点就从最终结果转移到了做出选择的过程上，即对不同选择的各种基本原理、思维模式和后果进行比较。评价过程应当尽可能体现这样一个事实——运用心智模型时，学习主要发生在过程中，而不是最终结果中。

适合心智模型学习法的技术

与其他学习方法一样，很多技术可以帮助教师使用心智模型进行教学。概念图软件、电子表格、图表和图解，以及其他大量的软件程序可以帮助学生直观地显示相关数据。同样，计算机模型可以帮助学生探索各组成部分之间的相互作用，协助学生用模型解决问题和做出决策。作为信息加工工具，计算机可以帮助人们解开困惑。

网络的便利让人们很容易就能获得很多问题和案例。例如，最著名案例研究来源——哈佛商学院出版社有 13 000 多个案例可供多个学科的教师使用。[84]

其中多媒体案例大多包含音频和视频片段、交互式图表或数据集供学生研究。十多年来一直在问题导向学习法领域领先的特拉华大学拥有大量经过同行评议的问题。[85]特拉华大学的信息中心、在线教与学多媒体教育资源及其他网站中包含了大量的由教师创建的各类案例、专题项目和问题，可供其他教师免费使用。[86]

另外，还有一些技术可以帮助教师了解学生的思维过程。由于能查看到一个小组专题项目发展的过往记录，维基不仅提供了一个平台以让教师了解做出了贡献的成员，还能深入洞悉专题项目的变更、修订和开展情况。学生可以记笔记时还可以使用智能笔录音，或者使用其他音频工具来完成解决问题的任务。学生边解决问题时可以边说出自己的想法，从而提供给教师分析其解决问题的方法和解决方案的依据。

最后，大量容易获得的信息为学生提供了考察问题和决定所需的背景资料。但应当注意的是，大量信息不一定能在学生使用心智模型时提供帮助，实际上还可能让他们无法集中精力进行有挑战性的心智操作。身为学科专家，教师可以帮助学生区分相关信息与不相关信息之间的差异，并识别最有价值的信息来源。大多数教师都是各自专业领域的搜索专家，因此也要教授学生这样一种专业技能。信息收集完成后，教师应当意识到有必要让学生回过头来继续完成这项艰巨的任务：通过心智模型解决问题和做出决策。

最后思考

在几乎任何学科中，使用心智模型的熟练程度都是区分新手与专家的标准之一。除获取知识或练习技巧外，发展心智模型还可以帮助人们将大量信息整理成有意义的结构，以方便日后使用。学生可以通过练习掌握用于各自领域的相关模型，以便可以将知识转换成解决问题和做出决策的能力。

要点回顾

希望有效运用心智模型学习法的教师应当采取以下措施：

- 认识到学习解决问题的最佳方式是解决问题，而学习决策的最佳方式是进行决策。
- 让学生相信解决问题和做决策的技巧是可以学习的。
- 搜集或编制适当、相关的材料让学生练习（问题、案例研究、实验活动和专题项目)。
- 确定解决问题所需的步骤或阶段。
- 确认学生拥有解决问题所需的相关背景知识。
- 分享解决问题和决策的实用理论并帮助学生针对问题选择恰当的心智模型。
- 向学生示范怎样有效地使用心智模型。
- 帮助学生区分干扰信息和相关信息。
- 利用计算机技术查找并呈现信息。
- 始终将重点放在过程和步骤上而不是最终解决方案或决策上。
- 如果情况没有按计划发展,则重新查看常见误区。
- 运用形成性和总结性评价手段帮助学生展示思维过程和心智模型的使用。

第八章

基于群组学习法的教学
——探究态度、感受和视角

预期学习成果 学生学习什么	学习方法 渊源和理论	常用方法 教师教授什么
探究态度、感受和视角 对态度、偏见及其他视角的认识；协作能力	**群组学习法** 人类传播理论、团体咨询理论	团体活动 小组专题

这种学习是否涉及改变意见、态度和观念？它是否需要根据多个角度的认识形成理解？它是否涉及感情？它是否培养同理心？其中是否涉及团队合作或协作？**群组学习法**能有效地达成这些学习成果。

一位政治学教师在美国政体课程中以小组形式探讨有争议的问题。课上他简短描述一些假设情景来发起讨论，让同学交流观点并通过进一步研究支撑自己的观点。这位教师是怎样对小组进行管理，遇到双方意见僵持不下时是如何保证同学话语权的呢？

人类的重大成就往往是团队合作的结晶。电影的拍摄、交响乐的演奏、摩天大楼的设计、桥梁的建造、心脏移植、太空飞行、外来疾病的病因诊断都需要通过团队合作完成。团队合作不但在医疗机构的医疗工作中被经常使用，而且也在组织环境中被用于研究态度和情感、探索多元视角、培养所谓的"情商"以便改善工作关系。目前大多数组织机构都依赖某种群体决策或团队协作来实现自己的目标。

实际上，与同事有效合作，并对群体做出积极的贡献是社会对大学毕业生的基本期望。如今完全依靠个人独自工作的职业几乎不存在。工作环境也变得日益多样化和全球化，个性迥异、来自五湖四海的人员协作完成一个共同项目是非常普遍的现象。不幸的是，协作并不是人类与生俱来的能力。尽管研究表明蜜蜂、蚂蚁和鹅可以凭借本能进行合作，可是人类却往往需要经过教育才能学会协作。群体为探索和改变意见、态度和视角提供了一种有效的手段，而团队对于传授人类协作技能非常有用。这就是采用这种学习方法的两个主要原因。

很多让学生以小组形式合作的教学方法与我们所说的群组学习法差异甚远。例如，在课堂上让学生与邻座同学讨论几分钟可以帮助达到信息加工和理解等目标。让学生在开始案例研究前加入临时讨论小组有助于解决问题和进行决策。虽然这两种策略都很实用，但这类活动并不属于我们所说的群组学习法。现在人们谈论教学时，会提到基于团队的种种教学途径，我们希望择优介绍几种，然后再分享我们认为是根据群组本身的特性发展出来的独特学习方式。

合作学习。合作学习在 K-12 教育（从幼儿园到 12 年级）领域被长期采用、研究。从 20 世纪 80 年代起，在众多学者（尤其是罗杰（Roger）和大卫·约翰逊（David Johnson）兄弟[1]）的努力下又在高等教育领域流行开来。合作学习通常在整个学期内频繁进行结构化活动，其中学生以成对或 3~4 人小组的形式进行学习。通过这种形式，学生共同就给定的一套问题寻找正确或最佳解决方案，同时教师给予及时指导，保证他们跟上进度。经过多年研究，约翰逊兄弟发现了这种方法具有很多学习优势，并确定了成功的合作学习团队必不可少的五个要素：积极互赖、促进式互动、个体和群体责任、团队合作技能以及小组自评。[2] 合作学习强调学生在学习过程中的相互帮助。

协作学习。这个词也用于大学课堂上的小组活动，但这种方法与合作学习存在明显区别。合作学习围绕着怎样通过协调一致的合作找出正确答案，而协作学习往往鼓励异议和分歧。[3] 协作学习的学习形式是成对或 2~6 人的小组，通常小组结构较为松散，小组的目标也是开放式的，没有正确答案；教师是学习团体中的一分子，而不是充当权威的角色。[4]

团队学习。团队学习的支持者认为，团队学习超出合作学习及协作学习的地方在于以小组形式改变了课程的性质和结构。[5] 团队学习可用于获取学科专业知识，培养应用知识的能力和团队技能。全班分成 5~8 位学生组成的小组，小组在整个学期内保持固定。交替进行课内和课外活动，可以将团队合作与个人活动结合起来，其中课内小组活动的重点是实际运用和解决问题。教师持续向个人及小组提供反馈，但与合作学习及协作学习不同，团队学习不旨在培养小组自评的技能。相反，为了避免小组自评的问题，针对活动的任务都只需做出一个明确的选择。这类任务以复杂问题作为基础，涉及复杂的选择，小组需要讨论这些选择，为他们的选择提供依据，但这些选择都以简单的形式呈现出来，例如选项 A、B 或 C。这样，小组结果很容易鉴别，也很容易给予即时反馈。

问题导向学习。问题导向学习法最初是为医学院设计的，需要将学生分成 9

~10人的小组完成临床案例。这种方法在小组结构和运作上很像合作学习法，虽然导师的作用只是辅助学生。问题导向学习法涉及非结构化问题，这些问题的重点在于通过小组的形式让学生鉴别素材中的要点。解决问题学习法已在第七章进行了论述。

群组学习法的重点可能很容易与其他学习方法相混淆，因为几乎任何教学方法都能涉及学生的共同协作。只是将学生分成小组并不一定就是采用了我们所说的群组学习法。我们使用群组学习法时，着重点在于个体共同探究态度、意见、信念、观点、视角和情感时产生的内在优势。学生可以通过这种方式了解自己观察世界的角度与别人有什么不同，学会肯定这些差异并能在理解和认识上达到新的境界。高等教育是一项高度依赖大脑的事业，很多教师，包括经常使用群组学习的教师，不一定会赞成应当解决学生在学习过程中的情感问题。但实际上，情感是群组学习法的主题。当利用群体的内在属性和优势来探究多种意见、态度和视角并培养团队合作及协作技能时，群组学习法才发挥了它最大的效用。请参考以下实例。

莱蒂西亚·萨拉（Leticia Sara）在红石社区学院教政治学时一般让学生以小组形式探讨有争议的问题。在她的美国政体课程中，她以小组作业的形式向学生传授最高法院的相关知识。她说道："除了最高法院运作方式的基本知识之外，我还希望学生了解公民自由和公民权，以及确定公民自由的复杂程度。"她的学生以小组形式合作，编制一个与公民自由问题有关的陈述稿，例如某场有争议的艺术展，或者接受公款的慈善机构的宗教自由。例如，一个小组分到了关于公众言论的以下情景：

在美国与阿富汗爆发战争期间，一些来自中东地区的学生在校园的繁华区域预订了一张桌子，以发放批评战争的印刷品。他们举起一条很大的横幅，上面写着："美国军队滚出阿富汗！"一群愤怒的学生聚集过来，试图撕下横幅。这时发生了推搡，校警闻讯赶到现场。这群学生要求将横幅取下。桌子旁的学生要求校警将这群学生赶走。这时校警应当怎么做呢？

学生在课上和课后聚在一起处理这个问题，寻找资料来支持各种观点并编制陈述稿。学生一般会寻找并向其他人呈现真实的诉讼案件，这些案件要么支持要么反对在此情景中所做的决定。在班会上，莱蒂西亚会给每个小组提供指导和反馈。"学生一般会选择自己赞同的一方进行辩护，但要避免争论，最好鼓励学生代表他们不一定赞同的一方。"莱蒂西亚说道。这样做还能让他们了解社会科学家在进行客观研究时所面临的挑战。"我们在这项任务中的目标是探究问题的所有方面，而不是输赢，"莱蒂西亚说道，"这样可以让学生感到更自由、更轻松，因为他们能够支持自己的意见。我还发现，一旦他们考察、研究了实际案件，那么他们就会更尊重他人的意见。讨论过程很文明但很热烈。"[6]

群体动力

群体有哪些内在属性使之成为有用的学习载体呢？人们被分成小组时会不会出现可预测的行为模式呢？为什么群体会被用于组织环境和学习呢？运用群组的五个主要原因如下：

（1）个人力量不足时就需要使用群体力量。某些工作只需要叠加个人成果。但在总成果要大于个人力量总和的任务中，就存在着聚合效应。聚合效应红利指的是超过最能干成员的潜能，也超过群体成员独自工作时的力量总和的生产力。[7]群体力量始终胜过个人力量，因此群体可以用来完成需要协作的工作。[8]

（2）群体可用于激发创意。研究证明，群体能比个人独立工作形成更多的创意。这不只是把人们的想法简单地集合在一起，而是群体过程的某些机制能激发更多创意。对群体问题解决研究的一项早期回顾显示，群体产生的创意要比各自工作产生的创意多出60%~90%。个人提出的可选方案往往少得多（他们会止步于一个解决方案），而且提出的解决方案远不如以群体形式讨论出来的方案那么富于想象力。虽然无法保证群体一定能提出最佳创意，但他们通常可以形成更多创意。

（3）群体可用于改变思想观念。人们持有的意见、态度和观念与其群体成员和其身份认同一致。观念往往根植于群体依附关系，而且不一定像我们认为的那样依赖于个体思考。因此，意见、态度和观念不太容易通过理性论证或劝导（即诉诸理智）加以改变也不足为奇。如果意见、态度和观念确实发生了变化，那么这种变化往往也是参照群体或从属关系的变化造成的影响。[9]群体可以帮助人们克服恐惧、审视自己的保留意见及固有观念、扭转偏见并形成更积极的态度。因此，群体对于考察心理问题特别有用，因此心理学家称之为"情感性学习"。

（4）群体可用于扩大参与范围并培养归属感。库尔特·勒温（Kurt Lewin）的早期研究证明，人们对通过群体合作获得的结果接受程度更高。[10]如果群体成员有机会在群体中进行讨论，他们更有可能接受某个结果（即使他们不完全赞同）。关于管理、领导力和组织变更的大量文献资料都强调了涉入（参与并融入）在提高人们对新观点和变化的接受程度中的重要性。群体能使参与者对结果产生主人翁意识和归属感。

（5）群体可以引入不同的视角来深化对主题内容的理解。了解他人对问题的思考和理解不单可以让个人更深入地理解他人的态度，还可以帮助个人用全新的眼光看待自己的观点。这样一来，个人更能看清自己的观点、偏见和盲区，并逐渐理解以非正式方式从他人那里获知的替代方案。[11]

在涉及情感和视角探索的情感性学习中，群组学习法成为教师的首选方法。这种学习方法是怎样被发现和发展的？群组有哪些特点让它具备促进学习的潜力？虽然巧妙的群体活动充满乐趣，但教师应当掌握运用群组学习法的哪些要点才能让学生从这些活动中得到实际收获呢？

群组学习法的起源

几个世纪以来，人类为了各种各样的目的组成群体，而且赋予这些群体特殊的名称，例如公会、理事会、论坛、公社、圣会、剧团、团队和商社。群体也被用于教育领域，从追随孔子或柏拉图等游士的团体到中世纪行会。在现代，群体以更加明确的方式用于教育领域。对群体的正式研究始于何时？又有哪些关键人物对群体过程中的教育潜力进行了探索、识别和利用？

将群体有意识地运用于教育和医疗目的始于工作场景。20 世纪 30 年代，西方电气公司的埃尔顿·梅奥（Elton Mayo）和同事进行了一套经典研究，揭示了人员因素在职工生产力中的重要性。[12]虽然生产力与改善的工作条件（例如照明）不无关系，但结果表明，研究者将职工作为一个群体所给予的个人关注是最重要的因素。这项发现催生了人际关系运动。

1946 年，有件意外事件推动了这场运动，当时库尔特·勒温及其同事正在对社区领导进行群体训练。勒温当时在麻省理工学院担任教授，因对群体动力学领域的研究而十分闻名。他每晚与同事一同讨论当天发生的群体过程。部分受训者开始出席这些讨论会，参与对他们自身的行为及其对群体的影响所进行的公开讨论和分析。[13]勒温及其同事发现，当群体成员客观地面对别人对自己行为的阐释并勉励自己不带抵触情绪地去思考这些阐释时，就会产生有意义的学习。研究人员开始为观察结果建立理论，而且想办法对群体体验进行建构，以增强这种学习。

1947 年夏季，勒温去世后不久，他的同事在缅因州贝索尔碰头，发起了第一批正式的群体训练计划，训练中，教员会协助群体讨论其行为。[14]这种群体后来被称作 T 群体或基本技能训练群体。1949 年，勒温以前的同事在国家教育协会的赞助下成立了国家训练实验室。

认识群组学习法中学习过程的另一个重要历史渊源是卡尔·罗杰斯（Carl Rogers）的研究工作。1946年和1947年，在勒温及其同事在东部开展研究的同时，芝加哥大学咨询中心的罗杰斯及其同事正在对退伍军人管理局的个人顾问进行培训，帮助他们更有效地处理二战退伍军人的相关事务。用罗杰斯的原话来说，"我们的研究人员发现认知训练对他们毫无帮助，因此我们尝试了一种高强度的群体体验：让受训者每天聚在一起几个小时以便更好地认识自己，了解咨询关系中可能会让自己落败的态度，以及建立能延续到咨询工作中的互助关系。"[15] 罗杰斯负责的芝加哥团队将重点明确放在个人发展上，这与勒温和国家训练实验室建立的训练群体略有不同。最终，罗杰斯搬到加州住，并参加了那里进行的会心团体运动。在加州，群体运动中的另一股势力借鉴了马斯洛（Maslow）、雷奇（Reich）和荣格（Jung）的研究成果以及东部的各种宗教传统，以人本心理学的名号不断发展。20世纪60年代，独立训练中心伊沙兰学院在加州北部成立，会心团体的主张在此被表达得淋漓尽致。

认识这种学习方法的另一个历史渊源是群体治疗。虽然群体治疗的概念可以追溯到弗洛伊德及其追随者，尽管"群体治疗"这个词可能是1920年 J. L. 莫雷诺（J. L. Moreno）的发明，但将群体广泛用于明确的治疗目的也是二战之后的事情。[16] 面对着退伍军人医院里大量的精神分裂患者，却没有足够的资源治疗每一位病人，因此 W. R. 拜昂（W. R. Bion）领导的一群精神病医生和心理学家提出了对患者进行群体治疗的理论。拜昂在伦敦塔维斯托克研究所进行的研究为现代群体治疗技术奠定了基础。

随着20世纪60和70年代人们对群体的广泛运用，群体也得到了更深入的研究，并涌现出关于群体过程的大量文献资料。[17] 虽然对群体的研究呈现出多元的视角，但对教师有价值的大部分文献资料——有关支持群组学习法的基础理论的深刻见解——都来自人类传播领域。

对群组学习法的已有认识

多年来对群体过程的研究产生了关于群体动力学的通用原则和理论。目前已有的认识如下。

群体具有可界定的特性

由于很难就群体的定义达成一个共识，因此不妨设定一些标准。如果一群人之间存在有意识、可界定的成员关系、具有共同的目的和目标、进行定期交流、相互发挥影响而且能够作为一个整体行事，那么这群人就可能被称作一个群体。

团队是有特定使命的群体

所有团队都是群体，但并非所有群体都是团队。如果一群人在周五晚上聚在一起跳萨尔萨舞，那么他们可以称为一个群体而不是一个团队。如果一个群体致力于实现某个目标或达成某个成果，例如心脏移植手术，那么我们可以将他们称为一个团队。卡尔·拉森（Carl Larson）和弗兰克·拉夫斯托（Frank LaFasto）在其颇具争议的著作《团队合作》（*Teamwork*）中对团队定义如下："一个团队由两人或两人以上组成；它有着具体的行事目的或可确认的目标；要求团队成员之间互相协调才能实现团队的目的或目标。"[18] 就上述萨尔萨舞群体而言，如果其成员决定建立一个共同的目标，如共同赢得一场竞赛，那么他们就是一个团队。

群组学习法可分为多个阶段

一个群体需要一段时间才能成为一个真正的群体、建立认同感并具备效能。布鲁斯·塔克曼（Bruce Tuckman）在对这些阶段的经典表达中采用了四个容易记住的词语。

- 组建期——自我检验及成员独立性，强调任务的界定
- 激荡期——团队内冲突和情感表达
- 规范期——团队凝聚力发展、制定规则
- 执行期——功能角色的相关性和解决方案的产生[19]

后来又增加了第五个阶段，即休整期，以确认群体任务完成，团队解散。[20] 群体不一定一开始就具备效能。群体需要一定时间才能成形，而且需要一定的时间才能达到一定的成熟度并有效地发挥作用。大多数群体都会经历若干阶段，在旧成员离开和新成员加入时，群体也需要进行调整。

群体传播的重点是任务和过程需求

只要人们形成群体，他们就会产生互动。他们谈论什么内容？谁谈论得最多？他们使用什么媒介进行沟通？他们多久沟通一次？谁对谁做出最多的回应？很多研究群体的学者发现沟通似乎在两个层面上进行，而且常常同时进行。[21] 在第一个层面上，成员对有待完成的任务进行沟通；在第二个层面上，成员对群体成员的过程需求（有时也称作社会需求或维持需求）进行处理。

任务是指群体必须进行的活动。任务就是人们在群体内，或以群体形式所

做的事情、努力解决的问题或者创造的成果。[22]人们组成群体时，他们会引入自身对认可、身份认同、地位、权力、关注度、竞争和融入方面的个体需求。所有这些因素都会影响群体本身和群体过程的社会需求和情绪气氛。[23]这些因素也会影响执行和完成任务的方式。成员不会将注意力完全放在任务上，这既是合乎常理的也是意料之中的。

群体会形成凝聚力

当群体的过程需求得到很好的满足时，群体内会产生凝聚力。凝聚力是指群体成员融洽相处的能力，及其对群体的忠诚、自豪感和承诺。简单地说，凝聚力就是成员相互之间的好感程度。如果群体内部争论不休、成员表现出厌烦情绪、找借口回避群体会议或者相互不做回应，那么多半表明这个群体缺乏凝聚力。这时应该是在过程层面上出现了问题。有时，人们会通过与任务无关的、具有挑战的体验来加快凝聚力的形成。可以预期的是，有凝聚力的群体效能更高，但只能提高到一定限度。随着凝聚力的提高，效能也随之提高，但凝聚力达到一定高度后效能反而可能降低。为什么呢？因为群体成员之间过于亲昵之后，他们会将更多时间用在人际交往上，而花在执行任务上的时间就少了。[24]

群体有一定的结构

随着群体历经不同阶段逐渐发展成熟，群体最终会形成一定的结构。[25]群体的结构不一定很快就会显现。由于某些人能做出更大贡献，因此初始地位更高，又或者由于他们具有鲜明的个性，因此在群体结构中占据更核心的位置，其他人则处于外围。群体的组成及其沟通模式通常有助于群体结构的确定。

群体成员会扮演不同的角色

在群体中，角色是"群体成员对群体中占据特定位置之人的行为的一套期望。"[26]群体成员会扮演多种不同角色。1947年，在国家训练实验室起初的几次会议上，肯尼斯·贝恩（Kenneth Benne）和保罗·希茨（Paul Sheats）对这些角色做出了经典的划分。[27]我们对这份经典列表中的部分项目进行了重新分类、解释，同时去除了部分项目，编制了一份角色的列表。

积极任务角色

- 发起者/贡献者——提出新观点或新程序
- 信息搜寻者——阐明观点、事实或证据
- 意见寻求者——寻求群体内其他成员赞同或否定的意见
- 信息提供者——提供事实或讲述自身经历

- 详细阐述者——进一步澄清和说明
- 协调者——说明观点之间的关系并进行综合
- 引导者——确定团队所处的阶段、进行总结、保持正轨、评估进展
- 鼓舞士气者——鞭策群体做出决策或采取行动
- 记录者——记下建议、编写记录

积极过程角色

- 鼓励者——同意、赞美或接受他人的观点
- 协调者——（经常以幽默的方式）化解冲突、调解分歧并缓解紧张关系
- 把关者——保持沟通途径畅通、鼓励他人参与并发表意见
- 标准制定者——明确群体应当达到的标准
- 群体观察者——评估群体的情绪
- 追随者——随大流、接受他人的观点、充当听众

消极个体角色

- 挑衅者——以各种方式攻击他人或群体以提高自身地位
- 碍事者——无理反对他人观点或拒绝合作
- 寻求认同者——通过自我炫耀或异常的行事方式引起他人注意
- 自我告白者——进行不相关的讨论、借助群体表达个人问题
- 害群之马——以讥讽、愤世嫉俗或恶作剧的方式游离于群体之外
- 支配者——以诉诸权威、中途插嘴、指手画脚的方式为个人目的操纵群体
- 求助者——通过无理表达缺乏安全感或资源不足来引起群体同情
- 特殊利益倡导者——为特定目的向群体宣传某项事业

并非所有群体都包含所有上述角色，但在分析群体结构时，这份包含任务、过程和个体角色的列表可以作为一份有价值的参考目录。

群体会自我规范

当群体中人们扮演的角色逐渐固定下来、群体结构逐渐定型之后，就可以说这个群体形成了群体规范。[28]当某些行为模式重复出现时，它们就会成为一种常态。

在教室情境中，很容易猜想到某个成员会走进教室、坐在同一个位置、扮演同样的角色，而且每次都以同样的方式参与。同样，在线群体通常也会等待某个特定成员，总是让他发起群体讨论。当然，规范因小组而异，在一个群体

内看上去大胆而激烈的对抗在另一个群体中可能只是公开而直接的自我表露。但最终这种行为被确定为这个群体的规则，群体成员会内化这些规范，按规则行事。群体中高明的推动者知道怎样协助群体成员扮演有效能的角色，并制定实用的规则。

群体依赖于主动倾听

采用群组学习法的教师能够有效地观察群体中的沟通过程，包括群体成员的言行举止，尤其是涉及个人自我表露和群体反馈的沟通过程。自我表露是指个人让其他人了解自己一般不为人所知的一面。[29]这种表露不一定是深藏的、隐晦的秘密（虽然也可能是），而可能是指某人表达的任何观点或感受。反馈是指群体中的某个或几个其他成员对此做出的回应。

为了让自我表露和反馈过程更有效，必须依赖主动倾听。主动倾听有时又进一步细分为有意倾听和同理心倾听。[30]有意倾听者会主动努力理解他人的观点，随时准备表示同意或不同意，并进行批判、总结或做出结论。同理心倾听者关注他人的情感，从而努力从说话人的角度理解其情感。与糟糕的倾听效果相比，主动倾听时的反馈很可能更加适当，效果更佳。如果倾听者过早带入自己的情感（有失客观），心里忙着准备答案（还未完全理解听到的内容）；或被充满情感的词语分散了注意力；或者任由个人偏见干扰理解，那么倾听的效果就不好。好的倾听者会努力全神贯注地倾听、尽量避免打断别人说话、表现出兴趣和敏锐的反应、寻求一致、找出意义、避免局限于具体的词语并表现出耐心。这些因素可以通过亲身或虚拟的方式表现出来。好的倾听者还会努力提供清楚明确的反馈，并抑制对倾听内容做出情绪化回应的倾向；他们会提出问题并避免过早地对所说内容进行评价。[31]群体推动者通常需要有意示范这些行为，并帮助群体成员培养更熟练的主动倾听技能。

群体采用非言语沟通

非言语沟通在群体内以多种方式进行，老练的群体观察者会考察以下方面：

- 人际空间关系——群体成员的空间排列方式（可以通过座位布置、身体距离和整体身体朝向进行观察）
- 仪态——有可能表明态度或心情的整体体态或身体语言
- 肢体语言——身体动作、姿势、手势、头部和四肢的动作
- 面部表情——面部特征、眼睛和嘴部的动作[32]

在需要群体成员离开座位采取行动的活动中，非言语沟通尤其重要。既听

其言，又观其行，就可以大大增加对群体成员的认识。

非言语沟通与言语沟通是如何关联起来的呢？有时通过重复或详细描述语言信息可以直接建立关联，例如用手势强调某个要点。但其他时候非言语信息可能与言语信息相抵触，例如交叉双臂、紧绷着脸否认自己的愤怒，都能向群体传递一种视觉线索，透露出你所说的与心里的感受并不相符。在某些活动中，非言语信息是唯一的沟通方式。那么在某种意义上说，群体成员之间总是处于一种沟通的状态，无论他们是否说话，他们的手势、面部表情或自己在群体中选取的位置都是他们沟通的方式。

很多群体完全以在线方式存在，因此无法利用非言语线索。这类群体必须更努力才能实现明确而开诚布公的沟通，例如制定公认的规范并建立明确的角色。虚拟群体可以在没有非言语线索的情况下存在，但应当采取目的更明确、考虑更周到的行动帮助在线社会群体的发展。[33] 群体规范或许在同步进行的实时会议中能够得到更好的制定。在起始阶段召开至少一次实时会议来建立社交联系，并偶尔召开几次面对面或实时在线会议来巩固关系，这样做有助于在群体内形成社会凝聚力，而这种凝聚力对于群体的发展十分关键。

如何利用群体助力态度和情感的改变

利用群体

群体往往可用于考察理性之人可能公开坦诚地表示不赞同的议题。如上文所述，群体有助于带来意见、态度和观念上的改变。可用于群体讨论的话题可能涵盖众多议题，比如移民政策、人工流产、公民权利、预算平衡、税收政策、隐私权、枪支管制法、儿童福利、全球变暖、现代艺术、宗教信仰、人类进化、婚前同居、死亡与濒死。这些议题都无法绕开包含其中的重大情感因素、单纯以学术议题的形式独立存在，而群体对于表达情感、揭露偏见和找出盲区尤其有效。即使很多被认为是不受价值观约束的自然科学学科也包含了潜在的臆断和相关情感。具体而言，群组学习法可以让学生陈述自己的观点（意见）、找出与这些观点相关的情感（态度）并从过往经历中了解这些态度的起因（观念）。

发起群体讨论的过程很简单，但必须进行细致规划。组成群体后，可以给学生布置一项活动。这个活动通常是以一个经过审慎选择的引言开始，可以用它来构建议题或表达一个立场，同时附带一些问题思考或活动指示。如果这个活动设计良好，群体就会自然进入活跃的讨论。

让我们回顾莱蒂西亚·萨拉的例子，看她是怎样用带有争议问题的简短情景让群体运转起来的（请参见本书第131页）。可以想象一下她的学生最初对反战示威情景有什么反应。学生会非常自由表达意见，慢慢开始挑选自己支持的一方站队，并开始显露对这场战争的态度，以及对战争的总体态度。学生很快开始讨论和平集会的权利、言论自由以及无意中掀起这场风暴的学生的具体情况。当群体中的个体开始交流个人意见、坦诚审视自己的态度、探讨自己观念的可能渊源时，他们就能从这个情景中获得有意义的启发。这样，探讨的议题超出了单纯的知识水平，将可能导致场面失控的情感因素也大胆包括了进来。讨论时，小群体的支持性氛围有利于对诚实的情感进行审视。

有时群体学习会涉及更深入、敏感和更私密的议题。虽然教师必须始终以学习而不是治疗作为工作重点，但两者之间不总是存在明显界限。很少有教师会认为自己引导的群体与过去的"会心群体"类似，但教师如果对会心群体及其他治疗群体的方法和过程有一定了解，那么将对更加深入地引导群组学习法大有裨益。

如上文所述，支配这种学习方法的原则源于T群体、会心群体、训练实验室和群体治疗。虽然这些词语现在听起来有点古怪，而且对于经历过20世纪60年代末和70年代初的人来说，这些词有可能让他们回想起这类实验的一些过激行为，但通过这些群体，我们深入地认识了人们是怎样改变对自己和他人的态度，以及怎样形成新态度的。建立T群体的用意是提供一个场景，"让参与者在很长一段时间内以小组形式合作，从而通过对其自身体验的分析进行学习，这些体验包括情感、反应、认知和行为。"[34] 后来，研究者发现这类群体可以为现实世界中往往无法进行的学习提供一个实验场所。经典的会心群体中产生了哪些学习成果？这些成果当然会随着群体的意图和组成而发生变化，但会心群体始创者之一卡尔·罗杰斯曾说："在这样的群体中，个人会更全面地认识自己和每个成员，而在平常的社会或工作关系中无法做到这一点。他们会深入地认识其他成员和内在自我，而在群体之外，这种自我往往会隐藏在外表之下。因此在群体里，以及在日后的生活中，他们能与他人建立更好的关系。"[35]

这种情况是怎样发生的？虽然治疗群体往往强调心理健康（"治疗"一词源于希腊词"therapeia"，意为"康复"），但群体治疗中采用的过程也可以在改造后用于深入研究情感这个稍小的目标。群体治疗领域权威著作《团体心理治疗：理论与实践》(The Theory and Practice of Group Psychotherapy) 的作者欧文·D. 亚隆（Irvin D. Yalom）列出了有效进行群体治疗所需的11个疗效因子。[36] 现将这些因子简要描述如下：

（1）重塑希望——使分享问题的人相信有解决问题的希望。

（2）普遍性——成员认识到自己并非特例，其他人也有类似的问题。

（3）传递信息——成员相互交流自己怎样处理问题的信息。

（4）利他主义——成员发现自己能为别人提供帮助。

（5）家庭重现——群体变得像家庭一样，成员重新审视自己如何扮演家庭成员的角色。

（6）提交社交技能——成员意识到自己会给别人带来害羞、威严、不够机敏或咄咄逼人的印象，并学会了新的人际交往技能。

（7）行为模仿——成员模仿推动者和群体内其他成员的正面行为。

（8）人际学习——通过回顾生活中的重大事件，成员会形成纠正性的情感体验，并通过这种体验对人际关系产生新的认识。

（9）群体凝聚力——群体成员之间形成的好感能够为相互接受和情感的坦诚交流提供治疗环境。

（10）宣泄——群体成为成员宣泄心理压抑的场所，而这本身就有治疗作用。

（11）存在意识因子——成员对生命的意义产生了新的认识，并学会更坦诚地过日子。

这些原则的运用在今天仍然十分常见，包括建立"话语圈"，"话语圈"内每个人的观点都可获得平等的倾听。话语圈这种形式可以促使同等的人聚在一起，并鼓励全体成员参与。[37]

教师在群体中肩负的职责

虽然很多群体并没有教师的领导，但有时当群体的主题和性质需要得到深入讨论时，教师最好能在场实时引导。教师在探讨深层情感的群体中可以做些什么工作呢？教师肩负以下三项重要职责：

（1）加深沟通。教师设定相关准则以建立深入沟通的可取规范，例如积极的参与、对他人不带偏见的接受、全面的自我表露、对理解的渴望和转变的动机。教师可以给出明确指示、评论发生的事情、提供一种方法或发起一项活动、提出问题或赞扬成员的正面行为以资奖励，这些都是为了加深沟通，还可以通过不带偏见的接受、人际诚信和自发行为建立合乎规范的行为典范。

（2）立即处理当场发生的事情。教师最重要的职责之一就是鼓励学生对当场发生的事情进行讨论和处理。虽然可以要求学生处理生活中遇到的实际问题，但或许更重要的是让他们处理特定时刻群体中当场发生的事件。随着群体体验逐渐积累，群体成员将认识到他们的任务是关注当下的情况。例如，观点是如何掺杂情感的？讨论这些观点时情感又是如何传递的？

（3）对群体的行为做出评论。教师还需对群体中正在进行的过程进行监控，并通过过程评论向群体解释该过程。这种评论着重于反复出现的主题、深层的意义以及成员可能遇到的外部问题与群体当下讨论的问题之间的关系。教师应以客观的态度指出某个成员的行为给他人带来的感受；这种行为是怎样引起他人反应的；以及这种行为最终又是怎样反过来影响这个成员的自尊心的。教师有时会对群体过程做出评论，即就整个群体的行为给予反馈。

尤其是在考察情感或敏感话题时，建立某些准则、基本规则和界限并定期进行回顾对群体很有帮助。不是所有大学教师都能在扑朔迷离的情感世界中游刃有余，但要想将观点与态度和情感分开既不现实也不明智；而且无论你喜欢与否，讨论都会在某个时候进一步深入。因此，最好做足准备。而在某些学科中，情感就是主题。请阅读以下实例，其说明了教师是怎样让群体进一步深挖主题的。

达蒙·弗里曼（Damon Freeman）在宾夕法尼亚大学教一门名为"批判种族理论"的社会工作学课程。除其他目标外，达蒙还希望学生考察当代种族主义的活动方式并研究种族、阶级、性别、性和民族之间的理论关系。他通过小组讨论探究关于一些敏感话题的个人意见、态度和偏见。"我通常都在之前一周的新闻报道中寻找与种族直接相关或间接相关的事件作为每节课的开头，例如一场商业推广活动。"他说道。达蒙可能会自己提出2~3个问题发起讨论，有时也使用学生在每周的反思短文中自行提出的一些问题。有一次，他所带班级要在课上研读帕特利夏·希尔·柯林斯（Patricia Hill Collins）所著的《黑人女权主义思想》（Black Feminist Thought）。[38]柯林斯称根据一维原型，历史上总共有三种形式的黑人母亲身份。从将母亲身份当成可以让她们看到未来希望的自我实现过程，到将母亲身份视为一种扼杀和剥削黑人女性的负担，她认为黑人女性对母亲身份的反应构成了一个连续统一体。柯林斯为黑人母亲身份提出了一个复杂的定义，这种定义不同于历史原型。"对于阅读柯林斯著作的很多学生而言，即使他们有女性研究的背景，他们也是第一次接触这种思想。我会问些'这对你意味着什么'这样的问题，让他们挖掘得更深，"达蒙说道，"由于很多学生正在从事社会工作学专业实习，因此他们发现自己能列举无数将母亲身份视为负担的例子，于是，我让他们思考柯林斯观点的另一面（即这些人同时也处于自我实现过程）。很多学生经过思考后认为这是有可能的，但在此之前他们几乎从未能在实际工作中看到这一点。"讨论范围通常变得更加广泛，也能让学生重新思考与母亲身份和政治行动主义有关的社会工作实践本身。达蒙将自己定位为这类讨论的辅助者，无须把讨论引往某个方向或者规定必须讨论的观点。小组讨论可以让学生知道其他学生也在思考与他们相同的问题，从而可以产生一种刺激。或者这种思考也可能会产生分歧，这属于另一类刺激。"有时我会让持不同意见的学生相互讨论，有时我会故意对两边都唱反调。"他说道。由于讨论不仅以理论为依据而且建立在社会工作实践的基础上，因此学生会给自己提问和相互提问，促使他们进行批判性思考并反思他们关于母亲身份的观点。"母亲身份议题激发了学生的兴趣，他们几乎不需要我的帮助就能很快开始提出自己的问题。"[39]

利用团队传授团队合作技能

如上文所述，团队与群体的不同在于团队有特定的使命。团队需要高度协作，所以团队成员有时需要学习团队合作的技能。研究了多种工作场景下各种类型的团队后，卡尔·拉森和弗兰克·拉夫斯托编制了以下列表，列出了高效团队具备的特性：

- 清楚且令人振奋的目标
- 以结果为导向的团队结构
- 有胜任能力的成员
- 一致的共识
- 合作的气氛
- 卓越的标准
- 外界的支持与认可
- 有效的领导[40]

他们还从团队研究中发现，并非所有团队都具有同一类型的目的，而且他们的运作方式也不尽相同。[41]所有团队都需要一种以结果为导向的团队结构，不过各个团队的目的和因此形成的结构可能存在很大差异。他们确定了三类团队：问题解决型团队、创造型团队和战术型团队。有时团队活动专为帮助成员构建团队协作而设计——通常必须是团队工作所需的特定类型的协作。例如，心脏移植团队的创造力空间很小，他们需要执行例行工作和操作程序才能成为完美的战术团队。请参考以下实例，其说明了团队如何被应用于工科课程。

约翰·诺尔菲（John Nolfi）在普渡大学教机械工程整合式课程，学生按需要解决的问题组成不同团队，目标是设计新产品。"在这门课中，即将毕业的工程师运用先前课程中学习的所有知识来设计、构建和测试当今世界上尚未诞生的新产品。"约翰解释道。大约三分之一的项目都是由一家公司赞助的，旨在解决特定问题，例如，一个名为"风驰电掣"的团队承担了改善空气动力学性能以提高牵引挂车燃油里程的任务。其他项目则是由学生自行发起，例如"太阳能漫步者"团队承担了设计一种太阳能动力婴儿车的任务。这些团队一般由4～6位工程专业的学生组成，他们从事的项目要么是在整合式课程开班前就已经通过了审核，要么是在开班后的第一个星期由学生设立。"由于这些都是高效团队，学生会感到想要寻找其他高效的合作者加入团队很有压力。"他说道。约翰用一个项目管理团队模型帮助学生练习和提高协作和沟通能力，而他自己则作为项目经理对多个团队进行监督。"我从一开始就将学生视为团队成员。本质上，这样做意味着我们是模仿业界产品团队的模式，将学生视为团队成员、团队领导或项目工程师，以这种方式组织、指导他们，并与之沟通。"每个团队在整个课程中都有需要交付的明确成果，例如创建名称、商标、任务书、性能和设计标准、以口头和书面陈述的概念草图和设计评审，产品安全检查和测试，最后还有产品演示和展示竞赛。约翰通过这些成果对个体和团队进行评价。"除最终产品演示外，所有交付成果都将进行及格/不及格的评定，"他说道，"一些成果是由团队提交的，一些成果是由个人提交的，但所有成果都按工艺设计的顺序编排。如果个人或团队交付的成果未能及格，那么必须进一步修改直至及格后，相关个人或团队才能继续开展下一步工作。"项目的最终成果必须基本符合任务书的要求，而团队的最终评分是根据成品符合性能标准的程度进行确定的。占20%的个人评分是根据同学互评和教师判定进行确定的。"在日益全球化、跨文化的工程界中，机械工程师必须适应团队工作，才能在跨学科体系中立足。"[42]

让群组学习法发挥作用的教学策略

教师必须采取多种措施才能让群组学习法发挥作用：确定小组规模、分组、确定小组方向、布置任务、监控进展情况、管理各项事务并解释所学知识（这里所说的"小组"包含了本节和后续各节中的团队）。这些活动大部分是在幕后进行的，而且教师所扮演的角色与他们通常所习惯的角色相差甚远。

确定规模

一旦明确了群组学习法的目的，并确定这种方法是最佳选择，那么教师就需要确定小组的规模。小组的规模什么情况下太小或太大？两个人（一般称为二人组）之间的互动能否视为小组？虽然二人组被广泛采用，而且一般也视为小组，但两人之间的互动与三人或三人以上之间的互动有着不同的特性。[43]两人互动时，两人之间只有一个联系渠道；如果存在第三方，那么就会有多个沟通渠道，从而有可能形成网络或体系，最重要的是为第三方观察和评论另外两人之间的沟通提供了机会。因此，虽然小组最少可以由两三人组成，但通常规模会更大一些。

规模上限同样取决于小组的目的。虽然有人提出了一些神奇数字（团队学习的建议规模为5～6人，合作学习的建议规模为3～4人，协作学习的建议规模为2～6人，问题导向学习的建议规模为9～10人），但上限实际上取决于待完成任务的范围和难度。根据具体目的，增加小组规模可能会有重大帮助。毕竟某些活动需要一定数目的人才能完成。确定规模有一项实用规则："组成小组的人数必须足够少，以便让每个人了解其他人并与其他人建立关系。"[44] 小组的规模还应小到足以让每个人都充分参与任务，但又要足够大以便能吸纳多种意见和观点并获得足够资源来完成任务。[45] 如果小组规模太大以至于某些成员没有机会互动，那么他们对目标的贡献就会很小或微不足道。

分组

决定怎样组成小组的一种方法是：不做决定、随机分配（例如让学生报数），或自行选择（例如让学生加入自己想去的任何一组）。当小组的组成不重要时这样做有时也是可以的，但通常教师希望能使用某种方法和标准给学生分组。对于虚拟团队而言，由于时间上的限制，教师可能需要尽早经过深思熟虑后进行分组。分组标准是根据小组的目的自然形成的。小组需要实现什么目标？谁能最有效地帮助小组实现这个目标？如果小组需要某种特定技能或背景信息，那么至少部分成员必须具备这种特定技能或这些背景信息。分组通常是围绕手头的任务，在能力和技能上尽可能多样化。一些教师会拿学生的平均分作为衡量学习能力的快捷指标，并且在分组时保证各组的平均分大致相同。如果任务会产生冲突，那么小组中至少需要一人来维持和平。如果一些人比其他人经验更丰富，那么或许小组中专家和新手的比例应适当。另外，教师应该注意，如果某些成员之间先前存在某种关系，那么分组时应当避免由此可能产生的问题。最好的朋友和情侣往往成不了最好的队友。小组的组成人员应适合于所执行的任务，而且不被无关因素干扰，这样小组才能最好地发挥作用。

另外，群体成员的角色可以由教师或成员自己分配。有时角色在整个任务期间都是固定的，但有些情况下让学生自己轮换角色则是更佳的选择。除136-137页所列的角色外，其他常见角色还包括讨论的主持人、促进者、记录者、报告者、计时者和准确性指导者。

确定小组的方向

有时教师需要向学生解释使用群组学习法的原因。虽然群组教学越来越普及，但这种教学方式与传统的讲授和讨论范式形成了鲜明的对比。一些学生认为应当由教师承担主要的教学任务，而非由同学之间互相学习。很多学生对于小组未能用于正确目的或未能得到有效管理的糟糕经历仍然记忆犹新。因此，任务开始时有必要向学生解释在当前特定任务中使用群组学习法的价值，并让他们知道小组是怎样运作的。

通常我们还建议团队（尤其是持续整个学期的团队）制定某种团队章程或订立团队契约。教师可以指导学生怎样订立契约，但只有团队成员一起订立的契约才最具效力。团队契约应当解决以下一些问题：小组怎样进行沟通？对互相的回应有哪些期望？每个人扮演什么角色？谁负责什么任务？进行小组活动时哪种行为有积极作用？什么样的行为是不被容许的？怎样应对不恰当的行为？往往团队成员在签署契约后将其作为团队的第一份作业交给教师。[46]

布置任务

一般情况下最好对任务进行周密的策划，由教师提前确定并明确地写出任务。分配给群体成员的任务（有时又称作工具）可能需要成员展开讨论或进行活动。虽然任务总是包含着教师的指示，但同时也能有力地激励团队合作或对态度和情感的探究——比如有趣的引文、某项活动、新闻剪辑或简单的问题，都能让小组开始讨论或采取行动。在提供激励的同时，还会发出具体指示：讨论、回应、建立、分享、解决、创建、批判或比较不同的观点。一项好的活动通常能为小组成员提供机会，让他们讨论平常不会讨论的话题，或采取他们一般不会采取的行动。以团队合作作为目标时，任务本身应当能通过确定共同使命、角色准则和完成标准来促进协作。经过一段时间，大多数教师都可以创建并收集大量好的活动，但运用活动的关键是检验它们能否达到预期学习成果。往往选择某些工具是因为它们灵巧或有趣，但尽管乐趣也是小组活动的副产物之一，这种学习方法的主要目的还是学习。因此，教师需要在开始时明确目的，然后寻找、改造或发明一种工具为这个目的服务。大部分学生都认为漫无目地开展活动是他们能想到的最坏情况。

监控进展状况

大多时候小组都会自行管理，不一定需要引导者。自行运作的小组称为"无领导小组"，这样说可能用词有些不当，因为大多数小组（甚至成立没多久的小组）都会有某个人出来担任领导的角色。60位学生组成的大班可以按6人一组分为10组，进行独立的无领导小组讨论。教师通常会视察无领导小组以了解他们的进展情况、确认他们是否明确自己的任务、观察他们开展活动的情况，或者询问他们有没有疑惑。有时教师会提供一些新信息或线索，以帮助遇到问题的小组走出困境。教师通过视察每个小组或在线观察小组互动，可以了解活动是否按计划进行，并判断某个小组需要多少时间或哪些额外资源才能完成任务。善于观察的教师会监控小组在任务和过程中的行为、关注成员扮演的角色、询问最新状态并留意可能存在的问题。教师可能需要帮助学生设定参与的界限，以避免过度参与或参与不足并保证公平轮流参与。为此，教师会设定时限或参与要求。例如，发给学生4张参加讨论的"入场券"并观察哪些人很快就用完所有的入场券，哪些人在结束时仍然一张入场券都没有使用。教师会启动小组活动，但也会细致观察活动进行的情况。

大部分时候，教师都不需要成为小组的一员。毕竟，群体学习中学习产生于与其他同学的情感交流，而不是来自于与教师的交流。但在以探究和修正过激情感为目的、涉及高度敏感事物或很有可能发生严重争论的小组中，教师可能需要向小组提供指引，或者让一位受过训练的助手或指定的引导者对群体动力进行管理。教师亲自担任小组领导者时，应当坚守有效引导者的角色，尤其是避免对小组进行说教。

管理各项事务

全体学生可以在分成小组后重新集合起来交流想法并分享观察结果。一个班也可以分成参与者和观察者，其中一组观察者（外圈）观察另一组参与者（内圈）的群体行为，这种方法通常称作"鱼缸法"。这种方法也可在线进行，只需要让某些活动以公开方式或仅在班级内部进行。有时可让两个小组进行比赛以寻求最佳解决方案。在另一些情况下，小组任务并不是竞争性的，但因为一个小组的解决方案免不了会被拿来跟另一个小组的解决方案进行比较，有时这一点可以激励学生做到最好。教师可以要求每个小组派一位信息传递员交流观点，从而与其他小组进行合作。总之，教师可以设计很多创造性的方法对小组以及各小组之间的关系进行管理。

对所学知识进行解释

教师最重要的职责或许是在活动结束时为小组解释活动过程中所产生的学习。虽然学生通常会享受到活动的乐趣，但他们往往也会错失重点。这时通常需要通过任务报告来理解所学知识或者取得小组的反馈。由于这种学习方法涉及态度、情感和角度，因此学生可能会在活动结束后很长时间内还想继续讨论某个群体经历，可能几天之后又发掘出活动中蕴含的新意义。而任何教师都不应在学生没有充分明确所学知识的情况下终止小组活动。因此，有时听取小组报告非常重要,其中不仅应包括所学知识也应包括以小组或团队形式开展活动的过程。请参考以下实例中一门在线课程的团队合作方式。

黛布拉·贝克(Debra Beck)在怀俄明大学(University of Wyoming)拓展学院开设了一门名为"非营利组织管理与领导"的课程。在这门课程中,学生为农村非营利组织的执行董事和高级职员建设了一个关于非营利组织管理的网站。黛布拉将全班分成小组,每个小组负责建设网站的一个部分。这些小组采用维基技术(任何人都能提供信息并进行编辑的网站)进行协作并制作自己的成品。黛布拉从一开始就努力让他们在维基网站中进行协作,为此告诉他们:"如果你们从这个起点开始努力,那么你们可以根据自己的需要达到任何目标或与任何人互动,而且作为一个团队你们能取得一个良好的开端。你们还应共同承担责任,因为每个人都完全清楚自己小组的任务所在。"由于这门课是完全以在线方式面向全国学生的,因此各团队必须以在线方式管理成员之间的互动。黛布拉采取很多措施才让每个人进入状态,并提高了实现高质量的最终成果的可能性。开始时,她制作了维基网站的介绍录像让学生了解这个空间、向他们展示交互场所和方式并强调她对参与人员和最终成果的期望。她还在整个课程中设定了基准以保证课程顺利推进,包括初始登记、小组计划的粗略大纲、个人职责划分、小组和个人状态报告、对其他小组专题的同级反馈、最终评审,最后,公开小组在维基网站的协作。她明确表示将按照每一项基准考察个人表现。由于这是一项团队任务,因此团队评分所占的比重很大。她既根据最终成果给团队打分,也按照基准给出个人参与评分。"学生几乎都知道我希望他们积极参与,他们也做出了积极响应。个人参与评分与其说是对学生个人的奖励或惩罚,不如说是对小组活动的配合支持。"[47]

群组学习法中存在的问题

使用群组学习法的教师还应知道怎样寻找、发现和处理四种常见的群体动力问题:冲突、情感淡漠、团体思维和社会惰化。

冲突

群体中存在一定程度的冲突是正常甚至必要的。较低程度的张力可以成为凝聚群体的有效力量。但如果张力超过了容许限度,并爆发了公开冲突,那么张力就会使群体分崩离析。群体冲突的迹象包括:

（1）相互表达不耐烦的情绪；
（2）对仍未充分表达的观点进行攻击；
（3）选定立场、拒绝妥协；
（4）非常激烈地提出意见或建议并以隐晦的方式进行人身攻击。[48]

教师应在个人层面之外寻找冲突的起源。有时产生冲突是因为群体没有足够的资源或时间、缺乏明确的任务或者受外界利益影响。换言之，冲突可能是由结构性问题引起的。[49]如果群体内存在结构性问题、任务模糊不清或者所分配的资源或时间太少，那么就需要解决这些问题。如果群体成员很容易在个人之间划分任务，那么说明任务本身不一定非常适合以群体形式完成。如果冲突源于真正的个人意见分歧，那么解决冲突的标准程序包括表决、妥协、调解、裁决或者通过不懈努力达成共识。顺利解决群体冲突的关键是直面冲突，确定所发生问题的类型并积极处理。教师应首先要求学生自己化解冲突。如果这种方法行不通，那么教师可能需要为学生提供自行解决问题所需的资源。只有在万不得已时教师才需要亲自干预。这样做肯定需要一定的勇气，但发生冲突的群体可能会因此重新团结起来。[50]

情感淡漠

一些群体中的成员似乎不太关心群体，以至于对任何事情都很难提起兴趣。虽然一些成员会按照指示做事，但他们对群体活动几乎没有热情。情感淡漠的表现方式包括缺乏参与、参与程度低、对话拖沓、烦躁不安、草率做出决定、不能贯彻决定以及不愿承担更多责任。[51]情感淡漠的群体可能是由情感淡漠的个人组成的，但情感淡漠更有可能是由群体内的结构性问题引起的。通常是因为成员认为群体所执行的任务不重要，或者不如成员原本可以执行的其他任务那么重要。在其他情形下，虽然任务似乎非常重要，但由于任务似乎过于困难、需要太多努力或风险太大，因此群体不敢接受这项任务。有时群体不知道怎样开始执行任务，因为成员感觉缺乏必要的知识、技能、资源或领导力。一些成员可能认为自己不具备足够的知识为群体做出贡献，或者刚好相反，认为自己资质高于任务要求，因此感到厌烦。在另一些情况下，群体可能认为他们的努力不一定会得到肯定，他们的任务不过是做做样子。旷日持久的斗争或悬而未决的冲突可能会导致群体士气低下，从而让各位成员打退堂鼓。所有这些情况都会导致情感淡漠，无论单独存在还是同时存在。要消除情感淡漠，几乎总是需要对群体本身、群体的责任分配方式或者对任务的新定义及其实现条件进行重大结构调整。

团体思维

"团体思维"是社会心理学家欧文·简尼斯（Irvin Janis）于1972年创造的一个词，指"在一个具有高凝聚力的团体内部，成员在决策及思考问题时由于过分追求团体的一致，而导致他们对问题的其他替代性解决方案不能做出客观及实际评价的一种思维模式"。[52]团体过早妄下断语而不考虑替代方案，有时是因为没有人想提出异议。教师可能需要留意以追求和谐作为首要任务的紧密型团体。有时学生需要得到允许和鼓励才能相互提出异议。教师可以让每个小组选部分成员负责提出不同意见、专门挑刺或者与小组之外的人交换意见，从而避免团体思维。精明的教师能觉察到团体思维的存在，并激励小组看得更远、重新思考或提出更好的替代方案。

社会惰化

有时群体成员未能履行自己的职责，做好自己分内事。早期一些拔河游戏实验表明两个人拔河时不是一个人拔河使出力气的两倍，三个人不是一个人拔河使出力气的三倍，依此类推。社会心理学家称之为"社会惰化"，这种现象通常在难以判定个人贡献时发生。[53]社会惰化问题往往与任务或任务分配有关。一些任务过分简单，或者写作量过大，这两种情况都会导致一些人比其他人承担更多工作。[54]分配任务职责时，应考虑让全体成员感到公平。群体成员在一起时往往还会让群体承担大多数人不会独自承担的风险。[55]有时如果让每个人都承担责任，实际上没有人承担责任，整个群体都在"磨洋工"。有效的做法是让学生分别承担活动前的准备和小组活动，包括讨论、发表意见和倾听，然后对小组的整体表现进行评分。某些情况下，引导者和小组其他成员需要处理没有做出应有贡献的磨洋工成员。

团队管理总会伴随一定风险。让我们回顾一下黛布拉·贝克的"非营利组织管理与领导"课程的实例。与运用团队教学的很多教师一样，她努力在为团队提供架构和指导与让他们通过这个过程进行学习之间找到平衡。"我建立了维基网站和启动所需的基本架构，但他们可以保留他们自己创建的内容。虽然我负责监控并给予反馈，但我不会进入维基网站的空间打断他们的创意流程。"她说道。发生问题时，她会给学生提出建议，例如，如何处理不顾及集体的成员。"如果有明确的理由需要我干预，我也愿意帮助他们。但我通常会鼓励他们自己解决问题。我所发现的几乎所有问题都是他们必须共同解决的问题。"她说道。黛布拉对各小组的进展情况进行监控，必要时她甚至会制作一个短片来解决各小组遇到的常见问题。但她同样努力平衡自己提供的帮助。"在小组专题中你永远不可能为学生提供太多信息。无论我提供的信息多么详尽，他们总是要求我提供更多信息，但这样做并不一定恰当。在这些任务中，团队学习过程的一个关键部分是让学生自己不断研究和完成任务。"[56]

如何评价群组学习法的学习效果

评价群组学习法的学习效果需要一定的技巧，因为这不仅涉及个人和群体因素，而且涉及任务目标和过程目标。群组学习法的评价政策必须能鼓励学生对小组及其成果负责，而且要避免分割任务，防止出现由个人单独完成的情况。与任何评价策略一样，最好从使用群组学习法的目的和总体学习目标开始着手群组学习法的评价。例如，需要激发什么样的态度和团队合作技能的改变？任务目标相对于过程目标而言有多重要？某些小组中，可能只需对学生的参与进行评分。在另一些情况下，例如团队项目或持续的团队合作任务，则需要对任务和过程的多个方面进行评分。所采用的评价指标及其各自的权重应当与预定目标匹配。

团队评分一般基于三个要素：个人表现、团队表现和个人对团队的贡献。[57]由于团队合作并不是高等教育领域的常见学习方式，因此学生需要得到一定的激励才能充分参与小组任务。公平、均衡的评价计划有助于缓解社会惰化等问题。通常建议评分在一定程度上能以成员个人表现为依据，因为完全根据小组成果进行评分往往会牵涉参与程度不一致的问题，让成员感到不公。[58]为此，在一些团队任务中通过对任务、成果或测验分数分配不同权重，再把它们组合起来给予总体评分，例如个人评分占三分之二而小组评分占三分之一。在合作学习团队中，成员可能会获得两个分数：自己的分数和小组的平均测验分数。在其他一些情况下，只有在顺利完成小组任务或专题时小组成员才能获得学分。

对群组学习法的评价往往需要将个人对团队成功做出贡献的过程纳入考虑。由于教师不可能成为所有群体或团队的一员，因此教师可以让学生分别写下或说出自己对小组的贡献。同学互评也是收集个人贡献信息的一种常用手段。同伴非常适合评价队友的参与过程，因为他们对此更加清楚，但让学生相互评价对团队的贡献水平可能会让他们陷入尴尬的境地。应当采取预防措施来防止同学互评被滥用的情况出现。例如，可根据有效团队贡献标准对群体过程进行书面调查和抽样评价，该方法可以在网上找到。[59]同学互评往往需要与教师评价甚至自我评价结合起来。就这一点而言，反馈（不同于评价）可能对学生继续改善这种学习方法的某些细微方面有很大的帮助。毫无疑问，老师可以告诉学生他们的倾听能力正在提高、他们的意见更加深刻或者他们表现出对偏见和盲区的意识，这些都是可喜的进步。虽然这些结论具有更强的推理性，但不意味着不能分享这些结论。另外，形成性评价可以在收集群体过程进展情况的信息时发挥重要作用。一般而言，透明、有意义且持续进行的群组学习法评价会被认为是更加客观而公平的评价。

适合群组学习法的技术

群组学习法可以在面授课堂上进行，但学术性团队合作越来越多地以在线和虚拟方式进行，因为学生常常需要在课外进行协作。实际上，几乎所有在线课堂上完成的任务都可以被当作一个在线群体，虽然通常只有在共同项目中进行合作的一小群学生才被视为虚拟团队。

关于虚拟团队的很多文献资料都来自商界，因为在商业合作中团队成员从未谋面是一种日益普遍的现象。在《虚拟团队》（*Virtual Teams*）一书中，杰西卡·利普耐克（Jessica Lipnack）和杰弗里·斯坦普斯（Jeffrey Stamps）认为，创建虚拟团队的最大困难包括培养信任和制定规范。[60]与实体团队一样，虚拟团队的成员也需要制定关于沟通和互动方式的规范，但他们制定这类规范时可能需要更加慎重。由于在时间和空间上较为分散，一开始虚拟团队往往很难进入正轨，需要较长时间才能发展成熟，结构也更加复杂。由于存在这些挑战，虚拟团队往往需要通过面对面或实时在线会议加快群体过程，尤其是在任务开始时，这段时间通常还需要更加刻意地制定群体规范并建立关系。另外，虚拟团队需要培养区分在线公共和私人空间的意识，而且需要创造虚拟的结果空间和过程空间，以便让团队进行操作。

多种协作性在线工作区可以在群体过程和结果空间等方面辅助学习，在面对面、在线或混合课程中开展群体或团队活动时都可以得到应用。大多数学习管理系统都内嵌针对群体活动的工具，包括只有群体成员和教师才能访问的同步和异步通信区以及共享、协作编制文档的区域。学习管理系统之外的软件程序也能执行类似的任务，而且还有很多免费在线工具可以让学生进行虚拟协作。对群组学习法而言，维基网站是一种很容易获得并前景广阔的技术应用，群体成员可以利用维基网站在一个在线空间内进行协作，也可以创建在线网站和文件。软件会保存历史更新记录，这样教师就知道何人何时在该空间贡献了内容。

尽管有林林总总的技术方案可供选择，但不同个体的技术能力与知识结构参差不齐，选用手头最简单的技术来完成任务往往是最佳选择。看起来高级但未经验证的技术会不必要地分散注意力。简单的电话会议或电子邮件有时能比强大、复杂但不可靠的软件帮助我们完成更多任务。实际上，很多教师都允许群体成员使用他们选择的任何工具进行协作和沟通。一些群体可能更喜欢通过电子邮件沟通，而其他群体可能更喜欢用电话、短信、实时会议或社交媒体沟通。协作过程中可能会（而且往往会）遇到技术问题，因此明智的做法是制订备用计划，迅速处理任何问题，这样才不会阻碍群体协作的顺利进行。[61]

最后思考

学生对大学中的小组活动常常有怨言。教师一宣布"现在开始分成小组"，一些学生就马上开始抱怨。为什么会出现这种情况？当然，以小组为形式的学习所产生的困难更大，也更混乱。小组活动需要投入时间，而且往往需要与其他同学进行艰难的对话。群组学习法有时会被误用，比如出于错误的目的，而学生能觉察到。如果学生很容易就可以将小组任务进行分解、布置并独自完成，那么这个任务或许没有必要使用群组学习法。如果某个项目以过程为导向，而且学生必须具备完成这个过程每个阶段的能力，这个任务也不大适用采用群组学习法。只有在需要考察某个主题的多种态度、情感和视角，或者团队成果大于个人力量的总和时，群组学习法才能发挥最佳效能。如果学生为了正确目的出色地完成了小组活动，那么这类活动将成为极富成效的学习体验。

要点回顾

希望有效运用群组学习法的教师应当采取以下措施：

- 将群体用于探究态度、感受和视角的目的。
- 识别群体的各种特性和发展阶段。
- 确定群体的适当规模。
- 组成群体时通常需要最大限度地提高意见、视角或技能的多样性。
- 安排一项可以引发争论或鼓励协作的活动或任务。
- 指导学生适应群体活动过程。
- 帮助群体设定期望、规范和准则。
- 保证群体有足够的实体或虚拟空间进行活动。
- 监控群体活动的进展，特别留意沟通模式、角色、规范和规则。

- 发现并帮助学生解决群体的共同问题：冲突、情感淡漠、社会惰化和团体思维。
- 采用能鼓励个人承担责任和促进群体协作的评价方法。
- 采用能涵盖结果和过程目标的评价方法。
- 帮助学生解释活动过程中所产生的学习。

第九章
基于虚拟实境学习法的教学
——训练专业判断力

预期学习成果 学生学习什么	学习方法 渊源和理论	常用方法 教师教授什么
专业判断力训练 复杂、与情境关联的情形下的合理判断和适当专业行动	**虚拟实境学习法** 心理剧、社会剧、博弈论	角色扮演 模拟 戏剧情节 游戏

这种学习是否涉及多种不同情境下专业判断力的培养？是否需要在安全的环境中培养判断力？这种学习是否涉及有可能造成损坏、增加开销甚至有生命威胁的活动？如果学生进入实战前先在模拟环境中操作，他们会不会感到更自信、更得心应手？**虚拟实境学习法**能有效地达成这些学习成果。

一家执法培训学校的学生在一门名为"拘捕行为控制"的课程中练习拘捕操作。学生两人一组对拘捕程序进行角色扮演。他们实际上是在执行标准控制程序。虽然目前一切都很顺利，但万一被拘捕的人企图逃脱或者拒绝将手从口袋中拿出，会出现什么情况呢？

有些专业角色需要在真实的执行场景之外进行学习和练习才能实际执行，因为一旦犯下大错误就需要付出很高的代价甚至威胁到生命。错误带来的结果可能包括身体伤害（比如心理健康工作者处理失控的病人）、环境危害（比如处理核物质或其他有害物质）或经济损失（比如投入并管理大笔资金）。在一些职业中（例如医疗），错误会导致真正生死攸关的问题。虽然没人希望在真实情景中使用应急准备训练中学到的技能，但很多领域的专业人士必须在应对灾难时知道如何运用最佳专业判断力。很多知识是从失败中学习而来的，而虚拟实境学习法可以让学生了解自己能否运用所学的知识，更重要的是让他们在安全的学习环境中,而不是在事关重大的真实情景中认识到失败的后果。在专业判断力训练方面,虚拟实境是一种有价值的学习方法。

虽然虚拟实境成为专业术语的历史并不长,但这个概念本身却由来已久。小说家通过小说创造了一种虚拟实境:一个根据经验和想象建构的文字世界,并通过读者自己的心理图像吸引他们与这个世界互动。我们照镜子时,会看到光学领域长期以来所称的虚拟图像——似乎是三维的、相反的但栩栩如生的一个平面。随着计算机影像处理技术和三维技术的发展,电影能创造出海上灾难或外太空战争的逼真虚拟实境。从更前沿、更专业的角度来看,"虚拟实境"是指将视觉形象与计算机编程功能结合起来,让人可以体验到一个逼真的、创造的现实并与之互动。因此,"虚拟"这个词是指在本质或效果上存在但现实中不存在。虚拟实境是最接近现实的事物,对学习而言,它甚至比现实情境更具优势。

虚拟实境学习法最适合练习与角色有关的行为,通常是在复杂的新环境下运用专业判断力的角色行为。学生在了解复杂系统中多个变量的运作方式的同时,需要展现系统化思维和程序性逻辑。这种学习就是最终的应用形态,"消除了专业教学与专业实践之间的鸿沟。"[1]

采用虚拟实境促进学习时,活动可能包括简单的角色扮演、较复杂的戏剧情节以及模拟和游戏。这些活动的共同目标是创建一个虚拟实境的学习环境,再现需要扮演真实专业角色的现实世界。这种学习方法的主要关注点是利用虚拟实境的学习环境进行专业判断力训练。

虚拟实境与真实情景之间的对应程度可高可低,可能完全不依赖技术也可能采用高度复杂的技术,但总的目标都是提供一个安全的情景让学生轻松地学习并练习自己的角色,逐渐提高熟练程度。我们可以参考以下一些采用了某种形式的虚拟实境学习方法的例子。

(1)学习研究方法的课堂上,学生之间相互进行模拟访谈,以便练习访谈技能并从负责观察的其他学生那里获得反馈。

(2)信息技术专业的学生组建了一个私人计算机网络,并对系统发起病毒攻击。随着这个戏剧情节的展开,多个玩家参与进来,检验会发生的情况以及探索如何应对计算机病毒。

(3)生物学专业的本科学生使用一种软件程序,软件包含了40个解剖阶段中人体的照片。这种软件可以让无法通过其他途径了解尸体结构的学生体验逼真的实验室情景并练习解剖过程。[2]

(4)外交关系专业的研究生使用一种名为"Peacemaker"的在线角色扮演软件,其中学生可以扮演以色列首相或巴勒斯坦总统的角色,并练习各种形式的外交和对外关系技能，试图找到巴以冲突的和平解决方案。学生根据真实的新闻镜头做出决策、进行谈判、发起战争并对后果进行处理。[3]

虚拟实境学习法的目的
——弥合学习情景与现实之间的差距

角色扮演、戏剧情节、模拟和游戏是弥合现实世界与为练习创建的虚拟世界之间差距的最常用方法。使用这几种方法的第一步是根据学习成果准确地选择真实情景中最重要的要素。究竟真实情景的哪些要素才能实现预期的学习过程？这些要素将怎样在模拟情景中进行再创造？学生需要做什么？他们怎样通过自己的活动进行学习？他们在回顾活动过程时，怎样对自己的专业角色形成更好的认识、表现出扮演这些角色实际需要的能力，并作为角色扮演者加深对自己的认识？

虚拟实境学习法的首要目标就是尽可能地弥合学习情景与现实世界之间的差距。这种学习方法的巨大优势是能安全地并以较小的代价弥合这种差距。就此而言，虚拟实境学习法远比仅仅向学生讲授发生危机时的应对策略好得多。对学生而言，通过虚拟情景进行练习也能带来很多好处。

虚拟实境学习法的起源

以某种方式来看，虚拟实境学习法这个概念广为流传、根深蒂固且历史悠久，可以一直追溯到每个社会中对现实进行模拟的原始活动。人们发现，所有社会中的人类都建立了所谓模拟环境运转方式的"民间模型"。民间模型主要包括各种类型的游戏和活动，旨在帮助参与者发掘和适应在特定文化下看待世界的视角。因此，创造了一些智力游戏来研究人类与自然之间的关系、一些全凭运气的游戏来表明事物的随机性、一些游戏策略演练与其他人的关系，还设计了各种工艺品和仪式来表达某个群体的社会和审美价值。在每个文化中，适合成年人的一些严肃游戏已有数个世纪的历史，虽然只采用了一些非常低端的技术，如木片、石头、羽毛和泥土中画出的线条。[4]

儿童游戏中也广泛存在模拟现实世界的活动。20世纪中叶之前，学者就已经发现玩游戏是孩子的工作，而且游戏中还包含了社会化、学习怎样融入成年人的世界等严肃的问题。通过更正式化的游戏，孩子可以学会将规则内化、形成自我形象、尝试或学习新的角色、探索潜在或未来实境、享受乐趣并适应社会。[5]除民间模型和儿童游戏这些更广义的起源外，这种学习方法的根源还可以在雅各布·L.莫雷诺（Jacob L. Moreno）关于角色扮演、心理剧和社会剧方面的研究中，以及在军队中的模拟和战争游戏中找到。

莫雷诺是19世纪末期出生于罗马尼亚的一位性情古怪的医生，他一生中至少有一段时间都在与弥赛亚（messiah）情结做斗争。[6]他很小的时候就知道自己会做一番大事业，而且他确实也做到了。他是心理剧和社会剧（即将个人问题或社会互动即兴表演出来达到治疗效果的戏剧）无可争议的创始人。莫雷诺具有敏锐的洞察力，从儿童游戏中观察到了一种能实现高效教育和治疗策略的可能。他在维也纳（也是他长大的地方）学医期间，经常在吃午饭的时候来到公园，绘声绘色地给聚集在大树下的孩子们讲童话故事。有时他会爬到树上扮演一个指挥者，为孩子分配角色，鼓励他们取新名字或发明新角色。孩子们被他的这种全新的小话剧迷住了，但他很快就与老师、家长和警察产生了纠纷，于是他认识到是时候把成年人作为工作对象。他开始为妓女创建治疗群体，为难民服务，并以巧妙的手法通过戏剧手段演绎日常新闻。在此期间，他开始就戏剧的学习和治疗功用建立理论并撰写相关著作。

莫雷诺天生就注定成为心理剧的创始人吗？从他对自己的一次早年经历描述中，我们似乎能看到其中包含了诸多的因素，它们共同促使他后来创建了心理剧。

在我4岁半的时候，我的父母住在多瑙河附近的一所屋子里。某个星期天，他们出门探亲访友，只剩下我与邻居家的孩子留在我们家的地下室里。除了中间的一张大橡木桌外，整个地下室空荡荡的。邻居家的孩子们说："我们一起玩吧。"一位孩子问我："玩什么呢？""我知道，"我说："我们来玩上帝和天使的游戏吧。"那些孩子问："但谁来当上帝呢？"我回答说："我来当上帝，你们当我的天使。"孩子们同意了。他们异口同声地说："我们要先建造天堂。"我们把每个房间的全部椅子都拖到地下室里，把椅子放在大桌上开始不断尝试建造天堂。我们把几张椅子绑在一起当作一层，在上面放更多椅子直到到达天花板。然后，其他孩子帮助我爬上去，直到我爬到最上面的椅子，坐在上面。我坐在上面感觉很好，而其他孩子围着桌子转圈，一边把手臂当作翅膀不停挥动，一边唱歌。突然有一位孩子问我："你为什么不飞呢？"我伸出手臂试着去飞。很快我就摔到地上，我的右臂也折断了。这是我能回想起的第一次"私人的"心理剧，我一人兼任导演和主角。[7]

虚拟实境学习法的另一个历史渊源是军队中采用的模拟和游戏。人们一般认为19世纪的普鲁士军队首次运用了模拟的方法，不仅用于战场策略的规划还用于士兵招募。用于筛选新兵的书面测验并不能选出符合军队需要的军官，因此军方人员设计了模拟活动来检验未来士兵如何应对真实的指挥情景。后来，英国军队借鉴了这一做法对各类角色进行测试，包括军官、特工和工程师。在一些模拟活动中，候选人必须面对独自行动的情景，而另一些模拟活动则要进行小组互动。很快，模拟活动就被运用于训练士兵和选拔官兵上。模拟在美国工商界最初被用于招聘，之后推广到培训，最后发展成复杂的经营模拟。

虚拟实境学习法的另一个军事渊源是战争游戏。[8]最初在沙盘上进行战争游戏的是普鲁士人；1798年在石勒苏益格（Schleswig）进行的首次战争游戏称作"军棋游戏"（Kriegspiel）。后来沙盘发展为有网格和棋子的地图，可以通过移动棋子代表并应对真实的军情。[9]演习开始前，必须对冲突的性质进行分析并确定参战各方及其物资的状况。此外，还需要商定现实约束条件并考虑随机因素，例如天气或突袭。利用简陋的沙盘对战场地形进行模拟时，只需很低的成本就能对各种替代性作战计划进行检验。

二战期间，日本海军大学校设计了一款战争游戏并在1941年中期至1943年中期这个时期进行模拟，以检验日本的军事目的。此外，盟军采用高级战争游戏来对付成群行动的德国潜水艇。如今，战争游戏可在计算机上进行模拟，也可以通过实时军事演习的形式开展。

二战后，从模拟战争游戏中获得的成果被应用到外交政策领域。各种外交政策游戏被设计出来并用于模拟在可控情景中讨论世界局势的外交谈判。麻省理工学院的林肯·布卢姆菲尔德（Lincoln Bloomfield）、西北大学的哈罗德·古茨科（Harold Gutzekow）和兰德公司（Rand Corporation）都是这个领域的领头人。[10]

如今，战争游戏被视为严肃游戏运动的一部分，这个运动促进了用于教育或训练的游戏的发展。"严肃游戏"这个词从1970年就开始被使用，但直到2002年的一项公共运动计划重点开发用于保健、管理、社会变革及其他教育议题的严肃游戏，严肃游戏这个词才开始广为人知。[11]国防始终是这类游戏的重点，因为一些最普及的严肃游戏都是由于美国陆军为了招募军人而委托游戏厂商开发并向公众发布的。军队仍然在严肃游戏运动中发挥着重大影响，这是因为军队始终需要在非常复杂的情景中训练军人。

第一款商业游戏一般归功于美国管理协会的弗兰克·里恰尔迪（Frank Ricciardi），他根据自己从日本海军大学校获得的战争游戏的启发，开发了一种商业游戏。[12]经过一年的开发，美国管理协会于1957年发布了这款名为"最高管理决策模拟"的游戏。在游戏中，相互竞争的经理人基于对自己公司的全面了解，以及对市场和竞争对手的不完整信息的掌握，争夺市场份额，因此这成了一款交互式团队游戏。

博弈论还要归功于数学家约翰·冯·诺依曼，他提出了竞争和不确定条件下的定量决策理论。1944年在他发表的经典著作《博弈论与经济行为》（*The Theory of Games and Economic Behavior*）中，他提出了描述竞争特性的术语以及将计算机用于博弈所需的定量方法。[13]

采用虚拟实境学习法的一个重要因素是"迁移"这个概念（第七章第114页也有讨论）。迁移这个概念源于桑代克和其他行为心理学家关于技能和练习的研究，指学生将一种情境下获取的知识运用于另一个情境的能力。换句话说，迁移就是将先前获取的知识运用于一个全新的情景。虚拟实境学习法从根本上也是关注在一个结构严谨的支持性环境中获取知识，然后将其迁移到一个复杂的现实环境中。例如，学生对方法、假设和策略进行检验，以了解其他人对这种情景的应对方式，然后将这些知识迁移到更高级别的情境或下一个难题。[14]正因为如此，虚拟实境应尽可能逼真，并包含所练习技能的关键属性。[15]角色扮演、戏剧情节、模拟和游戏可以凭借其本质及设计促进迁移过程。[16]

对虚拟实境学习法的已有认识

虽然虚拟实境学习法的起源多种多样，但共同目标都是创建一个可以用来了解角色、情景或个人表现的模拟实境。如今，这些起源在教育领域的以下三类虚拟实境中大放异彩：角色扮演、戏剧情节以及模拟和游戏。这些形式包括教师创建的角色扮演情景、半结构化迷你剧和大规模多人在线角色扮演游戏。参考以下角色扮演实例：

凯文·布朗（Kevin Brun）在科罗拉多山学院（Colorado Mountain College）执法培训学院任教。在面向准警官的教学中采用的主要教学方法之一是把他们放在实际情景中训练他们的技能。"我还是这所学院的学生时，我们经常讨论这些技能。但练习这些技能显然更加重要，"凯文说道。"警官需要形成肌肉记忆，缩短反应时间，学生还需要了解在压力下他们可以实际发挥出的能力。"虽然学院采用多种形式的高科技模拟，但一些能力的培养需要学生能在多种情景下顺利执行基本任务。在拘捕行为控制课程中，角色扮演方法被用于教准警官学会拘捕技能，更重要的是学会遇到拒捕情况时应当采取的措施。教师首先演示典型的拘捕程序，让学生以两人为一组对这个程序进行角色扮演。凯文说道："学生必须使用适当的语言才能取得成功，如转过身去、将双手放在背后等。"然后，凯文会提高角色扮演的难度。万一被拘捕的人逃脱怎么办？万一他们拒绝将手从口袋中拿出怎么办？学生需要仔细思考并练习出现这些情形时应采取的措施。在另一项常见的角色扮演中，执法专业的学生走入一个无法预知的陌生场景。在这个角色扮演中，学生必须闭着眼睛静静地站着，而且在听到或感觉到有状况出现之前不能移动。他们完全不知道会发生什么情况，但当他们一睁开眼睛，可能就会有人企图抢走他们的枪或者马上要挥拳打他们。他们必须依靠自己的本能反应，练习应对不确定的情形。"实际上我们给他们佩戴了心率监视器。通常在他们睁开眼睛之前心率就会升高，因为他们预计会有什么事发生。但在他们应对时，如果采取的是以前学过的行动，那么一开始行动，他们的心率通常都会下降。心率会随着他们自信心的增强而下降。"他说道。学生会相互观察这些情景下的角色扮演，因此他们可以知道其他人做出了什么反应。"他们可能会发现别人做出了不同的反应，而且会想，我本来也应该这样做，或者现在我知道不应该这样做了。"他说道。这些方法可以让凯文的学生在安全的环境下而不是真实的情景中犯错误。"有些学生可能在第一周的工作中就会实际遇到这些情况，因此他们需要同时做好身体和心理准备。我更倾向于认为这是帮他们建立了一套求生的思维定势。"[17]

角色扮演

在角色扮演这种活动中，少数学生（通常2～3人）充当具体分配的、明确界定的角色并将涉及某个目标或问题的事件表演出来。例如，在一次经典的商业角色扮演中，一位学生扮演一个不满意鞋子有瑕疵、前来退货的顾客，而另一位学生扮演售货员。顾客要求尽量争取满意的结果，而售货员要求遵照不退货政策，尽可能不退让。两名学生在表演时需将分歧展示出来，并尽力协商解决。

角色这个概念源于社会学，表示文化赋予的、与特定社会地位一致的一整套行为模式。[18]例如，律师、社会工作者、医生、外交官或警官都是一种角色，而且每个职业都附带了某些角色期望，这些期望因组织或国家而异。一些职业伴随着角色冲突，期望某人执行的某些活动会干涉到他人，如管理者既需要约束员工又要在员工遇到困难时做到思想开明、平易近人。一些社会学家（功能论者）主张角色是由社会规定和限制的；而另一些社会学家（互动论者）认为，扮演者的人格差异以及对其角色的不同理解会调整角色，进行不同的演绎。社会学中最知名的角色理论家欧文·戈夫曼（Irving Goffman）认为人生实际上是一个舞台，很多人类行为都能理解为舞台上的角色扮演——有时这种扮演非常真诚、现实，有时有点理想化，有时却玩世不恭。[19]

角色扮演采用了社会角色的概念，可用于各种教育目的，例如诊断和分析特定的角色、向学生讲授角色的内容、给学生练习某个角色的机会，或评价学生实际扮演角色的表现。[20]角色扮演可以用于不同的目的，因此务必在角色扮演活动开始之前阐明其确切目的。例如如果学生认为角色扮演的目的只是练习而已，而实际目的是对他们进行评价，那么他们就会感到混乱而局促。[21]

角色扮演的安排

通过设定明确的学习成果来阐明目的能引导关于角色扮演的一系列后续决策的制定。

（1）单场或多场角色扮演。只需在多位观察者面前进行一次场景表演，还是需要同时发起几场角色扮演？多场角色扮演能让更多的人参与进来，但一场精心设计的角色扮演能让观察者有更多操控、观察和讨论的机会。

（2）高层或低层结构。是否只向参与者提供笼统的情景说明，以便让他们即兴表演自己的角色，还是需要为角色精心编制剧本？有剧本的角色扮演能够实现高度集中的示范效果，而结构松散的角色扮演能激励进一步参与，允许更多的即兴变化，更符合学生在真实环境中的需求。

（3）角色的数目。每次扮演多少个角色？扮演者有没有第二自我，或可以向其咨询怎样扮演自身角色和接下来采取什么措施的辅导者？同时扮演过多的角色可能会引起混乱，但让更多的人作为扮演者或第二自我参与也有一定的优势。

（4）非言语行为的重要性。将重点放在台词上还是非言语表演上？强调剧本内容能让表演者更多关注思想和语言，但强调非言语行为更能让参与者深入角色扮演的情感层面。角色扮演也可以完全以哑剧的形式进行。

（5）角色扮演的持续时间。角色扮演持续几分钟还是更长时间？或许有必要在某些时候暂停或定格表演，从而进行解说。或者可以在长达几个月的时间内，以短暂的间隔进行更复杂的角色扮演，以便随着时间的推移提高复杂度。

角色扮演的素材

用于发起角色扮演的素材具有群体活动工具的一些属性，例如，素材可以确定任务并提供表演的理由。但角色扮演的素材必须强调角色——人们在特定情形下的行为，以及随着表演的进行，他们对角色扮演所付出的努力将如何复杂化。与其将素材视为行动指示，不如将其视为创造一种情景或心理状态所做的尝试。[22]

用于发起角色扮演的素材可以包括备忘录、电子邮件、图表、角色简介、常见情形、录像、网站或实际剧本。很多情形下，教师会创建自己的角色扮演素材，但越来越多的材料可通过网上资源获取。无论怎样创建素材，素材都应足够简短以便快速理解，但也应明确学生在可表演的情景中应当做什么。素材还必须与目的密切相关，从而让所创建的情景成为预期真实情况的虚拟实境，而且素材必须有带来预期的学习成果的潜力。

教师的角色

采用角色扮演时，教师往往在决定相关安排和创建素材中发挥着重要作用，但教师也是角色扮演的管理者。教师会选择适当的学生扮演每个角色、确保指示足够清晰、为观察者分配明确的职责、引导角色扮演的进行并主持关于角色扮演意义的后续讨论。

教师往往对谁会演得好或者谁可从特定角色中获益有深入认识（或者会积极了解）。教师知道怎样开始角色扮演，以及何时和怎样停止角色扮演。教师还对实际扮演情况对扮演者可能产生的影响非常敏感，因此有时会让他们表达自己在角色扮演中的感受，或者留意强烈的情绪反应。最重要的是，教师需要利用角色扮演产生的活力和动力来达到预期的学习成果。虽然学习成果往往来自角色扮演过程本身，但教师对角色扮演过程的总结报告很有价值，因为这样参与者和观察者就能识别并用语言表达出所学习的内容。有时角色扮演会触发关于其他事物的讨论，并将学习内容延伸，超出了角色扮演所描绘的问题。教师承担着创建虚拟实境并将其与预期学习成果关联起来的责任，而且时刻需要牢记真实情境才是学生最终运用所学知识的地方。

经验丰富的教师知道可以在角色扮演中强调角色的以下不同方面：

- 角色冲突——当同一个学生要求扮演两个相互冲突的不同角色时，例如一位护士对受害者蒙受的损失感同身受，但又必须将他们转移到安全的地方
- 新角色——充满了困惑和意外的角色，比如一位刚刚从业的社会工作者在社区中心工作的第一天就面临危机
- 角色关系——某人需要与难以应付的人打交道，例如一位宿舍助理遇到一位醉酒的学生
- 角色疲劳——很难反复地扮演同一个角色，如始终如一地保持微笑和友善，就像酒店前台职员一样
- 角色困惑——不清楚自己的角色，比如一位执法人员来到家庭纠纷现

场时夫妻两人已经决定和解

- 双重角色——扮演者面临两个角色，比如一位财务顾问希望推销某种投资产品，但发现对方家庭跟自己已有长久的友谊[23]

效能型教师还知道履行某些角色时会涉及角色互换，而这只是遵循社会约定对角色的严格限制；有些角色扮演中，学生对所扮演的角色的解释有一定的自由度；而有些实际上要求创造角色，学生必须运用高度的自发性和独创性即兴演绎角色。教师还知道大多数角色都包含强调关系的社会层面以及强调个性和参与者内心情感生活的心理动力层面。

这种学习方法中最受欢迎的技巧之一是角色互换，即两位或两位以上学生分别扮演自己的角色然后相互交换角色。角色互换可以让学生设身处地对对方的角色产生同理心。虽然角色扮演依赖自发性的同步互动，可能很难在不同步的在线课程中实现，但很多在线角色扮演软件程序可以让学生单独经历某个情节，依次扮演不同的角色。各类角色中固有的多样性为教师沿多个有趣的方向引导角色扮演提供了充分的机会。经验丰富的教师深知这种多样性，而且会适当地加以运用，使活动适合预期的学习成果。角色扮演可以是一种非常简单、便于管理的学习方法，但它蕴含了极大的潜能，因为设计和调整基本技巧的途径实在是太多了。

戏剧情节

戏剧情节与角色扮演有些相似，但演绎的是更复杂的情景，通常包含几个角色以及不断展开或发展的问题，很像戏剧中的一小段场景。戏剧情节的概念源于社会剧和心理剧。社会剧往往涉及社会角色和关系，而心理剧更多地关注个人的内心活动和私人事务。但这两者采用的手法非常相似，而且都源于创始人 J. L. 莫雷诺的研究工作。[24] 教师可以对社会剧和心理剧中采用的手法进行修改，从而促使戏剧情节在教育领域中发挥作用。

大多数戏剧情节也涉及角色，因此角色扮演中关于角色管理的观点和建议也适用于戏剧情节。戏剧情节的不同之处在于表演的时间长短和情景的复杂度。与角色扮演一样，戏剧情节需要依赖一定的条件才能开始：需要表演某一个场景，并展现少许戏剧效果，因此也被称作"情节"。某些情形下，需要提前精心编写情节，包括每个表演者的剧本、对观察者的指引、对场景的描述、表演概要，甚至还包括道具和服装。而其他情况下，准备工作不需要那么正式，只需给表演者提供一般性的指示，而表演内容则需要自行创作，比如即兴剧。从社会剧借鉴而来的三个阶段可为戏剧情节的开展提供参考：

（1）暖身用于帮助参与者从现实生活的种种急迫问题过渡到戏剧世界中去。参与者需要清楚所获得的指示、情景的内容和活动的总体目标。他们需要做好表演的准备。

（2）演出是对情景的实际表现。这种表现需要足够严肃才能形成虚拟实境，但总是应当以学习潜力而非表演质量作为重点。学习过程大部分是通过表演本身进行的。

（3）分享是一种实用的回顾手段，参与者可借以回顾当时的感受和观点，同时也能听取观察者的评论。

与社会剧一样，戏剧情节往往能够引发某种情绪宣泄（满意的情绪表达）、一些新见解（新观点）或某种角色训练（新能力），以在特定的情景中有效地表演角色。[25]

推动戏剧情节

一旦牢记了预期学习成果并获得了戏剧情节的素材，接下来最好对角色和表演进行简要介绍，让学生对即将发生的情况有一定的认识。表演之前，教师最好询问是否有人对主题感到不安，如果确有此情况，则应当在既不惩罚也不追问的情况下私下提供他们不用积极参与表演的机会。

从社会剧借鉴的以下几种有用的技巧可用于推动戏剧情节的表演：

（1）角色互换。扮演者在表演期间或稍后的重演中交换角色。可以让学生扮演其他角色以培养同理心，获得新的视角，然后再回到原来的角色完成整个情节。

（2）替身。让一位学生担任一位表演者的内心独白或第二自我。替身可以打断对话以表达该角色的内心思想，甚至用身体语言来描绘其未说出的内心感受。

（3）镜观。替身实际上只是暂时取代扮演者，以便让扮演者暂时跳出情境并观察所发生的情况。有时教师会以替身或镜观的身份提供支持、发出挑战、提出质疑或放大情感。

（4）空椅法。给一个虚构的额外角色分配一个位置，扮演者可以对它宣泄情感、和它进行试验或向它征求建议，把它当成一位虚构的导师。

（5）独白。这种技巧往往在戏剧中使用——其中最著名的是哈姆雷特中"生存还是毁灭"的独白——为角色提供了从表演中解脱出来反思内心情感的机会。在戏剧情节中，教师可以站在学生旁边要求学生通过简短的独白呈现此刻的思想或感受。

（6）边走边说。教师可能会让学生来回走动进行边走边说式独白，以缓解紧张并走出困惑。有时教师会真的带学生走出场景好好谈一谈，以找到处理这种情形的新途径。敏锐的教师知道学生什么时候想说"给我一点时间"，并会根据需要安排暂停表演。当解决了学生感到困惑的问题之后，表演可以继续进行，而且表演效果也许会更佳。

（7）定格。教师可以像定格正在播放的录像一样暂停表演。学生听到定格的命令后会停在原地，这样教师就能对身体语言、表情、语调、沟通方式或空间布置发表评论。有时还会要求观察者对定格画面发表评论。

（8）具象化。可以用代表感受的具体动作表现出"无足轻重的人"或者"欣喜若狂"等抽象表情。

（9）雕塑。通过对表演者进行布置以对整个场景进行安排和戏剧化表达。例如，扮演一位高度依赖某份工作且抱着上司膝盖的员工以表现每个人都知道但不希望谈论的情形。

（10）未来投射。教师问学生对未来的情节变化有什么看法。[26]

技艺娴熟的教师不仅会发起表演，而且知道怎样随着戏剧的进行运用一系列技巧组织表演，从而最大限度地提高学习效果。

分享所学知识

学生通常能意识到一个场景何时表演完，这时教师需要结束表演并开始分享。[27]学生往往需要机会来表达自己的感受——受挫、窘迫、困惑、满足等，并从自己的角色中解脱出来。一直耐心观察的观察者更渴望进行谈论，给出评价。教师可以协助设定分享的基本规则，例如不带主观判断地观察、接受分歧的意见、诚实地表露以及尽可能避免给予建议和诉诸道德。观察者需要记住总有一天他们自己也会成为表演者，因此他们应当以自己能够接受的形式呈现观察结果。分享对于展现戏剧情节如何促进学习从而改善表现有重要作用。学生也可对体验进行批判性评论，而且如果情节的发展不如计划的那么好，可以在重演之前加以改善。

虽然戏剧情节比角色扮演更复杂，而且要求教师具备更多知识和技能，但戏剧情节为创造一个安全、低成本的学习虚拟实境提供了很好的机会。请参考以下戏剧情节的实例：

杰夫·波登（Jeff Borden）曾在丹佛大都会州立学院和北科罗拉多大学教法庭沟通学。在这门课中，各个专业的学生聚在一起，以达成一些共同和独立的成果，包括非言语沟通、口头沟通、说服、辩论和推理技能。在这门课中，学生参与了"世纪审判"。这个大型的戏剧情节持续了整个周末,其中学生扮演法庭角色并尝试确定某位被告是否有罪。周五的课上,一位特约讲师开始进行陈述,这时身着戏剧服饰的杰夫突然进入教室,一边大叫一边声称钥匙被偷。之后没多久灯光熄灭,再次开灯时,"被杀博士"已经被害并倒在血泊中。学生随后开始进入表演,扮演各种角色。负责辩护和指控的出庭律师开始立案,提问证人,法医和犯罪学家根据设定的线索协助整理相关理论,在预先审查期间挑选人员组成了陪审团。周日早上陪审团做出判决使整个案件达到高潮。杰夫甚至从社区招募了一位在任法官对审判程序进行管理。杰夫作为教师观看了演出过程,但只担任观察和促进的角色。"在我'死亡'一幕发生后,我就回归了教师的角色,开始发挥促进作用,"他说道,"需要协助或指导的任何团队都可以向我求助,我还在审判过程中担任指导者,有时会让表演停下来给予中肯的点评。"学生不仅对有效的法庭沟通方式进行练习,还很享受这个过程,甚至经常邀请自己的家庭成员观看结案陈词。"我们的现场往往有一个巨大的'旁听席',从而为练习这些重要法庭沟通技能的学生增加了更强的真实感。"[28]

模拟和游戏

角色扮演和戏剧情节都有虚拟实境的要素,但在模拟和游戏中,虚拟实境变得更加突出和复杂。"模拟"和"游戏"这两个词在相关著作中经常被互换使用,有时还以"模拟游戏"和"模拟/游戏"等的形式出现,更让人感到困惑。模拟是对现实世界某个方面的再现,首先通过建立抽象的模型,然后以动态方式操纵模型,以达到学习目的。[29] 模拟需要将社会或物质现实中的要素提取出来,让人进入其中学习。[30] 模拟可能倾向于以下两个方向之中的一个:用于探索、了解或练习个人或群体之间的社会互动,或者用于探索、了解或练习物质或机械世界的实际操作,例如对仪器、设备或运输工具的使用。[31]

游戏往往是一种强调竞技或征服的模拟,一种有特定规则和明确结果的竞赛。[32] 虽然有时玩家可能在游戏中相互竞争,但他们往往要联手对抗共同敌手,或对自然事件或破坏性力量进行控制。游戏有自身的规则和目标,通常也包含一定的娱乐元素。[33] 如果我们剔除纯粹为了娱乐的游戏(例如体育或棋类游戏),以及用于拓展思维或培养创造力的抽象游戏,那么剩下的只有用于教育的严肃游戏或教育游戏。在模拟中,玩家往往扮演规定的角色;但在游戏中,玩家可以操纵自己的角色,而且角色和目标往往可以由玩家自行确定或调整。[34] 并非所有的模拟都是游戏,因为有些模拟没有明确的结果或竞技要素;同时,也并非所有的游戏都是模拟，因为有些游戏并不是虚拟实境。虽然充满趣味、可以向学生传授学习内容的游戏有很多，但在应用这种学习方法时，我们的重点集中在培养学生综合判断力的游戏和模拟上。选择模拟和模拟性游戏，应检验它们在教育中达成预期成果的潜力。请参考以下实例：

在北德克萨斯大学"教师教育计划"的在线和校园特殊教育课程中，坦德拉·泰勒－伍德（Tandra Tyler-Wood）采用模拟方法进行教学。"如今真的很缺乏从事特殊教育的教师，而且随着越来越多的学生转入正规班级上课，几乎所有准教师都会遇到有各种不同需求的学生，"坦德拉说道，"但准教师一般在实习期间不会接触到各种类型的学生。我们需要通过一种容易管理的方式让他们了解各种不同类型的学生需求。"坦德拉采用了课堂模拟软件程序"模拟学校"让他们获得这方面的体验。[35]培训期间，她的学生扮演教师的角色，并可以看到各种学生坐在课堂上的一个场景图片。教师可以从头到尾将课堂活动演练一遍，随着课堂活动的进行，还可以选用多种教案、活动流程、行为管理策略、对学生的评论及其他课堂任务。"虚拟模拟最大的好处是可以创建自行定制的学生，可以让学生具有尽可能多的特殊性。"她说道。通过操纵视觉能力或体能、个性维度（例如随和性或情绪敏感度）和学习成绩维度等变量，教师可以创建各种类型的虚拟学生。通过跟这些虚拟学生进行模拟教学，准教师可以了解学生独特的学习需求，并练习怎样相应地调整教学方法。坦德拉帮助她的学生解释从模拟中获得的数据，例如他们是否善于分配教学时间；是否善于针对学生进行调整或是否善于解释任务中的行为。"学生非常喜欢操作模拟学校。他们很庆幸能在短时间内接触多种多样的潜在学生。虽然'真实的'学生不一定会做出与'虚拟的'学生相同的反应，但他们通过模拟提高了自信心，因为他们觉得自己可以预测并且解决实际课堂中可能出现的问题。"[36]

模拟比游戏在高等教育中使用得更加广泛，因为教师对角色和规则的控制能力更强，而且能针对特定的学习层面。游戏可以成为强大的学习环境，但开放性也会更强。教育游戏领域的带头人詹姆斯·保罗·吉（James Paul Gee）说："数码游戏本质上属于问题解决空间，学生可以持续学习，并通过娱乐和消遣掌握知识。"[37]游戏通过因果关系教会学生角色和判断。游戏中，学生采取行动、观察他人的行动并加以思考。通过这个过程，学生开始理解行动模式以及人们是怎样相互关联、行动、反应和回应的。

模拟和游戏可划分为特定的元素，了解这些元素对于教师有效运用这种学习方法非常重要。虽然学者使用很多词语来描述这些元素，但我们认为这些元素可以简化为以下 8 个词（英文中都以"R"开头）：

（1）理由（Reasons）。指开展活动必须要有的明确目的或一套理由，即模拟或游戏所要探索的主题。"理由"可以为使用游戏时需要做出的其他决策建立准则，而且可以突出活动特定的重点。[38]预期的学习成果是什么？在什么情景下运用？活动的根本目的是什么？

（2）现实（Reality）。教师需要选择模拟现实的某个方面。模拟活动包括以模型的形式对现实进行一定程度的抽象呈现。要突出哪些要素、排除哪些要素？现实在多大程度上或现实的哪些方面需要体现在模型中？[39]

（3）角色（Roles）。教师需要确定和分配角色，并提供情节。由谁来扮演？扮演什么角色？他们要做什么？可以怎样通过活动目标让他们进入表演？表演会怎样发展？

（4）规则（Rules）。活动有一定的规则或程序，这些规则或程序为表演者设定了限制因素。这些规则实际上会推动游戏，并设定或限制可能性。怎样确定并传达规则？规则可以打破或修改吗？规则又是怎样执行的呢？[40]

（5）资源（Resources）。活动将使用某些资源。游戏或模拟有可能完全在计算机或移动设备上进行，或者部分在现实世界中进行。教师可能需要准备一个模拟教室或设备、图形显示器、问题、数据库、对象、录像、录音磁带、素材、耗材、写作和记录工具等。这项活动需要哪些资源？什么时候需要这些资源？

（6）记录（Records）。活动可能会产生信息、数据、分数，有时可能需要进行计算。活动采用什么统计系统？谁负责跟踪所生成的数据并进行数据分析？使用哪些程序或软件来建立统计系统？按什么顺序接收和传递信息？[41]

（7）执行时间（Running time）。活动有一定的实施步骤、阶段或顺序。[42]有时这些要素包含在指导或间歇性的命令中。活动的虚拟时间框架（日、月、季度）有多长？会给虚拟时间分配多少真实时间？活动有哪些周期？各周期又分配多少时间？一个周期内包含多少虚拟时间？

（8）结果（Results）。活动将产生特定结果，或成功或失败；也会制造赢家和输家，或者达成某种解决方案。解决方案的限定或开放程度有多高？玩家怎样知道游戏何时结束？活动如何结束？

与角色扮演的推动者或戏剧情节的导演者一样，教师对模拟或游戏的管理承担特定的职责。[43]第一步是选择游戏或模拟，现在有大量现成的游戏可供选择，网上也有许多游戏可供下载。经典游戏虽然有很多，例如流行了数十年的"俄勒冈小道"和"模拟城市"[44]，但每年都有越来越复杂的新游戏被开发出来，通过多种途径售卖或免费公布。库特斯·奎尔（Kurt Squire）确定了良好的教育游戏设计应具备的条件：教育游戏应当能激发玩家的兴趣、提供多种游戏模式、鼓励社会互动而且要靠学术知识和系统性理解来实现目标。[45]大多数教育游戏都被冠以上述标签或者称之为严肃游戏。教师要避免将许多伪装成游戏形式的反复练习误认为真正的教育游戏。实际上类似游戏的反复练习使用非常普遍，以至于人们给它起了一个流行的叫法——"巧克力盖花椰菜"。当教师面对大量可供选择的教育游戏时，他们需要提醒自己虚拟实境学习法的目的是在逼真的环境中培养复杂行为、判断力和系统化思维。

如果教师可获得的游戏或模拟不能充分地配合预期的学习目标，这时可以对游戏进行修改（在版权范围内）以适合特定的目的或时间框架。幻想游戏被用于研究团队合作和社会行为。甚至也可利用内嵌运动专营店方案的足球视频游戏向学生传授营销知识。[46]但是，有时可能有必要从头设计一款游戏或模拟。虽然需要为此付出更多努力（对于视频游戏而言，可能需要一个由外部专家和设计师组成的团队），但从长远来看，新开发的产品可能会达成独特教育效果，完全值得花费时间。

一旦选择或创建了模拟或游戏，那么接下来最重要的就是对它的使用进行规划，因为活动一旦开始就能自行运转。下面是计划列表：

（1）了解游戏。教师应当对游戏有充分的了解：它有什么功能，没有什么功能，有哪些角色和规则，需要怎样做才能完成游戏或者取胜。

（2）参与。担任教师的角色前，最好先以玩家身份参与，以便完全熟悉模拟的运作情况。

（3）材料。如果游戏或模拟不是完全自动化的，那么就需要精心制作和编排材料，并适时呈现。

（4）角色分配。在很多游戏中，学生可以选择自己的角色。但另一些情形下，教师应当通过深思熟虑，仔细给小组或个人分配角色。

（5）空间布局。活动场所应当适合进行所规划的活动，并包括不止一个空间，如媒体、一个或一个以上的供参与者使用的大本营、计算机或移动设备、实验室空间或一个专门设计的模拟环境。

（6）统计。当需要使用数据集或会产生定量信息并需要分析时，应当做好统计处理的准备。

（7）简要说明。模拟开始前，教师应进行简要说明，以分配任务、对活动进行概述、提供材料、解释角色和规则并让学生意识到预期的学习类型。

（8）独立观察。一旦模拟开始进行，教师通常都会刻意保持距离，置身事外。与戏剧情节的导演不同，模拟中的教师更像一位道具管理者，尽量待在幕后、限制自己出现的频率，并抑制插手干预的冲动。如果模拟或游戏以虚拟的形式进行，那么教师一般能够放手不管。如果模拟或游戏以真人的形式进行，那么教师一般应当始终保持严肃,不表露出满意或不满意的表情。这样做有几个原因:精心设计的模拟或游戏几乎可以完全自行运转,参与者应当成为活动的主人翁,而且模拟或游戏的气氛不宜被外界影响,以便增强其真实感。

(9)时间管理。教师主要承担时间管理的职能,包括发起活动、帮助参与者在各阶段之间过渡、让学生知道还剩多少时间、必须赶上哪些时限、决定何时停止或是否重演等。这样,教师可能会来回走动、观察,但不会给予指导或干预,因为由角色和规则推动的表演会自行运转。

(10)及时解释。教师应当随时准备在学生有困惑或疑问时停止活动,提供信息、额外资源甚至简短陈述,防止这些问题阻碍学生完成模拟或游戏。[47]

(11)听取报告。教师在听取报告期间会回到较为熟悉的角色上,要求学生对所学知识进行描述。教师应当帮助学生考察自己的行动,并对不同学生的行动和结果进行比较,以找出模拟中存在的模式和规律。这时,最关键也是最困难的一点在于让学生停止讨论活动的细节,而且从活动中提取学习的精髓。

模拟和游戏的一个优势在于它们可以按任何设定规模进行,从只持续不到一个课时、重点明确的简短游戏到持续较长时间、更加详尽的角色和活动安排。然而,如果所模拟的实境较为复杂,那么可能很难创造出相应的虚拟实境,而且模拟过程会耗费大量的时间和资源。请参考以下营销模拟实例:

卡尔·梅拉(Carl Mela)在杜克大学教"品牌管理"课程。"品牌和产品经理'经营'一份小生意,因此对品牌的盈亏负责。但几乎没有专门的课程教授学生实现这个目标所需的步骤,"卡尔说道,"这门课的目标是培养这样的管理者,知道如何建立品牌资产并让其品牌具备持久的市场优势。"卡尔采用一种名为"PharmaSim"的营销模拟软件程序,让学生扮演一家医药公司的品牌管理团队。[48]学生需要在定价、广告、促销和分销等方面做出决策,并通过模拟检验自己营销策略的市场表现。这款程序为学生提供了真实的体验,达到了一般情况下在短短一个学期内无法实现的效果。卡尔在给学生打分时,营销计划的质量占30%,而计算机模拟的表现只占5%。虽然有效的营销计划通常会带来优秀的业绩,但这款模拟可以让学生了解自己所做的选择是怎样发挥作用的,因此学生可以从错误中吸取教训,并对品牌管理的复杂程度及各因素之间相互作用的方式有所认识。"最重要的是,"他说道,"我分阶段评分,以便在学生进行模拟的过程中给予反馈。根据我的经验,组织机构中更常见的做法也是给予交互式反馈,而不是在任务完成时集中发表意见。就此而言,学生有机会对反馈做出反应并从反馈中吸取经验。"[49]

如何评价虚拟实境学习法的学习效果

要评价虚拟实境学习法的学习效果看起来似乎困难重重。教师应当怎样检验学生扮演角色或玩游戏的情况呢？当然，教师的目标并不是评价扮演或玩游戏的过程，而是学习成果。只要教师回到使用虚拟实境学习法的初衷，这个过程就简单多了。如果目标是在虚拟情景中培养复杂的专业判断力和系统化思维，则教师可以根据学生的预期学习成果来检验所学的知识和所达成的目标：学生的专业表现有多大改善？学生离成为真正的专家还有多远？

使用角色扮演和戏剧情节时，总结性评价的依据往往是学生的表现与教师对学生所扮演的真实角色的期望之间的匹配程度。[50]这往往关系到观察和推断。教师可以用评价量表清楚地说明销售互动、灾害管理或执法等领域中出色的表现有哪些构成因素，并相应地评价学生的表现。这类评价量表可以非常具体，例如"销售助理很礼貌地确认了客户的投诉，同时引导交谈达成解决方案"，也可以较为笼统，例如"扮演车站经理的学生在制订适当的行动计划时表现出领导力"。评价量表可以帮助教师更具体地了解他们对学生行动的期望。

就设计初衷而言，模拟和游戏着重于形成性评价、自我评价和掌握情况。当然也可以采用与角色扮演和戏剧情节类似的评价量表，但在游戏中，学生会努力打通每一关或取得胜利，这两种情况都可以作为评估形式。一些游戏内嵌了评分的手段，可以自行决定玩家是否已经过关或还差多少过关。而在另一些游戏中，学生可能需要制作演示文稿、提出方案、写心得报告或直接与教师对话，以显示从游戏中学到的知识。无论是哪种情况，对游戏的掌握都应当以获取可衡量的专业技能水平为标准，而不是看谁累积了最高的分数。

游戏还可以包含嵌入式评价。库特斯·奎尔（Kurt Squire）在一个寻找污染水源的游戏中描述了这个过程。这个游戏包含了"精心布置的干扰"，以确定学生所使用证据的来源。[51]这些干扰突出了学生可能使用的常见错误想法或证据，能帮助教师确定学生能在多大程度上根据相关证据得出结论。

活动过程对学习的重要性超过了最终结果，或许在这种学习中尤为如此。来自教师、其他学生或扮演者、软件或模拟本身的反馈都会影响判断的形成。哪些因素发挥了作用？哪些因素没有发挥作用？学生采取某些行动时其他因素或个人发生了什么变化？在这些反馈的基础上进行自我反思对学习非常重要，因此应当加以鼓励。虽然往往总结性评价是必要的，但教师在使用虚拟实境学习法时应当经常思考这种学习方法的目的，以确定是否进行评价，以及评价的项目和范围。

适合虚拟实境学习法的技术

学生使用虚拟实境学习法学习时，尤其是采用模拟和游戏时，技术往往发挥着重要的作用。尽管角色扮演及其他模拟活动不借助任何技术也能非常有效地进行，但用于模拟真实体验的很多技术可能给这种学习方法带来很高的价值。成本高昂、参与程度高的模拟（例如用于训练航空公司飞行员的飞行模拟器）已经存在了数十年之久，而且花费了多年时间和大量资金才开发出来。如今，计算机、软件应用和移动设备将模拟实境变成了任何人都能获得的体验。

或许使用起来最简单，但价值仍然很高的一种技术是录像机，这种技术目前在很多类型的照相机、计算机和移动设备中已经被广泛普及。通过这些设备可以将角色扮演和戏剧情节录制下来并回放，从而集中关注表演中的某些时刻或重要转折点。学生可以通过即时回放分析自己的行为，并考虑自己实际做了什么或错过了什么，哪些方面比较理想、哪些不够理想，哪些情节可以用不同的方式演绎等。在分享环节看完录像后还可以重新表演角色扮演或戏剧情节的某些片段。由于戏剧情节较为复杂，因此录像过程可能更加复杂，可以使用一台以上录像机来捕捉对话细节或聚焦于主要扮演者的表演。学生可以独立观看与其角色有关的录像片段。

可以采用标准商业软件来创建虚拟实境，例如，采用电子数据表中预设数据集的财务模拟是一种创建模拟的简单方法。经典棋盘游戏"垄断者"中描述的资本运作概念被改编成"Gazillionare！""Zapitalism！"等多媒体视频游戏。[52]而很多模拟城市游戏及其他多人游戏也被用于管理复杂环境和分析专业行为的训练。

其他技术较为复杂，要求的参与度也更高。虚拟技术在教育领域的应用已经流行了很多年。在"第二人生"的在线虚拟世界里，人们创建自己的图形替身（又称作"化身"），在这个空间内以虚拟形式存在。[53]学生和研究者在这个虚拟世界中对替代身份进行研究，对计划和方案进行检验、开发出考古原型，或对核材料进行实验而不会造成物质世界中可能发生的极端不良后果。虽然"第二人生"到目前为止仍未获得预期的认可或成功，但它却为研究模拟和虚拟实境学习法的可能性提供了绝佳的典范。

如今大多数学生成天随身携带的移动设备，最有可能成为虚拟实境学习法未来的发展方向。例如，麻省理工学院的多位顶尖的教育游戏专家合作开发了一款称为"环境侦探"的游戏。[54]这款游戏模拟了在当地水域发生的一次环境灾难，学生组成的团队携带移动设备进行现场考察，利用这些设备收集模拟的现场数据、进行模拟访谈并收集其他信息以查找有毒泄漏物的源头，同时展示搜集的证据。移动设备现已具备增强现实的功能，可以在现实世界的基础上增加一个计算机辅助情境信息层。它在计算机或移动设备屏幕上将真实与虚拟要素结合起来。这种增强现实的形式始于带有旧科幻电影味道的头戴眼镜显示器，逐渐发展成如今的智能手机或移动设备中常见的营销和商业关系形象。有关教育技术未来发展的《地平线报告》认为通过增强现实，"动态过程、广泛的数据集以及此前因为太大或太小而无法操纵的对象都可以以容易理解和可操作的规模和形式引入学生的个人空间。"[55]学生可以研究珍藏品，但不会真的触碰到藏品；而美国海军陆战队的机械师可以练习修理发动机及其他昂贵的机械而不会损害任何实物。[56]

最后思考

虚拟实境学习法可以让学生在进入真实情景之前培养、练习和检验专业判断力。这种学习方法也可能充满乐趣，但各式各样新颖诱人的新产品以及纯粹使用这些产品的乐趣都很容易让教师和学生偏离学习目标。由于存在这个娱乐因素，因此一些学生、教师和其他教职员可能并不相信这类活动在高等教育中的价值（学习怎么会是快乐的事情？），他们可能需要研究这种学习方法的起源才能理解其目的。中小学生已经开始创建自己的学习游戏了，很快他们就会进入大学做同样的事情。随着技术的不断进步，更逼真、更令人信服且可以促进高效学习的现实模拟也更可能成为现实，虚拟实境学习法拥有激动人心的未来前景。

要点回顾

希望有效推行虚拟实境学习法的教师应当采取以下措施：

- 确定将虚拟实境用于学习的明确目的。
- 设计或选择要使用的活动。
- 确定学生希望培养的专业行为或判断力的类型。
- 找到适当的材料配合活动的开展。
- 安排组织上的事务，例如参与者人数、所需角色类型、结构层次和时间。
- 确定所需的各种角色并创建剧本或背景，启动表演或模拟过程。

- 如果教师需要参与，确定其角色和参与程度。
- 明确开展活动所需的规则。
- 让学生为活动及可能的情绪反应做好准备。
- 必要时采用角色互换、替身、空椅法、独白和定格等技巧协助表演。
- 中止、暂停活动，用额外资源、材料、技术或及时解释来帮助学生完成活动。
- 给予形成性反馈并确定活动的哪些方面适用总结性评价。
- 听取学生体验报告以确定并讨论他们学到的核心知识。

第十章
基于体验式学习法的教学
——反思体验

预期学习成果 学生学到了什么	学习方法 渊源和理论	常用方法 教师讲授了什么
体验的反思 通过真实体验实现自我发现和个人成长	体验式学习法 体验式学习法、认知神经科学、建构主义	实习 服务型学习 留学

这种学习是不是源自经验?这种学习方法是不是在学生走出校园后投身实际工作、服务或旅行经历时产生的?如果学生有机会反思自己的体验并从中找出意义,那么他们能否从体验中学到更多东西?其中是否有可能学会以新方式看待事物?**体验式学习法**能有效地达成这些学习成果。

一位法学教授安排法律专业学生在有监测的情况下参加一项校外实习活动,也是一种体验活动。学生编制了一份学习日程计划,写日记和博客文章,并与教师和同学分享观察结果。他们全班每周以面对面或在线方式碰一次头,研究自身体验的意义。在此过程中,他们将确定自己是否喜欢法律这个行业,如果喜欢的话,哪一类法律工作最适合自己。

我们常说,每个人都会从体验中学到东西,但不幸的是我们认识的很多人都不会这么做。那么什么是体验?我们应当怎样从中学习?比如,我们说一位新系主任经验不足、一位新院长经验非常丰富。我们回想某事之后,常说,"这虽然是一次痛苦的经历,但实际上也是一次很好的学习体验。"我们经常同时提到"学习"和"体验"这两个词。那么它们之间又有什么关联呢?

对于著名教育理论家约翰·杜威(John Dewey)来说,体验是个人与环境之间的互动,体验本身就包含了先前体验所积累的知识。[1]因此,体验不仅仅是当下,还将过去和未来结合起来。帕克·巴默尔(Parker Palmer)说,"深入而持续的体验对我们的影响最大,在我们自己的身体和意识中留下了持久的烙印。通过转换式体验,我们不仅学到了更多东西,而且学会了从不同人物的角度看待事物。"[2]

体验式学习

高等院校采用各类结构化体验来促进学习,有些学校会让学生离开校园去工商业界中获得合作教育的工作经历。一些专业学校还要求学生获得实习体验,虽然名称各不相同,比如说在法学院中往往称作校外实习,在教育或社会工作领域则称作实习课。如今很多大学鼓励学生留学、参加荒野生存体验或服务型学习体验。与模拟学习体验的虚拟实境学习法不同的是,这些体验是真实的体验,可以让学生在全新的或有挑战性的情境中完成各类学习活动。

这种学习方法一般称为"体验式学习法"。虽然这个词也被错误地用于其他形式的主动学习当中,但这个词通常表示依靠体验进行课程学习。美国全国体验式教育学会制定了最佳范例,并通过附属的体验式教育学院提供培训资源。[3]体验式学习法是指高等院校通过自行发起或建立的结构化、有指导的体验活动,以达到促进学生学习这一明确目的。这种学习方法的重点是从具有挑战性的真实体验中找出意义。认知神经科学领域的大脑解剖学和生理学研究表明,人类天生就适合体验式学习。

并不是所有体验都能转化为知识。原始体验怎样才能具有教育作用?大卫·库伯(David Kolb)是研究这一问题的先驱之一。[4]库伯在勒温、杜威和皮亚杰早期研究的基础上提出了一种体验式学习的循环模型。

根据库伯的研究,学习始于具体体验。学生沉浸于可能有教育作用的体验时,会开始反思体验的意义。随着思考的深入,学生会在其体验的基础上形成抽象概念。抽象概念产生后,学生必须加以检验,了解其运作方式。这种检验是通过主动实验过程进行的,这个过程必然会使学生重新回归具体体验。在库伯看来,"概念并不是思想中固定不变的要素,而是通过体验形成并重组的。"[5]理解是在概念与体验互动的基础上,一种连续不断的建构过程。"如果一个人不能根据体验改变概念和习惯,就说明这个人的适应能力很差。"[6]因此,人们必须经过体验、反思、形成概念和检验的连续循环,最终重新回归体验。库伯的研究表明,体验式学习法涉及一些步骤和阶段,需要进入、走出体验,最重要的是反思过程,如以下实例所示:

安·维瑟尔斯(Ann Vessels)负责实施丹佛大学斯特姆法学院的法学校外

实习计划。校外实习由两部分组成：第一部分是在一家私人律师事务所或公司、政府机构、非营利组织或与法官一同在监测场景下进行实习活动。第二部分是每周一次的研讨会，会上学生会反思并讨论与其实习经历有关的问题。"法学校外实习计划的首要目标是为学生提供对法律职业、自身的法律从业经历及其作为律师和个人的优先事项和价值观进行批判性反思的机会，"安说道，"这项计划的具体目标包括让学生更了解自己作为律师的优势和劣势、研究工作场所中遇到的问题和企业文化，并形成自我导向学习和终身学习的观念。"为了保证他们能从这种体验中获得最大的收获，学生需要在校外实习第一周内制订学习日程计划，阐明他们的个人和专业学习目标，以及希望在哪些地方获得具体体验。这份文件由学生及其指导律师共同签署。在每周上课时间（如果学生在其他地区或国家完成校外实习的话，则在上线时间）内，学生反思自己的体验并从自身体验及同学的体验中进行学习。"反思是体验式学习法中的关键教学工具，"安说道，"它能增强并加快学生的学习过程。学生通过阐明自己的观察结果能更好地理解和整合所学知识，为未来行动提供依据。"为了让学生不断反思所学知识，安让学生在整个体验过程中写日记和博客文章。"写日记可以让学生找出自身体验的意义并将这种体验与全局联系起来。例如，一些学生可能希望从事某一类法律，但经过这个领域的外部实习和对其体验的反思，他们认识到自己应当考虑换一个方向。"学生观察到感兴趣的事物时会写博客文章，而且会对彼此的文章进行评论。"他们喜欢同学和我给予的即时反馈。当他们知道其他人也遇到类似问题时，他们会感到非常欣慰。"安说道。这些工具可以让学生从彼此的体验中进行学习并反思自己在法律行业中的体验。[7]

我们从这个体验式学习实例中可以看出，学习并不是自动进行的。与其他学习方法一样，体验式学习法也需要通过一些手段加以推动。教师必须对学习过程进行规划和安排、确定并选择某些情境，将参与者与相适应的情境匹配，并让他了解体验式学习实际包含的内容，但最重要的是建立并推动反思过程。

对体验式学习法的已有认识

体验式学习法特别适合于达成哪些典型的学习成果？通过运用体验式学习法，学生能够：

- 形成对组织、社区和文化总体宏观结构的认识；
- 在不熟悉的情境中，找出问题和机会；

- 将过往学到的知识运用于新的情境；
- 针对问题和机会即兴提出新的现场解决方案；
- 检验从实践中形成的新想法；
- 认识自己的文化身份及其对他人身份的影响、与他人身份的互动；
- 从多感官、跨学科和跨文化的角度认识不熟悉的情境；
- 形成更全面的观察力和反思性思维模式；
- 对言语和非言语沟通的新模式进行试验；
- 通过重新思考自己惯有的回应和态度，检验替代方案，以培养适应能力。

与其他学习方法一样，体验式学习法在达成某些成果方面有独特的优势。

需要多少体验才能达成部分或全部学习成果？实地考察算不算体验学习？这种体验需要多久和多深入才算得上体验式学习法？这些问题不容易回答，但有三个极佳的概念可以作为有用的标准：强度、频率和持续时间。体验的强度或深度有多大？涉及重大责任还是日常琐碎事务？学生多久参与一次这种体验？每周三个半天还是一周内每天三个小时？学生是否从严格的观察者转变为积极的参与者？这种体验持续多久？是整个学期还是只有几天？请注意标准之间如何相互影响。假期里学生住在寄宿家庭中的留学体验可能会强度很大、频率很高，但可能只持续三周。学生在一年内每周五自愿进行的公民参与体验持续时间较长、频率较高，但也许强度较小。这三个标准都应同时具备但程度不一定相同。使用这些标准时应当运用专业判断力，但在某个时候，教师和学生必须区分哪些是可能有教育作用的体验，哪些是完全以娱乐为目的的体验。

在行动中反思

库伯体验式学习循环所描述的出去和回来中包含了什么学习过程？这是只将从其他地方学到的知识应用于实际情境，还是从体验中获得一种新的、不同性质的知识？有人会说，通过体验建构的知识与通过正式课堂学习获得的知识差别很大。唐纳德·舍恩（Donald Schön）在极具启发意义的《反思性实践者：专业人士如何在行动中思考》（*The Reflective Practitioner: How Professionals Think in Action*）一书中对此进行了阐述。[8] 他的论点如下：

（1）专业教育（即对法律、医学、神学、社会、工程和商业从业者的教育）一直被一种称作"技术理性"的训练模型所主导。

（2）"技术理性"强调建立一个能一贯地运用于专业问题的标准化知识体

系（包括信息、原则和理论）。

（3）大部分专业训练都分为涉及学科或基本科学的早期阶段、应用科学（技能）或应用阶段、专业阶段。换言之，首先需要学习理论然后才能加以运用。

（4）"技术理性"模型几乎完全支配了专业教育，因此几乎无人提出质疑。

（5）如今的专业实习界技术理性模型表现出整齐划一的特点。标准化知识所适用的关于常规性执业问题的旧模型已经无法发挥作用。现实中存在太多书籍以外的案例、太多独特且不可预测的要素、太多不稳定的情境，旧程式根本无法发挥作用。

（6）如今所需要的是训练专业人士的新途径，从而弥补技术理性模型的不足，这种新的认知方式称作"在行动中反思"。

事实证明，在行动中反思是源于体验且适用范围超出专业教育的一种认知方式。这种认知产生于我们的行动中。专业人士必须在行动的过程中思考自己的行动，通过这种途径从体验中学习。舍恩所称的"在行动中反思"很好地捕捉了体验式学习法的精髓。

体验式学习法的起源

由于高等院校中的体验式学习法表现为很多形式，因此无法追溯所有这些活动的起源，但这种方法有很长的历史渊源。例如，"合作教育"（即工作和学习以各种方式交替进行）可以追溯到1903年的辛辛那提大学。如今，倡导工学结合模式、为1100多所高等院校的教育计划提供支持的专业组织有3家：合作教育和实习协会、国家合作教育委员会及世界合作教育协会。[9]

留学始于18世纪末、19世纪初十分流行的海外留学，当时有1万多名美国学生漂洋过海到德国留学。据回忆，在德国各所大学留学的美国学者带回了研究生教育的概念，讲授教学法由此成为美国高等教育的主导范式。[10]最早的专业协会是1919年在第一次世界大战的余波中成立的国际教育协会，该协会旨在促进国家间相互理解，维护世界和平。[11]全国外国学生顾问协会拥有近1万名会员，是专门从事留学及其他形式国际交流的规模最大的协会。[12]

曾被称作"服务型学习"的公民参与可以追溯到20世纪60年代美国和平队及志愿服务队（VISTA）成立之时，20世纪80和90年代在联邦政府的支持下和校园联盟的专业领导下，这项运动取得了巨大的发展，现已设立了全国总部和35个州级办事处。[13]源于英格兰外展运动的探索式教育可以追溯到20世纪30年代苏格兰高登斯顿学校，这是一处求生和救援技巧的训练基地。[14]20世纪的大部分时期内，将体验用于学习的机制一直在运作，但这些机制往往被视为次要的替代方案，甚至被视为与课堂学习主导范式格格不入的另类。

体验式学习这个概念也有其哲学根源。两位著名的哲学家约翰·杜威和阿尔弗雷德·诺思·怀特黑德强调了体验在学习中的重要性。杜威著作中的一个永恒主题是体验重构，他希望强调学习中自然、实时的体验。[15]杜威的这个观点得到了伟大的英国数学家和哲学家怀特黑德的支持。怀特黑德表达了对惰性知识的深度忧虑，并将其描述为"只记在心里而不加以利用、检验或进行重新组合的知识。"他还说，"教育的主题只有一个，即各种教育表现形式的生命。"[16]杜威和怀特黑德或许更称得上是体验式学习法的哲学先驱，他们提出的一些概念成为推动教育进步运动的基石。大卫·库伯、唐纳德·舍恩和其他学者继续围绕体验式学习法建立理论，并巩固其哲学基础。

认知神经科学

上述哲学家探索的观点，即人类非常适合从体验中学习，已得到"认知神经科学"这个跨学科领域中大脑解剖学和生理学研究的支持。早在罗马时代，人们就开始观察大脑。负责救治受伤角斗士的伽林（Galen）发现，"手臂、腿部或躯干受伤的角斗士仍保持着思维能力，而头部或大脑受伤的角斗士则无法保持思维能力。"他根据这些观察结果推断大脑与思维存在关联。[17]直到20世纪，更准确地说是20世纪后半叶，认知神经科学才在这类经验性观察的基础上诞生，成为一门快速发展的学科。

大脑研究的始祖桑地牙哥·拉蒙·卡哈尔（Santiago Ramóny Cájal）首先提出这样的观点：各个脑细胞（神经元）在突触（细胞之间的小间隙）处相互发出信号。到20世纪40年代末，霍奇金（Hodgkin）和哈斯利（Huxley）发现脉冲是怎样沿轴突（从脑细胞伸出的细长突起）像燃烧的导火索那样进行电化学传导的，1963年他们因该研究观点获得了诺贝尔奖。[18]首个神经生物学系于1966年在哈佛大学成立。[19]最早的一些大脑研究着重于功能定位，即确定大脑不同区域的功能。这类研究以患有先天或诱发（手术性）脑机能障碍的病人作为对象，因此称作"损伤法"。巴尼什（Banich）和康普顿（Compton）称，"如果大脑特定功能区的损伤导致某人无法执行特定的心理机能，那么科学家通常会假设该机能一定依赖这个功能区。"[20]对脑功能区定位的关注更强调机能差异而不是这些机能之间的协调及整合。

20世纪70年代中期之后，各种脑成像技术的兴起加快了大脑研究的进展。[21]计算机化X射线轴向分层造影（CAT或CT扫描）提供了可用于组织密度分析的脑组织"切片"。[22]磁共振成像（MRI）提供了更清晰、更锐利的图像，而弥散张量成像（DTI）有可能"提供关于不同脑功能区之间解剖学联系的信息。"[23]

大脑研究采用的新技术加深了对脑解剖结构和脑机能两方面的认识。功能性磁共振成像（fMRI）和正电子放射断层造影术（PET）"揭示了特定认知功能中处于活跃状态的所有脑功能区，从而让研究者能观察参与执行该功能的整个脑结构网络。"[24]具体而言，fMRI技术可以让研究者跟踪大脑活跃区域的富氧血水平，从而证明大脑哪些区域在同时处理哪些任务。[25]对大部分活动而言，大脑会像闪烁的圣诞树一样点亮，因为我们曾经认为相对简单的单一功能都需要大脑的多个部位同时参与。

无论是行为学家认为绝不可能做到的事——进入心理暗箱，还是认知心理学家要通过精妙的推导才可以做到的事——了解认知过程，认知神经科学家现在的研究都能做到。借助相关技术，他们可以进入大脑内部，并详细地描述大脑的运作方式。虽然下面的讨论似乎有些过于专业，但我们认为，在我们做出与体验式学习有关的推断之前，非常有必要在已有研究成果的基础上考察我们的身体和大脑是如何从体验中摄取信息的。

大脑是怎样运作的

要了解大脑的运作方式，首先应当考察的不是大脑本身，而是向大脑输入信息的神经系统的组成部分。想象一下大脑接收感觉信息、找出评价方式然后采取相应行动的情境。正如循环系统由静脉、动脉、心脏和血液组成，神经系统也有通过特殊路径与大脑连接或在大脑内连接的各种组成部分。

感觉器官和感受器

感官信息通过各种感受机制进入大脑，这些机制用于从体验中获取原始数据。

眼睛

双眼包含了身体中70%的感受器。光线（光子）穿过角膜、虹膜和晶状体组成的调节系统，到达视网膜上的1.2亿个杆状细胞和700万个视锥上。杆状细胞对图像中暗淡的黑白移动要素进行加工，而视锥对具有清晰丰富细节的色彩要素进行加工。[26]每个眼睛中的1百万条视神经纤维交叉到大脑的对侧，与来自另一只眼睛的其余纤维汇合。感觉数据将传送至丘脑，即大脑的初始加工和中转区域。信息很快进入杏仁核以整理出需要警觉的成分并到达大脑背面的枕叶,"这里成列的神经元对视野中线条、角度、片段和动作的具体模式做出应对。"[27] 这些视觉信息随后发往皮层中的特定部位,"在此大脑将线段组成形状、上色、组合并思考其含义。"[28]

耳朵

耳朵对空气中传来的声波进行全天候监测,并按音高、音量和音色(音质)对声波中的信息进行识别。赛尔维斯特(Sylwester)说:"这个过程始于外耳,声波在此冲击鼓膜并使之振动。中耳通过体内最小三个骨头的机械振动将这些振动放大约22倍。这三个骨头将放大后的振动传递到耳蜗,即内耳中充满液体、外形像一个蜗牛壳的管道。耳蜗内有2.5万个毛形感受器,每一个都会调谐到特定的声频。"[29] 听觉神经中包含了每个耳蜗感受器对应的神经纤维,负责将信息传递到丘脑,再传回大脑中位于耳朵正上方的听觉处理中心。大脑能识别出10个八度音阶内50万种不同声音。[30]

皮肤

人体皮肤为双层结构,重6磅,表面积为20平方英尺,有50万个神经末梢。这些神经末梢让大脑准确地知道与身体接触的任何物体以及外部总体环境,例如温度。大小相当于一枚25分硬币的一块皮肤"平均有300多万个细胞、250个感受器、100个汗腺、50个神经末梢和总长3英尺的血管。"[31] 触觉信息"最初在皮层内两耳之间穿过皮层顶部的两窄条神经组织中进行加工。"[32] 手部、面部、大拇指和舌头在大脑中占据的空间最大。[33]

鼻子

数百万个裸露的神经末梢伸入两个邮票大小的黏膜中,从空气中飘浮的最多30个带不同气味的分子中收集数据。嗅觉是唯一不经过丘脑就进入大脑其他区域(对嗅觉而言为嗅球)的感觉。

舌头

舌头对教育者而言更多的是一个说话的运动器官,这是"一片4英寸长的肌肉,上面分组排列着9000个味蕾,每组100个左右"。[34] 口腔还会记录温度、触觉和痛觉,而大脑会将感觉整合成诸如"滑爽的热巧克力或脆花生糖"这样的信息。[35]

腰神经和颅神经

除了上述不同部分专门的感受器外,整个身体还不断通过在脊柱的特定位置进入脊髓的颈神经、胸神经和腰神经向大脑发送信息。这些神经与12条颅神经一同处理感觉（接受）和运动（动作）机能，不管它们自动处理这些机能（比如呼吸和心率）时，我们是否意识到了这类活动。[36]

关于感觉系统最重要的一点是要认识到它是体验的交互界面。从学生的角度来看，感觉系统可以让你知道正在发生的事。

整合机制

请想象一下以上所有信息从眼睛、耳朵、鼻子、皮肤、舌头和脊髓同时输入大脑中的情形。大脑会怎么处理这些信息？虽然最早的大脑研究强调脑功能区定位，为此加州理工学院的罗杰·斯佩里（Roger Sperry）凭借脑半球功能分化研究获得1981年诺贝尔奖，但最近大脑研究的主题则主要是大脑的连接，即大脑某个区域与其他区域连接和通信的能力。虽然斯佩里的研究催生了关于左右脑学习的大量理论，他的研究实际上更加关注胼胝体，这是一条由"超过2.5亿条神经纤维组成的、连接两个脑半球的巨大管道。"[37]请参考以下选用的例子，思考大脑的结构是怎样使其可以执行重要的整合功能的：

（1）来自两个耳朵的听觉信息汇聚起来，这种汇聚被认为"对水平方向上声音的定位非常重要"。[38]

（2）眼睛会用中央视觉捕捉主要对象，而中脑视觉系统完成对象识别所需的细微辨别。[39]

（3）几乎所有进入皮层的感觉信息和离开皮层的运动信息经过皮层后都会穿过丘脑。丘脑是一个中转中心，在这里"来自大脑一个区域的神经元通过突触与其他神经元连接，再与大脑其他区域的突触连接"。[40]

（4）来自皮肤的触觉信息以及关于疼痛和温度的信息先由连接在脊髓背部区域的神经元传递，再依次进入丘脑和皮层。[41]

（5）大脑额叶对"与行为规划、指导和评价有关的"信息进行协调，这类执行功能可以让我们"预测并思考我们行为的未来后果"。[42]

这类实例还有很多，而且都证明了这一观点：神经系统和大脑中有独特分工的各个区域是以复杂方式连接、整合的，它们相互联系，以便高效地对体验进行处理。

随着对大脑宏观结构（大体解剖学）认识的增加，我们在细胞层面上对大脑促进连接的机制有了更好的了解。避开脑细胞结构和生理学一些晦涩的术语，可以简单地说脑细胞就像有很多树枝（树突）的树，这些树枝沿很多方向伸展，与其他神经细胞的树突相连接（形成突触）。信息传递同时以电气和化学方式进行，而细胞分支可以连接多达1000个其他神经元（神经细胞）。[43]

随着关于脑半球分工（也称作"偏侧性"）的发现被不断发表，教育者开始留意左右脑之间的差异，并得出了一些现在被证实是论证不严或错误概括的结论。虽然脑半球活动中确实存在差异，这些差异主要体现在工作方式上，但现在认为这些加工上的差异是相互联系且互补的，而不是对立和单一的。在其他灵长类动物，以及与人类亲缘关系更远的物种身上也发现了这些偏侧性特征。例如，对鸡来说，"觅食主要受左脑半球支配而保持对食肉动物的警惕主要受右脑半球支配。"这就形成了实用的分工。如果一只可怜的小鸡主要使用左脑或右脑，那么它肯定会死于饥饿或食肉动物的利爪。[44]神经科学提供的证据表明，大脑活动的偏侧性是高度协调的。每个脑半球都以某种方式工作，共同完成了几乎所有复杂的心理机能。[45]

运动控制

大脑还会统筹和发起各类运动。虽然大脑的很多差异巨大的区域都参与了肌肉运动，但情形基本上是相同的：大脑针对运动进行了充分整合。运动可以包括移动（比如从一个位置移到另一个位置）、竞技运动（比如发网球）和精细动作（比如写字和说话）。

运动（比如发网球）往往被理所当然地认为是大脑指挥手臂和双腿执行动作。实际上，大脑接受这项复杂的挑战后会将它分成多个任务，分配给散布到各处但相互关联的区域处理。运动实际上涉及为预期动作建立一个模型、选择各类动作及其顺序、安排各种肌肉启动模式的时间、控制动作的力度和方向、停止动作并转换到另一个动作等过程。在这类活动中，小脑、基底神经节和大脑皮层的主要区域发挥主要作用。[46]在复杂的动作中，每个部分都同时发挥自身的作用，从而最终表现为顺畅而协调的动作。

从大脑研究到体验式学习法

单是人脑的运作方式本身就足够引人入胜、令人敬畏，况且人类可以运用的大脑还超过了其他物种。与现存哺乳动物的大脑相比，人类的大脑与体重之比高出六倍（海豚属于大脑发达的特例）。如果把长颈鹿看作"长颈怪物"，把大象看作"长鼻怪物"，那么人类就属于"大脑怪物"。[47]这种极为复杂、尺寸超大的大脑有哪些功能？根据认知神经科学的现有知识，大脑研究可以给学习带来哪些启示？

这是一个充满未知的领域，因为研究者倾向于通过复杂的理论和无根据的结论过度解释证据。教育者就曾经这样做过，而且做了很多次。俗话说："天使不敢踏的地方，愚人却要进去。"为了避免愚人的错误，我们尽量以神经科学家对大脑接受、处理和应对体验方式等令人信服的描述为基础，以此得出10项原则。请注意，这些原则并非泛泛而谈的学习理论，只针对体验式学习这种特殊学习方法提供理论支持。

1. 学习并非与体验隔绝而是来自体验

大脑不是孤立存在的，而是将人类与体验世界联系起来的整个神经系统的一部分。正如罗伯特·赛尔维斯特（Robert Sylwester）在《神经元研究的进步：教育者如何使用大脑？》（*A Celebration of Neurons: An Educator's Guide to the Human Brain*）中对大脑的观察那样，"大脑在黑暗、无声的头骨里被封闭和保护着，依赖自身的感觉系统和运动系统才能与外界联系。我们的感觉系统和运动系统原本的作用在于增强生存能力，但有意识的大脑也利用这些系统来接触和探索文化兴趣和抽象娱乐——闻闻花香、欣赏日落、听到雷声感到激动、进行比赛、掷飞盘等。"[48] 也有人说，扩展神经系统的主要作用在于将自身与体验关联起来。

2. 学习过程不是被动的而是主动的

大脑发育研究表明生存是大脑进化过程中的一个主要动力，据我们所知，生存是主动而不是被动的。莱斯利·哈特（Leslie Hart）在《人脑与人类学习》（*Human Brain and Human Learning*）中写道，人类学会了怎样繁衍、生活、生存，并在活动范围中占据支配地位，而进化程度较低的动物无法做到这些。现在的大脑结构和活动过程是为了生存而形成的，而这远远早于历史文明的出现。[49] 大脑以生存为目的有助于为主动参与进行优化。

3. 学习并非主要依靠听觉而是依靠多种感觉

虽然听觉的神经机制非常复杂，但这只不过是与视觉、嗅觉和味觉并存的一个通道。正如莱斯利·哈特所写，"例如，我们通过收集尺寸、颜色、表面、重量、气味、运动、可能发出的声音、所处位置、同时出现的物体、其他人的反应等信息来识别某个物体——而整个过程只需不到一秒的时间。大脑为了回答"这是什么"这个问题所进行的这类全部调查会沿着大脑一万亿个连接当中不同的路径以及分路径同时进行。"[50]

4. 学习不是直线性的而是迭代式的

虽然正规教育中采用的直线性逐步学习法存在问题，但是直到人类为了制作或创造衣服、工具、武器、用具、房屋、舞蹈、音乐、语言和宗教而采用非直线性、非正式学习方法之后，人们才开始评价直线性的缺点。[51] 而迭代式学习在这个过程中出现较晚。像库伯提出的体验式学习法模型那样，人们在循环重复的过程中学会识别、记忆和使用各种模式，让这些模式发挥作用并对其进行改进和回顾，人类学习逐渐进入了高效能的循环。

5. 学习不是按部就班进行的，而是自发、同时进行的

在正规学习中，通常需要按顺序依次学习部分内容并严格执行这个顺序。哈特通过举出幼童是如何学习打棒球的例子，令人信服地证明了这一点：

> 当你观看少年棒球队员打棒球时，你会对他们在错综复杂的比赛中展现的技巧、领悟能力以及相关知识惊叹不已，而这些知识大多需要抓住可能的参与机会，并经多年来随机获得的经验不断累积而来。如果按逻辑来传授这项运动的知识，那么应当各有一个单元介绍起源和历史、术语、球场分区、击球、防守、跑垒，等等。显然，没有一个选手是以这种方式进行学习的。他们在多年接触中以完全随机、偶然的方式"自然而然地学会"了这项运动——甚至根本没有接受过正规的教育。[52]

给棒球选手发一只手套，告诉他站在哪里，选手就可以学到很多东西。同样，只要让学生进入体验，告诉他要从中学习，学生就能学到很多知识。

6. 学习更多地强调找出信息的意义，而不是信息的单纯积累

大脑确实会积累大量信息，并在需要时调用信息。大脑的执行功能依赖记忆和过往经历找出目前体验的意义。一些被称作建构主义者的哲学家和心理学家强调，知识不仅是对现实的复制，而是对特定现象的意义建构。从更激进的观点来说："知识并不存在于人的心智之外。"[53]杰奎琳·布鲁克斯（Jacqueline Brooks）和马丁·布鲁克斯（Martin Brooks）（下称布鲁克斯和布鲁克斯）在《寻求理解：建构主义课堂教学案例》（*In Search of Understanding：The Case for Constructivist Classrooms*）中对建构主义原则解释如下："我们每个人认识自己的世界，都需要将新体验整合到我们先前理解的事物中……要么按照现有的一套规则来解释和编排我们的世界，要么设定一套新规则来更好地解释我们感知的事物。无论使用哪种方式，我们的感知和规则都在不断演绎着一场盛大的舞会，不断改变着我们的理解。"[54]

布鲁克斯和布鲁克斯用下面这个生动的例子解释了这个观点：一位少女最初对水的认识仅限于浴缸和泳池中的水。水是平静的而且随她的动作而移动。但当她去海滩时，她必须为水建构一个新的含义——有咸味而且会波涛汹涌地冲过来。在这个例子中，作者写道："这个孩子与水的互动，以及对互动的反思很有可能给她对水的思考方式带来结构性变化。"[55]

7. 学习不是碎片化的而是整体性的

人脑似乎非常擅长同时接受几个来源的感觉信息、将这些信息与以前储存

的信息进行比较，并且几乎同时建构新意义。这种活动很像通常被称作"整体性学习"的学习方法，强调自发性与整合在学习中的重要性，这种自发性和整合不仅表现在学习的科目上，还应在学习方法上有所体现。[56]"整体性"这个词一定程度上对广泛散布但相互关联、几乎同时运行的大脑机能进行了贴切的描述。

8. 知觉的局限性并不会限制学习，因为学习可以通过感觉和计算能力进行延伸强化

由于认知神经科学家已经详细说明了人类接收信息的能力，例如眼睛能看到的光谱范围或耳朵能听见的声频范围，因此他们也敏锐地认识到体验中存在着超出人类感知能力的现象。可以说眼睛看到的只是全部视觉信息的一部分。人类不断探索感知范围以外事物，在此过程中创造了一系列令人惊叹的技术来拓展感知能力，其中最显著的莫过于显微镜和望远镜。以此为起点，人类还创造了大量新发明帮助人类在功能受损时观看、倾听甚至走路。有趣的是，神经科学本身在很大程度上就是近20年来感觉延伸技术不断发展的成果。

9. 学习不应历尽千辛万苦，而应顺其自然

大脑是一块用来锻炼的肌肉，这个陈旧的观点与悠久的健身格言"一分耕耘一分收获"不谋而合。多年来人们违反自然规律建立起多种正规课堂学习方法，这些方法也创造了各种新奇的心理和生理强制手段（有时会带来痛苦），目的是让学生服从命令，执行没人愿意做的行为。然而，认知神经科学研究结果表明，神经系统的完善和活跃程度超出了我们的意料。弗兰克·史密斯（Frank Smith）是一位语言学家，也是众多关于识字和阅读的著作的作者。他在《思考》（*To Think*）一书中描述了怎样将学习变成一种自然而普遍的过程，变成大脑的正常活动：

大脑从我们的生活经历中获取大量"信息"，但都是偶发性的，就像我们在森林中穿行时鞋子会沾上泥巴一样……如果学习通常都是这么简单，那么为什么有时候学习又如此困难呢？如果学习成为我们所参与的事件流程的一部分，我们能从自己的行为中找出意义，同时大脑负责自身的运转，那么学习就会变得容易。就像记忆和理解一样，如果不把学习作为特别的关注焦点，即在我们做其他事情的过程中进行学习，那么学习就会变得容易。在从事有趣、有意义、与我们的过往体验有关联的活动时，我们能最有效地进行学习。反过来，刻意关注学习时学习会变得困难，也就是说精心谋划反而让学习变得困难。[57]

10. 学习没有终点而是一个连续的过程

大脑中充满了自我纠正机制,例如大脑能识别危险、提出多个视角、同时运用几种感觉并检查行动的效果。大脑会自行进行检查和复查。建构主义心理学家认为,我们遇到新体验时,如果这些体验或多或少符合我们先前的理解,那么我们会"吸收"这些体验;如果我们需要改变我们的理解,那么我们会"调节"这些体验;如果两套新解释不相符,那么我们会区分并"整合"这些体验。[58]皮亚杰将这个根据体验调整理解的过程称作"动态平衡"。[59]请考察以下通过服务型学习体验进行学习的例子。

莉迪亚·贝尔(Lydia Bell)负责亚利桑那大学的学生适应能力拓展项目。这个项目与教育学院的一些学分课程挂钩,学生需要在整个图森(Tucscon)公立学校区内资源匮乏的中学中从事25小时实习。学生担任中学生的辅导员,每周与他们会面一次,帮助他们设定目标、考察自身的学习优势、解决与自尊心和同伴冲突有关的问题,并着重探讨职业生涯和大学教育。该学院相关课程的主要目标之一是考察大学入学机会的问题,即影响个人学业成就和通往高等教育之路的个人、文化、社会和环境因素。"从理论上探讨这些问题是一回事,"莉迪亚说道,"但只有通过亲自考察这些问题,并指导受升学机会的限制因素直接影响的中学生,本科生才能真正全面地认识自身和我们所在的社会。"莉迪亚认为反思是这种服务型学习体验的一个关键部分。当这些辅导员了解入学机会问题时,他们不仅会反思自己进入大学之前的经历,而且会将反思结果与接受他们辅导的学生的体验进行比较。"反思是必不可少的。如果没有反思,那么这只是一次服务经历;只有反思才能把它变成一种服务型学习体验。"莉迪亚说道。[60]

教师应如何促进体验式学习法

在合作教育、实习课、公民参与、荒野挑战或留学等教学项目中,大学教师和相关教职员对于保证利用相关体验获得学习成果起到了举足轻重的作用。所有这类项目都能提供有趣、活跃、多感觉、非线性、自发、整体、自然且有意义的学习体验。大部分学生都会发现这类体验有挑战性且充满乐趣。但只要略加建构和促进,这类可能有教育作用的体验就会变得更有价值、更加让人享受。以下是教师可采用的一些重要的参与方式:

(1)选择和认同。并非所有体验都有相同的教育潜力。某些体验比其他体验更有激励性、挑战性和拓展性。充分了解体验的具体情境以确定其教育前景非常重要。

（2）匹配。对某位学生有效的情境可能会让另一位学生感到太困难或无聊。为了保证对学生的有效性，情境应当包含真实、有意义的体验或职责，而不仅仅是蜻蜓点水式的接触。学生与教师应当共同确定哪一种体验与学生当时的状态最匹配。

（3）设定目标和责任。学生与教师应当共同努力，详细阐明应当从体验中获得的广泛的学习成果，同时为体验中意料之外的自发学习留出余地。确定目标有助于集中注意力和精力。在很多情形下，尤其是在需要与社区合作伙伴密切合作时，设定职责清单并争取学生认同对学习大有裨益。[61]

（4）前期指导。明确可能发生或应当留心的现象，从而帮助学生预测体验中可能会被忽略的某些情况。有时需要提供背景知识、培养并练习某些技能，或者预测怎样应对某些情形。前期指导应包括让学生了解特定的体验可以带来什么成果，如何从中取得最大的收获。

（5）持续反思。从第一天开始，学生就应坚持以记录或日志的形式将对体验的印象、疑惑和反思写下来。这些日志不仅是对所发生事情的记录，更是对个人变化、情境变化和体验各方面意义的深入反思。

（6）定期检讨。在体验过程的某些关键时刻，教师应当以电话或在线方式亲自参与互动，讨论所发生的事情、学习的过程和应当考虑的后续步骤。教师在体验过程中根据需要为学生提供支持和反馈。

（7）最终检讨。体验结束时，最终心得报告、录像文章或其他跟进专题可以让学生整合各种解释、提取意义并将本次体验与过往体验或其他学习成果关联起来。

促进反思

以下实例说明了教师是怎样促进反思以支持体验式学习法的。

露丝·伯南德（Ruth Benander）在辛辛那提大学教英语，同时负责多个留学计划。虽然大部分留学计划都有针对某一课程的文学或语言方面的特定学习成果，但露丝所负责的计划还包含了文化学习目标。"我们希望学生能发现并分析细节和事件，并从个人角度看待这些细节和事件，以形成超越个人感受的新观点。"露丝说道。她与这个领域的其他工作者多年来认识到，留学本身并不能让学生自动形成文化意识和敏感性，而且甚至学生的自我反思也可能很肤浅。

"要求学生反思时,他们往往会在'描述'环节卡壳。这是使用"请反思你的体验"这类开放性提问会遇到的典型问题。"为了让学生具体描述体验式学习的组成,教师可以要求学生以公共博客的形式将心得写下来。这类反思的提示要求应当精心设置,帮助学生描述历史和文化背景的要素、将主体文化的观察和角度与自身文化的观察和角度进行比较,并通过合成相互矛盾的解释来形成新的见解。例如,以下是一个关于行为规范的提示:

> 请留意一下人们表现出来的态度,例如时间观念、个人空间、怎样看待外国人或关于对错的一般观念。请注意人们对不恰当行为有什么反应。在新环境下,你使用了哪些线索来确定人们的态度,请加以说明。
>
> a. 描述你所发现的态度。
> b. 将所学的知识与来到新地方之前所作的假设进行对比。
> c. 解释一下这篇评论让你对新文化或自己应该如何行事产生了哪些认识。

教师的作用是帮助学生建构体验并使之与教学内容及其个人生活关联起来。"体验的跨文化性首先会让学生感到不安,他们的第一反应可能是抗拒不熟悉的事物,"露丝说道,"这有可能引起焦虑,可能表现为愤怒或恐惧。教师的职责是帮助学生了解焦虑的来源、对焦虑进行处理,并学会运用焦虑来形成新的方式,以了解不熟悉的情境。"批判性分析需要付出努力,学生需要精心建立架构才能完成这项复杂的任务。"我们发现如果我们不能适当地建构博客上的反思性提示,那么我们只能得到以自我为中心的描述。一旦我们通过改变提示将学生从描述引向创建新视角,那么我们就能不断获得良好的反思,学生的焦虑会得到缓解,学生就不会将对新颖事物的困惑看作一种威胁,而是看作冷静反思的好机会。"[62]

反思是从我们的观察和行动中有意识进行学习的过程。我们经常因为感到不安而进行反思,希望我们的思维恢复平衡状态。杜威认为:"反思思维的功能是将晦涩、疑惑、冲突和紊乱的体验转换为明确、稳定、协调的情形。"[63]写日记尤其适合反思,因为日记往往涉及审慎地思考并将思想转换为文字,模拟与自己的对话。[64]写日记之所以引人入胜是因为它具有开放性,可以让学生以很大的自由度进行自我反思。但要想取得成功,应当将写日记与学习体验完整结合起来。教师需要向学生提供指引,并告知其目的,这样学生可以最有效地利用反思时间。采用引导性问题、让学生列出描述感受的词语,或写出与社区合作伙伴的对话等技巧，可以帮助学生从不同角度进行反思。[65]一些有用的指导性问题包括：

- 你今天做了什么？
- 你在这里看到或观察到了什么？
- 你对这次体验有什么感觉？
- 你在体验与课程阅读资料之间找到了什么关联？
- 你获得了哪些新的认识或见解？
- 你可以使用并强化哪些技能？
- 你将来可以运用这次体验中的哪些收获？[66]

体验式学习与单纯的体验的关键区别在于反思。帮助学生对体验进行反思显然是教师最重要的任务。虽然大脑能够很好地吸收不断涌入的新感觉信息，但还需要时间和鼓励才能利用其执行功能把这些信息关联起来、建构新的解释并采取行动。让熟练的帮手从旁观者角度与学生进行有组织的谈话能最有效地做到这一点。

这种有组织的谈话围绕什么进行？教师应当怎样帮助学生对体验进行反思？促进反思是一种形式的帮助。针对反思的反思，吉拉德·伊根（Gerard Egan）撰写的畅销书《助人技巧：处理问题并提供发展机会的助人途径》（*The Skilled Helper: A Problem-Management and Opportunity Development Approach to Helping*）是一本很有用的书，这本书经常在基本咨询课程中使用。[67]伊根写道，帮助（他更喜欢用这个更笼统的词来代替咨询）能提供一种情境，让我们不仅能解决问题，还能将错失的机会和未发挥的潜力利用起来，让我们有机会以更具创造力的方式对待我们的工作、我们自己和别人。[68]这本书对希望促进体验反思的教师特别有用。处于体验当中的学生往往会发现自己陷入困境，因此需要反思体验中引起问题的因素，但他们经常发现自己对能从体验中学到什么一无所知。作为熟练的帮手，教师可以帮助学生对体验进行反思，不单为了解决问题，也为了利用这些机会进行学习。

教师帮助学生对体验进行反思的三个阶段

伊根建议将帮助过程分为三个阶段：目前状况、理想状况和前进之路。[69]

目前状况

可以从帮助学生专注于讲述自身的经历着手，即让他们描述自身的体验并对其做出初步评价。[70]教师应当为学生讲述自身的经历提供一个安全的情境，并运用主动倾听技能引出学生的感知和感受。促进反思的第一步是了解他们的经历。但有时学生在这个阶段可能过于沉浸于自身的体验，没有多少见解，或者不愿或抗拒公开谈论自身的体验。[71]如果学生缺乏信任、对帮助性谈话的潜在强度感到不安、担心泄漏某些事件或对改变感到焦虑，他们就会拒绝谈论。学生感觉遇到了强有力的挑战时，他们就会表现出这种抗拒。教师应当将这种抗拒视为正常现象，承认自己偶尔也会这样，而且应当善于通过技巧性探究、提示和提问激发学生（在充满支持的氛围下）更深入地反思自身的体验。[72]但如果教师仅从学生的角度看问题，那他就无法提供太多的帮助。

应当质疑学生哪些心态与行为？伊根列出了"自我挫败的心态、失调行为以及思想与行动不一致"等问题。[73]其他的还包括"曲解、逃避、赌博、耍花招、找借口和掩饰。"[74]当然，质疑需要在充满支持和认可的总体环境下进行，此外同理心、导师适当的自我表露和少量的幽默通常能够让质疑取得更好的效果。关键目标是发现盲区，"即我们未能发现或选择忽略的事物，这些盲区让我们无法发现和处理问题状况，或无法识别和创造机会。"[75]

一旦描述、了解了体验并提出了质疑，教师就应努力帮助学生确定最重要的事项、开始解决子问题，并发现问题中需加以改善的方面。[76]

理想状况

要想成功地处理体验中遇到的问题和错失的机会，教师与学生就必须努力对未来状况进行描述。这种情境有哪些可能的发展路径？反思过程的这个阶段要以解决方案为重点，包含了设定目标、发现改善未来状况的可能性，并以设计改善的日程表和承诺作为行动的触发条件。[77]

前进之路

在这个阶段，重点转移到实施上。如果我们知道自己在这种体验中处于什么位置，而且我们很清楚希望达到什么目标，那么我们怎样才能达到这个目标？教师会提出以下短语开头的问题，从而以伙伴的身份协助制定行动策略：你有没有考虑过……？万一……怎么办？你需要做的是……？谁能帮助你……？这些讨论旨在制定达成目标的具体策略及选择适合个人状况、资源、个性和偏好的策略，使之成为可行的方案。[78]

结构化的反思过程将纯粹的体验转换为学习。大多数情况下，大脑能以最擅长的方式处理体验，但有时也需要熟练的助手给予一点建议。通过反思过程激发学生参与切合实际和思考自身的体验、将感受和观点写下来、提出理想的情境并将计划付诸行动。体验式学习不会松散或模糊，而是充满挑战、具有严格要求的。经验丰富的教师会迅速制止习惯性的抱怨，而且会提供机会，让胆怯者发现并培养自己未能实现的潜能。

伊根提出的阶段类似于校园拓展机会联盟（20世纪80和90年代支持学生参与服务型学习和体验式教育的机构）建立的支持体验式教育的一个简单模型。这个模型以库伯体验式学习法模型为基础，提出了三个问题，也许能让我们更容易地记住这三个阶段：问题是什么？说明了什么？现在怎么办？[79]

个人身份意识与文化差异意识

体验式教育的显著成果之一是提高了人们对个人身份的意识并形成了跨文化适应力。[80] 随着世界的多样化和跨文化性日益发展，体验式学习法必定能让学生对自己身份和对跨文化环境的敏感性产生有价值的见解。形成跨文化适应力始于对自身文化、少数或多数特性以及相关复杂性或特权的认识。来自欧洲的白人学生可能会本能地拒绝承认他们有种族或文化认同的观点。如果让他们来到中国台湾台北或印度孟买，那么他们可能会被迫对自己进行更清晰的界定。当学生沉浸于多样性的实际体验时，只要是在差异明显的环境、情境和群体中，学生就能形成对个人身份的认同意识。首先必须形成对自己的身份认同意识，才能在跨文化的世界中最终接受自己的地位并尊重他人的地位。

留学计划似乎特别适合于促进跨文化适应力，但导师必须完成大量工作才能具有足够的指导能力，从而让学生的认识超越浅层的文化差异（例如食物、服饰和习俗）。学生需要深入接触并不断反思多样性的意义，才能真正地改变视角并获得跨文化技能。不幸的是，如果没有这种指导，那么只会强化已有的文化刻板印象。

同样，国内跨文化学习体验非常适合于形成对自己的认识、对他人的理解以及质疑自己的世界观。[81] 这类情境会产生自我认同和个人偏见，提高学生的身份和文化意识，在此基础上，才有可能理解他人的文化及身份。然而，这些意识只是跨文化适应力的一部分。普列托（Prieto）认为，"有可能出现这种情况：学生获得对其他文化的认识和基于事实的了解，但仍然持有性别歧视、种族歧视和恐同主义（害怕同性恋）态度（以及文化优越感），而不去检查、质疑这些态度。同样，学生需要指导和反思才能真正形成对身份和多样性的认识。跨文化服务型学习已证明尤其能削弱学生的负面刻板印象，因为其中包含了深入的工作安排和经常性反思。这类体验"能够打破刻板印象并让学生认识到可从文化多样性中获得许多深刻见解。"[83] 请再次考察第189页介绍的服务型学习的例子。

回顾一下莉迪亚·贝尔和学生适应能力拓展项目服务型学习计划，我们会发现身份和多元文化意识问题是这种体验的一个重要组成部分。在中学从事辅导工作的学生还以小组形式每周与教学助理进行一次会谈，对体验进行消化和反思。"他们需要以小组形式建立信任并相互讨论自己获得的成功和遇到的挑战，"莉迪亚说道，"我们会讨论社会资本、文化资本和美国梦等问题。要应付这些问题对有些学生来说是个艰巨的任务，而对有些学生，批判性视角是一个前所未闻的全新概念。"此外，还要求学生定期针对具体问题写出心得，而且经常要对美国各所大学中均等机会的概念提出很有见地的评论。但学生适应能力拓展项目的负责人看到的并不总是这类自省性反思。"大约5年前，我们在考查学生心得报告时，认识到有一些辅导员与被辅导者建立了非常密切的关系，而有些辅导员没有做到这一点，但这两种情形下都有一部分学生心得停留在跨文化认识的肤浅层面上，"她说道，"这些评论似乎要么属于'宿命论'，即认为'这些孩子注定前途黯淡'，要么属于'救世论'，即认为大学生是来力挽狂澜的。这两种观点都没有真正体现跨文化敏感性和认识的深度。"这些评论来自各个族群和经济地位的学生。因此，莉迪亚和她的同事修正了课程内容和心得报告的重点。"我们很早就开始引入'知识储备'这个概念，即没有人刚来学校时是什么都不懂的，所有孩子其实都已经具备了一定的知识，"她说道，"一些孩子可能还没有在课堂上学过数学和化学，但他们在厨房中学到了相似的原理。我们要求辅导员找出并思考被辅导者的知识储备，留意他们的优势而不是只关注差距和差别。"还应要求学生阅读关于成见的危害和期望值的研究成果，并思考他们应当为被辅导者设定的期望。"辅导员不了解被辅导者的背景，比如他们来自什么样的家庭、有哪些兄弟姐妹，因此可以用崭新的眼光看待被辅导者，而且站在独特的立场为他们设定最高的期望，并激励他们努力达到积极的期望，"莉迪亚说道。课程的这些变化带来了积极的成果。"虽然算不上完美，但我们发现在有意识地让学生反思并转向深入挖掘和超越刻板印象之后，心得报告变得更有见地了。"[84]

如何评价体验式学习法的学习效果

与每一种学习方法一样，评价必须能支持预定目标。作为评价的起点，请回顾一下第178、179页列出的体验式学习法典型的学习成果。由于体验式学习法的基础是通过反思和认识从体验中找出意义，所以能体现个人发展的评价方法都非常适合这种学习方法。日记、博客、书面或录像文章、摄影展、数字化叙事专题和演示文稿都能帮助学生阐明和揭露他们在体验中的收获。

使用这种学习方法时,教师应当密切考察形成性目标(过程目标)及其总结性目标(产出目标),以保证其评价手段与目标匹配。体验式学习法的大部分成果都是以过程为重点的,因此总结性评价变得很难甚至不相关。形成性和总结性目的相混可能会给学生造成困惑。如果采用日记或讨论等方法对目的进行评价,那么学生就不太可能自由分享自己的想法、意见和观察结果。为了解决这个问题,很多教师只对这类任务的完成情况进行评价,并在此过程中给予大量反馈以保证学习不间断。

日记和博客是与体验式学习法互补的常用手段,可以证明学生从结构化体验中获得的知识和发展。一些学生善于完成开放式的日记任务,但很多学生(尤其是本科生)需要获得关于日记目的和目标的指导才能认真对待任务。除了本章提出的重点问题之外,评价量表也可用来帮助学生确定反思的方向。评价量表可以关注持续时间和数量等辅助问题,但也能为批判性思考的某些方面提供指导,例如检验新观点、将观察结果与文章或理论关联起来,或者建立新的沟通模式。学生可以使用这类评价量表批判自己的日记文章并发现遗漏之处。日记主要用于形成性目的,但也可用于总结性评价。有时教师会要求学生在整个体验过程中写日记或博客,然后选择两到三篇最好的文章进行评价。他们可能会获得根据新视角、观点或意义修改这些文章的机会,有时教师也可能鼓励他们写一篇总结文章并进行后设反思。但其他教师认为日记应当成为反映当时状况的物证,甚至建议教师不要在文章中进行标注,以便作为学生自身的作品加以保存,而是用贴纸或单独文件记录自己的评论或观察结果。[85]

结构化程度较高的体验,例如实习课、服务型学习或工作项目,对确定成功的构成要素会提供很大的帮助。[86]这些要素可能包括完成某个有形的专题、在几个小时的服务时间内对建构某个情境做出特定贡献。一旦以这种方式确定了目标,就能够从学生、导师和社区合作伙伴那里收集成功的证据了。请记住,学生也能向社区合作伙伴提供关于项目体验和成功的宝贵反馈。

支持体验式学习法的技术

虽然人脑非常适合在自然环境下吸收知识,但各种媒体可以进一步支持并拓展这种神奇的能力。照相机、录音机和录像机等多媒体工具可以全方位记录体验过程,包括描绘当时可能没有留意的细节或特写镜头。学生可以在体验中给自己拍摄录像,加深对自己行为、风格和表现的认识。录音机非常适合与可能参加体验的其他人进行访谈或实时对话,而且也可用于制作现场观察笔记,将有可能遗忘的内容保存下来。这类工具有助于进行反思并对体验进行公正的评价。

媒体还能让学生在体验过程中与导师保持联系，尤其是在留学或实习体验中。学生可以选择电话、电子邮件、短信和在线语音或视频会议等与导师沟通并定期汇报新情况。这类工具还能让学生在体验过程中进行互动，从而对不同例子进行比较从而获得对其他情境的认识。

博客是写电子日记的一种流行手段，因为可以将文章上传到互联网与同学、导师和更多受众分享。博客往往充满乐趣，学生会发现使用这种媒体时上传短文往往更容易。通过博客，学生更容易分享视频和图像，以及对相关文章进行标记和搜索。学生还能创建录像文章作为更个人化的日记形式。但博客的公开性可能会阻碍学生深入或自由地分享自己的想法和意见。体验式学习法中的博客最好采取小型社区的形式，通过隐私设置使某些文章保持私密状态。另外，应当让学生认识到在线公开上传心得时可能给自己和社区合作伙伴带来的隐私问题。

另外，记录和跟踪学生体验的媒体可能会产生可以在最终反思或演示中使用的素材。任何关于体验的演示中都存在的一个难题，那就是帮助别人足够深入地了解这段体验，从而认识到其中的教育意义，以及为什么从这个角度解释这种体验。让体验变得更加生动的任何媒体都能增强演示效果，既包括单纯使用静态图像或录像，又包括丰富的多媒体演示。采用图像、文字和音乐制作短片的数字化叙事是一种日益流行、效果显著的方法，可以被用于分享体验中的关键心得。[87]

最后思考

体验式教育是一种强大的学习方法，学生往往说这类体验足以改变人生。杰克·麦基罗（Jack Mezirow）创造了"转换式教育"这个词来描述在心理、信念和行为层面改变我们的学习活动。有时真正的转换式教育可能出现在某个孤立的体验中，但这种情况很少见。这种教育更有可能在一段时间内逐渐建立的体验中实现，而且往往与其他学习方法交替使用。帕克·帕尔玛（Parker Palmer）提醒我们，体验式学习法既不是无足轻重，也不是多此一举，而是教学活动中不可或缺的一个方面："无论是伟大的科学、独创的科学还是赖以建构现代文化的科学都依赖于我们敏锐的能力，丝毫不亚于对客观数据和逻辑分析的依赖程度。科学依赖于身体知识、直觉、想象力和美感，正如数学家为证据的优雅吸引，而完成了某个命题的论证。硬科学是一种全身运动，需要沉浸于现象和过程中的活动。"[88]你甚至可以问：如果没有体验式教育，大学教育还是完整的教育吗？

服务型学习、留学、实习及其他类型的学习体验在高等教育中日益普及。但在让学生放手行动之前，教师应当让他们熟悉体验式学习法的原则，以保证他们提供的体验具有潜在意义，保证学生有机会思考体验并从中找出意义。

要点回顾

希望有效运用体验式学习法的教师应当采取以下措施：

- 利用这种学习方法让学生参与有趣、活跃、多感觉、非线性、自发、整体、自然而有意义的体验。
- 选择并许可强度、频率和持续时间适中、可能有教育作用的体验。
- 仔细匹配体验与学生的需求。
- 与学生一同设定个人学习目标并明确责任。
- 向学生介绍情况，提供必要的信息或进行技能培养。
- 在体验过程中提供技术手段或其他手段与学生保持联系。
- 针对现状提出探究性问题，指导学生进行持续反思，不要停留在个人或表面反应，然后帮助学生确定理想状态以及通往理想状态的道路。
- 定期与学生沟通，了解新进展。
- 给学生创建期末陈述、专题或报告的机会，以证明他们从这项体验中找出的意义。

第三篇

变革大学教学范式

第十一章
目的更明确、更高效、更有趣的教学

我们在本书中介绍了七种学习方法,其中每种方法似乎都能够达成一套特定的学习成果。比如,体验式学习法需要同时、自发地运用所有感官进行学习,行为学习法则是将任务分成预先确定、精心安排、逐步强化等步骤,从而系统化、高效地养成技能,两种方法之间存在巨大的理论差异。教师的任务不是解决这些学术分歧,这个任务应当交给专门的研究者,教师应当提出一个务实的问题:哪一种学习方法能最高效地实现预期成果?

目的更明确的教学

本书英文副标题为 A Resource for More Purposeful, Effective, and Enjoyable College Teaching,直译为中文即"实现目的更明确、更高效、更有趣的大学教学"。为了达到更强的目的性,第一步是要把传统的教学作为一种范式来认识和理解。只要教师总是在做他们一直在做的事情,那么他们就无须非常深入地思考目的——相关职责已经包含在授课范式中。这就是范式的目的。一旦把它确认为范式,就能考虑其他可选方案了。

下一步是认真思考某个项目、课程或一节课的学习目的。这对于高效地利用本书至关重要。确定了具体的学习目的,教师就能更容易地选择与这些目的最匹配的学习方法。这个步骤对于提高教学的目的性至关重要。

更高效的教学

下一项挑战是具体实施,为此需要进行准备和练习,还要愿意尝试不熟悉的方法。本书每章都提出了怎样推行某一种学习方法的具体建议,而且介绍了相关技术和评价方法。请研究每章中的具体建议、思考你的角色、对打算采取的行动进行规划，并仔细观察这些规划的效果。请随时准备在你下次使用这种学习方法时进行现场调整或对课程内容进行修改。

每种学习方法都需要针对主题内容和学生群体进行调整。在化学实验室中使用探究式学习法不同于在在线文学课中对一首诗提出探询性的问题。李·舒尔曼（Lee Shulman）提出的"学科教学知识"是个很有价值的概念，他认为每个特定学科中教学方法的使用方式都存在独特的要素。[1]显然，作为某方面的专家，教师必须依赖自身优秀的专业判断力来进行这类调整。同样，针对特定的学生群体进行调整时也需要专业判断力。针对年龄较大的学生的应对方式不同于刚从高中毕业的学生。动机当然需要被重点考虑，此外，还可能需要考虑种族、民族或性别差异。教师应当能适应不同层面学生的差异，以便适当而敏锐地进行调整。虽然调整很重要，但教师通过利用专业知识和目的明确的学习方法，几乎总能取得出色的效果。

更有趣的教学

对于我们这些教学工作者来说，说研究是机会而教学是负担难道不奇怪吗？教学的乐趣为何荡然无存？当然，教学乐趣最大的敌人就是学生不愿学习。教师往往不会明确表达对学生学习的期望，有时他们的出发点是良好的，却有着错误的认识：用填鸭式教育，保持这些期望的隐蔽性和神秘性，以保证严谨的学习过程。实际上，只要教师明确表达了对学生的期望，那么他们就有可能获得满意的结果。

如果某个课程的各方面都协调一致且运转良好——目标、所采用的学习方法、评价和反馈技巧，那么学生会学得更好而且感到更满意。与普遍观点不同的是，能让学生满意的不是简单的课程，相反，是在有挑战性的课程里精通了课程的主题内容，或达成了某些目标，他们才会满意。学生满意，教师就会感到喜悦。

对教师而言，看到学生学习就是最大的乐趣，其他乐趣则是这个过程的结果。教师一般都喜欢自我学习，而且精通一种或多种新的学习方法也是一种乐趣。教师不仅有机会学习新事物，还会发现推行各种学习方法实际上也充满乐趣。教师的职责本质上是制订计划、尝试新事物并检查成果——所有这些都依赖于他们的创造性劳动。看到学生进行批判性或创造性思考、解决问题、探究态度或从新体验中学习都能让教师感觉自己的劳动获得了回报。通过多年来对同事的观察，我们发现看上去最享受教学的教师都一直在进行尝试和探索。

改革大学教学的宏观任务

教师可以自行采取很多办法让教学变得目的更明确、更高效、更有趣，但还有一个更宏观的问题：教师所处的高等教育总体环境并不能很好地保证这类教学活动取得成功。正因为如此，我们呼吁已经取得成功的大学教师倡导新的教学方法、对这个领域做出贡献并成为带头人。以下是一些需要深入思考的宏观问题。

我们在第一章介绍了大学教学中的传统授课范式，是关于教师常规任务的公认模型，不需要教师对教学活动进行深入思考。虽然经历了很多挑战和变革，这个主导范式仍举足轻重。为什么呢？因为它处于另外三个强大范式的中心并得到这些范式的支持，这三个强大的范式为学生范式、升职和终身教席范式，以及研究生教育范式。

改革学生范式

学生范式的特征是被动行为和对抗行为交替发生。很多学生刚进入大学时"在学习上随波逐流"，不明确自己希望今后从事什么职业，而且"不愿投入学习"。[2]他们很快学会了扮演被动的角色。他们的任务就是记笔记、通过参与学习获取分数并在考试中取得好成绩。他们接触的教学方法非常有限，而传统的学习安排——睿智的教师向一无所知的学生传授知识——建立了一种让学生心生厌恶的权威层级结构。某些学生从以前的经历中得知，要想考试及格，可以无所不用其极地与老师斗智斗勇，只要作弊不被发现就可以了。但并不是每个学生都会这么做，有些学生会掌控自己的学习，而有些人则会掉队。

这个强大的学生范式后来遇到了一位志在变革的教师——或许手里还拿着我们写的书——他积极倡导不同的学习方法。与传统讲授不同的是，他要求学生参与探究、小组活动或解决问题。他颠覆了人们习以为常的上课流程，改变了课堂里各种角色的期望，而讨人嫌的层级结构也开始瓦解。一些学生感到上当受骗，而另一些则感到困惑。他们可能会提出"我交了这么多学费是为了让老师教我而不是自学"之类的抱怨，因为传统授课范式得到了传统学生范式的支持。多年来，教师与学生一直默契地支持着各自的范式。著名学生发展研究家乔治·库（George Kuh）称之为"互不干涉条约"，即约定"你不管我，我也不管你"。[3]

因此，我们也必须对学生范式进行变革。学生需要逐渐熟悉目的明确、高效的教学，积累经验。学生必须逐渐学会掌控自己的学习，并与教师一同设定学习目标和期望，只有这样他们才能逐渐将教师视为自己的学习伙伴。本书所述的七种学习方法会对打破学生范式起到附加作用。这种关系发生变化时，会产生很多正面结果，包括提高学生和教师双方在学习过程中的乐趣。

改革晋升和终身教职范式

虽然不同机构中就职、晋升和获得终身教职过程差异很大，但这些机构表现的范式与大学晋升和终身教职范式高度相似。虽然几乎一半的课程是由助理或非终身教职员讲授的，但形成并推动这个范式的是终身任职模型。大多数教职员追求的是终身教职，即使各院校对教职员的期望差异很大，但大多数终身教职的任职都会受到名牌研究型大学的影响，这些大学对研究和学术成就的重视程度远远超过了教学。教职员的时间、精力和专注力是有限的，在教学与研究之间，他们往往会倾向于研究而不是教学，因为这个范式决定学术成就是学术职务晋升的手段，任何院校都是如此。

这个强大的研究范式遇到了一位志在变革的教师——或许手里还拿着我们写的书——他积极倡导探索不同学习方法，有坚定的决心，也有尝试新事物的知识和热情。当然，使用这种教学方式会占用其研究时间，尽管也能使教学变得目的更明确、更高效、更有趣。花费最少时间的教学方法存在于主导授课范式中，这并非因为高效讲授很容易，而是因为这种方式耳熟能详、容易重复而且几乎不需要思考或反思。

当然，晋升和终身教职范式应当更重视高效、有创意、精彩的教学。任何高等院校都应当做到这一点，因为教学是各类高等教育机构的中心任务。但可以对各类高等院校中研究与学术的重要性进行更明确的区分。同样，高等院校可以分配更多研究任务和时间给已证明可胜任学术工作的某些教职员，同样分配更多研究任务和时间给已证实能胜任（而且愿意从事）教学工作的其他教职员，从而进行更明确的分工。换言之，可以用一套更具差异化、更实用、更令人满意（公平就更不在话下了）的晋升和终身教职设计来挑战和取代主导范式，可以从平衡教学与研究开始，认同为保持教学科目、教学方法和学术探索不过时所做的工作。20世纪90年代欧内斯特·博耶尔（Ernest Boyer）为了验证教学方面的学术成果所做的大胆探索虽然进展缓慢而零散，但仍然取得了巨大成功。[4] 本书所述的七种学习方法会产生对主导大学晋升和终身教职范式提出富有挑战的附加作用，并针对过于一边倒地强调研究，而忽略了教学方面的学术钻研的情况提出了严肃的质疑。

改革研究生教育范式

培养未来大学教师的工作通常在研究生院进行，这个阶段的重点几乎完全放在深入学习专业学科知识和培养研究技能上。虽然在针对准大学教师的教学方面有一些大胆的尝试，例如文科博士学位和未来教师培养计划，但大部分尝试未能实质性地改变研究生教育的现状。研究生教育还受另一个强大范式的支配，这个范式是一套针对研究生怎样攻读高级学位的预设和规范。学习怎样教学或对学习进行系统化思考并不包含在这个范例中，因此研究生一般也不会遇到这个问题。

这个强大的范式遇到了一位志在变革的教师——或许手里还拿着我们写的书——他向同事提出，对学习进行研究存在实际意义，而且应当认真思考怎样改变课程设置，让研究生为未来的教学工作做好准备。课程顾问应当确定哪些研究生有志于从事大学教学，为他们提供了解教学的机会，让他们参加挑战性的教学课程和在专业指导下进行的实习教师项目，超越传统教学辅导者的角色。另外，所有将来从事教学工作的人士都应至少了解学习和教学方法的一些背景。如果高等院校在招聘过程中更多地关注这类应聘者，那么会出现什么情况？资格审查过程将重点关注教学能力和研究潜力，而面试官会认真评价求职者是否具备能力运用主导授课范式之外的教学方法。

学习带头人

这几个范式共同维系着大学教学的现状，使得其他学习方法难以推广。虽然也有例外情形，很多人努力提出了有创意的替代方案，但他们希望不仅仅只是继续创造这些例外情形，而在于从根本上改变这些范式。基于对学习、技术和评价的最新认识，旧的教学方式已经难以为继。

我们将更明智、更高效的教学方法的倡导者称为学习带头人。他们能在很多层面上扮演不同角色并做出贡献。当然，第一步是尝试不同的学习方法，并至少精通其中一部分方法，进而培养教学能力。一些教师可能会培养某些方面的技能，而另一些教师可能在教师培养中心或计划中参与院校级工作，或者在专业组织和会议（例如莉莉大学教学研究会议、教学教授会议或关于教学的国际会议）中参加全国性工作。[5]很多人可能会加入或参加与本学科教学有关的专门组织和会议，或者加入与特定学习方法有关的全国性团体。对于成为学习带头人的教师而言，目前支持教师培养的最重要的组织是专业组织发展网络。[6]所有这些方面都能帮助每个教师将自己对学习的认识结合到教学工作中去。

引领主导范式的转换是另一项任务，这项任务虽不容易却很重要。帮助别人认识范式的真实情况是重要的第一步。通过展示其他学习方法作为代替现有授课范式的选项，并利用证据支持其高效性也许比正面攻击授课范式容易一些。

但如果要改变或转换四个主导范式，最终必须有人挺身而出，做出改变。系主任、教师评议会成员、院长、教务长、校长，当然也包括学生都必须参与这个转变。个别变化虽然重要，但个别变化的累积不一定能引起结构性变化。鉴于各个主导范式盘根错节，这就要求学习带头人与其他方面的带头人一起合作，主动改变教学方式。

未来教学展望

预测未来10～20年大学教学的状况不仅困难也有风险，但既然变革已是大势所趋，那就让我们来描绘一下。我们没有进行预测，而是提出了一些值得留意的趋势以及需要考虑的有可能推动大学教学巨变的因素和活动。

- 有充分根据的学习研究成果将不断涌现并得到广泛认可和理解。
- 学生、家长和雇主仍将围绕大学教育的价值提出问题并要求解释。
- 有教育作用的技术将不断涌现，并给学生与信息的交互方式带来很大变化。
- 技术可以简化学生学习情况分析和个性化学习的过程，这在很多情况下将彻底改变教师的角色。
- 教师继续研究针对课堂上、在线或独立使用等情况下哪一类学习最高效，对课堂时间的使用方式争论也将持续下去。
- 目前成人学生已经可以选择在线及混合型学习，这将其作为常规课程组合的一部分。
- 商业机构和出版商将提供付费学科内容，同时也会出现更多的免费在线教材。
- 图书馆将进一步数字化，同时为新的学习方法提供更大、更灵活的学习空间。
- 大学教师会进行更多的教学讨论，并在课程设计和教学团队中扮演更多样化的角色。
- 上课时间、学分课时和成绩将越来越难界定，其存在的价值也会越来越受质疑。
- 主导范式将继续受到质疑，各种新颖模式的出现会让大学教育更加混乱，清晰的思路将成为大学教学界的宝贵资产。

我们在第一段曾经提过，每一种范式最终都会被更佳的新思想取代。我们希望这本书可以为有志创建大学教学新范式的教师提供有价值的参考。我们也希望更多的大学教师以学习伙伴的身份,向学生介绍更多的学习方法;希望教师更有针对性地、更高效地发挥学习辅导者的作用;希望他们最终可以享受教学中前所未有的乐趣。

注 释

序

[1] 名为《可促进大学教学的重要新观念》(*Major New Ideas That Can Empower College Teaching*) 的文件中列出了一个含注解的资料目录,里面大量的书籍都对我自己的教学实践产生了很大的影响。该文件可在 www.finkconsulting/major-publications "大学教学"类别中查看。

[2] 该数据出自我对俄克拉荷马大学的博士毕业生进行的研究;我将这个比例与其他主要研究型大学的数据进行比较时发现大部分数据极为相似。

[3] 数据出自莎莉·库伦-施密特 (Sally Kuhlen-schmidt) 在西肯塔基大学进行的全国性研究:《高等教育领域教与学发展机构的分布和渗透:对战略规划和研究的启示》 (*Distribution and Penetration of Teaching-Learning Development Units in Higher Education: Implications for Strategic Planning and Research*),《改进学术》 (*To Improve the Academy*) 29 (2011): 274 – 287。

前 言

[1] Derek Bok, *Our Underachieving Colleges: A Candid Look at How Much Students Learn and Why They Should be Learning More* (Princeton, NJ: Princeton University Press, 2006), 8.

[2] 实例包括 Barbara G. Davis, *Tools for Teaching* (Hoboken, NJ: Wiley, 2009); William McKeachie, *Teaching Tips: Strategies, Research, and Theory for College and University Teachers* (Boston: Houghton Mifflin, 2002); and Linda B. Nilson, *Teaching at Its Best: A Research-Based Resource for College Instructors* (Hoboken, NJ: Wiley, 2003).

[3] Robert Leamnson, *Thinking about Teaching and Learning: Developing Habits of Learning with First-Year College and University Students* (Sterling, VA: Stylus, 1999); Carolyn Lieberg, Teaching Your First College Class: *A Practical Guide for New Faculty and Graduate Student Instructors* (Sterling, VA: Stylus, 2008).

[4] 参见以下书籍: Maryellen Weimer, *Learner-Centered Teaching: Five Key Changes to Practice* (San Francisco: Jossey-Bass, 2002); L. Dee Fink, *Creating Significant Learning Experiences: An Integrated Approach to Designing College Courses* (San Francisco: Jossey-Bass, 2003); Susan A. Ambrose, Michael W. Bridges, Michele DiPietro, Marsha C. Lovett, and Marie K. Norman, *How Learning Works: Seven Research-Based Principles for Smart Teaching* (Hoboken, NJ: Wiley, 2010); Ken Bain, *What the Best College Teachers Do* (Cambridge, MA: Harvard University Press, 2004).

第一章　授课范式的变革

[1] Thomas Kuhn, *The Structure of Scientific Revolutions*, 2nd ed. (Chicago: University of Chicago Press, 1970), 10-34.

[2] John S. Brubacher and Willis Rudy, *Higher Education in Transition, An American History: 1636-1956* (New York: Harper & Row, 1958), 82.

[3] Brubacher and Rudy, *Higher Education*, 86.

[4] Carol P. Barnes, "Questioning in College Classrooms," in *Studies of College Teaching*, ed. Carolyn L. Ellner and Carol P. Barnes (Lexington, MA: Lexington Books, 1983), 61-81; Daryl G. Smith, "Instructions and Outcomes in an Undergraduate Setting," in Ellner and Barnes, *Studies of College Teaching*, 83-116.

[5] Wagner Thielens Jr., "The Disciplines and Undergraduate Lecturing" (paper, American Educational Research Association, Washington, DC, April 1987), as quoted in Joseph Katz, "Does Teaching Help Students Learn," in *Teaching Undergraduates: Essays from the Lilly Endowment Workshop on Liberal Arts*, ed. Bruce A. Kimball (Buffalo, NY: Prometheus Books, 1988), 173.

[6] Claudia E. Nunn, "Discussion in the College Classroom: Triangulating Observational and Survey Results," *Journal of Higher Education* 67, no 3 (1996): 243-266.

[7] William E. Becker and Michael Watts, "Teaching Economics at the Start of the 21st Century: Still Chalk-and-Talk," *American Economic Review* 91, no. 2 (2001): 446-451.

[8] Linda M. Fritschner, "Inside the Undergraduate College Classroom," *Journal of Higher Education* 71, no. 3 (2000): 354.

[9] Shelley Johnson Carey, "From the Editor," *Peer Review* 11, no. 2 (2009): 3.

[10] Robert B. Barr and John Tagg, "From Teaching to Learning: A New Paradigm for Undergraduate Education," *Change* 27, no. 6 (1995): 12-25.

[11] Peter Smith, *The Quiet Crisis: How Higher Education Is Failing America* (Boston, MA: Anker, 2004), xi-xii.

[12] B. F. Skinner, *Science and Human Behavior* (New York: Free Press, 1953).

[13] Derek Bok, *Our Underachieving Colleges: A Candid Look at How Much Students Learn and Why They Should Be Learning More* (Princeton, NJ: Princeton University Press, 2006), 314.

[14] Steven Gilbert, "Making the Most of a Slow Revolution," *Change* 28, no. 2 (1996): 10-13.

[15] Peter Drucker, *Post-Capitalist Society* (New York: Harper Business, 1993), 42.

[16] Lester Thurow, *The Future of Capitalism* (New York: William Morrow, 1996), 67.

[17] Robert B. Reich, *The Work of Nations* (New York: Vintage, 1992).

[18] Reich, *Work of Nations*, 178.

[19] Richard Florida, *The Rise of the Creative Class* (New York: Basic Books, 2002), 68-69.

[20] Anya Kamenetz, "How Web-Savvy Edupunks Are Transforming American Higher Education," *Fast Company*, September 1, 2009, http://www.fastcompany.com/magazine/138/who-needs-harvard.html.

[21] Kamenetz, "Web-Savvy Edupunks," 2.

[22] Ibid., 3.

第二章 可能的教学途径

[1] Maryellen Weimer, *Learner-Centered Teaching: Five Key Changes to Practice* (San Francisco: Wiley, 2002).

[2] Charles C. Bonwell and James A. Eison, *Active Learning: Creating Excitement in the Classroom* (ASHE-ERIC Higher Education Report No. 1, Washington, DC: George Washington University, School of Education and Human Development, 1991).

[3] Malcolm Knowles, *The Modern Practice of Adult Education: Andragogy vs. Pedagogy* (New York: Association Press, 1970).

[4] Knowles, *Modern Practice*, 58.

[5] Malcolm S. Knowles, Elwood F. Holton, and Richard A. Swanson, *The Adult Learner: The Definitive Classic in Adult Education and Human Resource Development*, 7th ed. (Burlington, MA: Elsevier, 2011).

[6] Frank Coffield, David Moseley, Elaine Hall, and Kathryn Ecclestone, *Learning Styles and Pedagogy in Post-16 Learning: A Systematic and Critical Review* (Trowbridge, Wiltshire: Learning & Skills Research Centre, 2004).

[7] Coffield et al., *Learning Styles*.

[8] Anthony F. Gregorc, Gregorc *Style Delineator: Development, Technical and Administration Manual* (Columbia, CT: Gregorc Associates, 1982); Rita Dunn, Kenneth Dunn, and G. E. Price, *Learning Style Inventory* (Lawrence, KS: Price Systems, 1984).

[9] Isabel Briggs Myers and Mary H. McCaulley, *Manual: A Guide to the Development and Use of the Myers-Briggs Type Indicator* (Palo Alto, CA: Consulting Psychologists Press, 1998); Howard Gardner, *Frames of Mind: The Theory of Multiple Intelligences* (New York: Basic Books, 1993).

[10] David Kolb, *Experiential Learning: Experience as the Source of Learning and Development* (Englewood Cliffs, NJ: Prentice Hall, 1984).

[11] Howard Gardner, *Intelligence Reframed: Multiple Intelligences for the 21st Century* (New York: Basic Books, 1999).

[12] Harold Pashler, Mark McDaniel, Doug Rohrer, and Robert Bjork, "Learning Styles: Concepts and Evidence," *Psychological Science in the Public Interest* 9, no. 3 (2008): 105 – 119.

[13] Noel Entwistle and Velda McCune, "The Conceptual Bases of Study Strategy Inventories,"

Educational Psychology Review 16, no. 4（2004）：325 – 345.

［14］ Richard E. Clark, "Reconsidering Research on Learning from Media," *Review of Educational Research* 53, no. 4（1983）：445 – 459.

［15］ Robert Kozma, "Learning with Media," *Review of Educational Research* 61, no. 2（1991）：179 – 211.

第三章 基于七种学习方法的教学

［1］ William Shakespeare, Macbeth（New York：David Longworth, 1816）, 55.

［2］ Lorin W. Anderson et al., *A Taxonomy for Learning, Teaching, and Assessing：A Revision of Bloom's Taxonomy of Educational Objectives*（New York：Longman, 2001）.

［3］ Benjamin S. Bloom et al., *Taxonomy of Educational Objectives：The Classification of Educational Goals*；*Handbook I：Cognitive Domain*（New York：Longmans, Green, 1956）.

［4］ Anderson, *A Taxonomy for Learning*.

［5］ Elizabeth J. Simpson, *The Classification of Educational Objectives in the Psychomotor Domain*（Washington, DC：Gryphon House, 1972）.

［6］ David R. Krathwohl, Benjamin S. Bloom, and Bertram B. Masia, *Taxonomy of Educational Objectives：The Classification of Educational Goals. Handbook II：Affective Domain*（New York：David McKay, 1973）.

［7］ L. Dee Fink, *Creating Significant Learning Experiences：An Integrated Approach to Designing College Courses*（San Francisco：Jossey-Bass, 2003）.

第四章 基于行为学习法的教学——培养技能

［1］ B. F. Skinner 在 *Science and Human Behavior*（New York：Free Press, 1953）一书中对塑造过程进行了说明。

［2］ 感谢 Jamie Glass——阿拉巴马大学数学系讲师、MTLC 实验室协调员——允许我们使用她的实例。已于 2011 年 6 月 17 日发给作者电子邮件信息。

［3］ 本书中关于行为主义的论述源于 B. F. Skinner 的著作。大部分教育心理学教科书都对他的研究成果进行了总结。对行为学习法理论最清楚的介绍性解释包含在他的学生 Fred S. Keller 撰写的 *Learning：Reinforcement Theory*, 2nd ed.（New York：Random House, 1969）中。Skinner 最容易理解的著作是 *About Behaviorism*（New York：Knopf, 1974）。

［4］ Skinner 是一位著作颇丰的学者。行为主义的基本原则包含在 *The Behavior of Organisms*（New York：Appleton-Century-Crofts, 1938）中。行为与强化之间的关系论述见于 *The Contingencies of Reinforcement*（New York：Appleton-Century-Crofts, 1969）书中。各种奖励与惩罚体系的效果在 *Science and Human Behavior*（New York：Free Press, 1953）以及与 Charles Ferster 合著的 *Schedules of Reinforcement*（New York：Appleton-Century-Crofts, 1957）中有详细说明。Skinner 的教育评论文章收集在 *The Technology of Teach-*

ing（New York：Appleton-Century-Crofts，1968）中。他的文章"Why We Need Teaching Machines"载于 *Harvard Educational Review* 31（1961）：377 – 98。他写的关于操作条件作用的教科书包括与 J. Holland 合著的 *About Behaviorism* 和 *The Analysis of Behavior*，（New York：McGraw-Hill，1961）。关于他的语言著作，请参阅 *Verbal Behavior*（New York：Appleton-Century-Crofts，1957）、*Walden Two*（New York：Macmillan，1948）和 *Beyond Freedom and Dignity*（New York：Knopf，1971 年）。

［5］ Edward L. Thorndike，*The Psychology of Learning*（New York：Teachers College，1921），237。Thorndike 理解后果与学习之间的关系并提出了"联想学习""联系形成"和"习惯规律"的概念（出处同上，17）。效果律的解释见 Thorndike 所著的 *Human Learning*（New York：Century，1931），58 – 61。请同时参阅 Thorndike 所著的 *The Fundamentals of Learning*（New York：Teachers College，1932）。

［6］ Skinner 在 *Technology of Teaching* 第 96 期中讨论了惩罚问题。如需考察体罚的形式，请参阅 Adah Maurer 撰写的 "Corporal Punishment"，*American Psychologist* 29（August 1974）：614 – 626。

［7］ Richard Burns，*New Approaches to Behavioral Objectives*（Dubuque，IA：Brown，1972），5。

［8］ Robert F. Mager，*Preparing Instructional Objectives*（Palo Alto，CA：Fearon，1962），11。

［9］ Mark Drela et al.，"16.01 Unified Engineering Ⅰ，Ⅱ，Ⅲ，Fall 2005 – Spring 2006，" Massachusetts Institute of Technology：MIT OpenCourseWare，2012 年 7 月 13 日访问，http：//mitocw.aucegypt.edu/OcwWeb/Aeronautics-and-Astronautics/16-01Fall-2005-Spring-2006/Syllabus/index.htm。

［10］ Mark Drela，"Fluid Mechanics，" Massachusetts Institute of Technology：MIT OpenCourseWare，2011 年 6 月 9 日访问，http：//ocw.mit.edu/courses/aeronautics-and-astronautics/16-01-unified-engineering-i-ii-iii-iv-fall-2005-spring-2006/fluid-mechanics/learningobjectives.pdf。

［11］ 感谢麻省理工学院航空航天工学院流体动力学教授 Mark Drela 博士允许我们使用他的实例。已于 2011 年 6 月 10 日发给作者电子邮件信息。

［12］ 任务分析讨论以 Robert H. Davis、Lawrence T. Alexander 和 Stephen L. Yelon.*Learning System Design*（New York：McGraw-Hill，1974）第 5 章为基础。

［13］ Robert M. Gagne，"Learning Hierarchies，" *Educational Psychologist* 6（1968）：1 – 9。

［14］ Michael Cole，Vera John-Steiner，Sylvia Scribner，and Ellen Souberman，Mind in Society：*The Development of Higher Psychological Processes/L. S. Vygotsky*（Cambridge，MA：Harvard University Press，1978）。

［15］ Patricia L. Smith and Tillman J. Ragan，*Instructional Design*（Hoboken，NJ：Wiley，2005），130。

［16］ 关于建模和建模效果的经典研究，请参阅 Albert Bandura，*Principles of Behavior Modification*（New York：Holt，Rinehart and Winston，1969）。

［17］ Bandura，*Principles*。

［18］感谢埃姆斯社区学院护理系的 Christine Nibbelink 允许我们使用他的实例。已于 2011 年 9 月 12 日发给作者电子邮件信息。

［19］David Premack, "Toward Empirical Behavior Laws: 1. Positive Reinforcement," *Psychological Review* 66, no. 4 (1959): 219.

［20］Gary C. Walters and Joan E. Grusec, *Punishment* (San Francisco: W. H. Freeman, 1977).

［21］感谢纽约州立大学波茨坦分校教务长助理、语音专业副教授 Jill Pearon 博士允许我们使用他的实例。已于 2012 年 2 月 1 日发给作者电子邮件信息。

［22］Smith and Ragan, *Instructional Design*, 276.

［23］Assessment Reform Group, *Assessment for Learning: Beyond the Black Box* (Cambridge, UK: University of Cambridge School of Education, 1999). 另外参见 Paul Black and Dylan Wiliam, "Assessment and Classroom Learning," *Assessment in Education* 5, no. 1 (1998): 7 – 74.

［24］关于常模和标准参照性评价的论述源自 Robert Glaser and David Klaus, "Proficiency Measurement: Assessing Human Performance" in *Psychological Principles in Systems Development*, ed. Robert M. Gange (New York: Holt, Reinhart and Winston, 1962), 419 – 474.

［25］JamesBlock, *Mastery Learning* (New York: Holt, Reinhart and Winston, 1971).

［26］Benjamin Bloom, *Human Characteristics and School Learning* (New York: McGraw-Hill, 1982). 另外可参看 Benjamin Bloom, *All Our Children Learning* (New York: McGraw-Hill, 1981).

［27］Skinner, "Why We Need Teaching Machines."

［28］Lawrence Stolurow, "Programmed Instruction" in *Encyclopedia of Educational Research*, ed. Robert Ebel (London: Macmillan, 1969), 1017 – 1021.

［29］C. Thomas, I. Davies, D. Openshaw, and J. Bird, *Programmed Learning in Perspective* (Chicago: Educational Methods, 1964).

［30］Keller 对 PSI 的描述可参阅 "Good-Bye Teacher," *Journal of Applied Behavioral Analysis* 1, no 1 (1968): 79 – 88. 请同时参阅 K. Johnson and R. Ruskin, *Behavioral Instruction: An Evaluative Review* (Washington, DC: American Psychological Association, 1977); Ohmer Milton, *Alternatives to the Traditional* (San Francisco: Jossey-Bass, 1972).

［31］Jamie Glass, 已于 2011 年 6 月 17 日发给作者电子邮件信息。

［32］请向美国国家学术改革中心咨询该领域的进展，例如 "Course Redesign Recommended Readings,", 2011 年 6 月 20 日访问, http://thencat.org/Rec_Reading.htm.

［33］Open Learning Initiative, "Get to Know OLI,", 2009 年 11 月 28 日访问, http://oli.web.cmu.edu/openlearning/initiative.

［34］William L. Heward et al., *Focus on Behavioral Analysis in Education: Achievements, Chal-*

lenges, and Opportunities (Upper Saddle River, NJ: Pearson, 2005).

第五章 基于认知学习法的教学——获取知识

[1] 请参阅 Donald A. Bligh, *What's the Use of Lectures?* (San Francisco: Jossey-Bass, 2000), 3, 关于高等教育中过度运用讲课的研究和报告。

[2] Bligh, *What's the Use of Lectures?*

[3] 在一次有趣的命运转折中, 有人请年轻的语言学家 Noam Chomsky 对 B. F. Skinner 的 *Verbal Behavior* 进行评论。结果 Chomsky 不仅写了一份书评, 还因此成为一位顶尖的心理语言学家。请参见 Noam Chomsky, "A Review of Skinner's Verbal Behavior," *Language* 35 (1959): 26–58.

[4] A. Newall, J. C. Shaw, and H. A. Simon, "Elements of a Theory of Human Problem Solving," *Psychological Review* 65 (1958): 151–166.

[5] 根据 Richard E. Mayer 所著 *Applying the Science of Learning* (Boston: Pearson, 2011); David A. Sousa, *How the Brain Learns: A Classroom Teacher's Guide* (Thousand Oaks, CA: Corwin Press, 2001); 以及 Robert Stahl 设计的原始模型, "Cognitive Theory within the Framework of an Information Processing Model and Learning Hierarchy: Viable Alternative to the Bloom-Mager System," *Instructional Development: The State of the Art* (1984): 149–168.

[6] Bligh, *What's the Use of Lectures?* 44.

[7] Colin Cherry, *On Human Communication* (New York: Wiley, 1957).

[8] 哈佛大学 Christopher Chabris 和 Daniel Simons 进行的研究, 写成 *The Invisible Gorilla* (New York: Crown Archetype, 2010) 一书。原始视频, 2011 年 9 月 5 日访问, http://www.theinvisiblegorilla.com/videos.html.

[9] Linda Stone, "Continuous Partial Attention," accessed September 5, 2011, http://lindastone.net/qa/continuous-partial-attention/.

[10] Eric Gordon and David Bogen, "Designing Choreographies for the New Economy of Attention," *DHQ: Digital Humanities Quarterly* 3, no. 2 (Spring 2000), accessed September 12, 2011, http://www.digitalhumanities.org/dhq/vol/3/2/000049/000049.html.

[11] A. H. Johnstone and F. Percival, "Attention Breaks in Lectures," *Education in Chemistry* 13 (1976): 49–50.

[12] 感谢德克萨斯大学奥斯汀分校大学杰出授课教授 Brent Iverson 博士允许我们使用他的实例。于 2011 年 9 月 21 日发给作者电子邮件信息。

[13] Roy Lachman, Janet Lachman, and Earl Butterfield, *Cognitive Psychology and Information Processing: An Introduction* (Hillsdale, NJ: Erlbaum, 1979).

[14] Oliver Selfridge and Ulrich Neisser, *Cognitive Psychology and Information Processing: An Introduction* (Hillsdale, NJ: Erlbaum, 1979).

[15] 关于自上而下加工的以下论述在很大程度上借鉴了 Anthony J. Sanford 所著 *Cognition*

and Cognitive Psychology (New York: Basic Books, 1958), 51 – 62 中精彩的研究概要。例证中使用的部分观念源于 Phillip Zimbardo 所著 Psychology and Life (Glenview, IL: Scott, Foresman, 1985), 196 – 199 中关于基本心理学的说明。

[16] Peter C. Wason, "Reasoning about a Rule," Quarterly Journal of Experimental Psychology 20, no. 3 (1968): 273 – 81, as quoted in Daniel T. Willingham, Why Don't Students Like School? A Cognitive Psychologist Answers Questions about How the Mind Works and What It Means for the Classroom (San Francisco: Jossey-Bass, 2009), 29 – 30.

[17] R. A. Griggs and J. R. Cox, "The Elusive Thematic-Materials Effect in Wason's Selection Task," British Journal of Psychology 73, no. 3 (1982): 407 – 420.

[18] Willingham, Why Don't Students Like School? 76.

[19] 感谢韦斯特蒙特学院政治学助理教授 Tom Knecht 博士允许我们使用他的实例。于 2011 年 9 月 15 日与作者进行讨论。

[20] Susan A. Ambrose et al., How Learning Works: Seven Research-Based Principles for Smart Teaching (San Francisco: Jossey-Bass, 2010), 10 – 39.

[21] Ibid.

[22] Mayer, Applying the Science of Learning.

[23] 感谢卡尔加里大学地球科学系 Tamaratt 讲课教授 Leslie Reid 博士允许我们使用他的实例。于 2011 年 9 月 20 日与作者进行讨论。

[24] Lloyd R. Peterson and Margaret J. Peterson, "Short-Term Retention of Individual Verbal Items," Journal of Experimental Psychology 58, no. 3 (1959): 193 – 198.

[25] George A. Miller, "The Magical Number Seven, Plus or Minus Two: Some Limits on Our Capacity for Processing Information," Psychological Review 63, no. 2 (1956): 81 – 97.

[26] R. Lachman, J. L. Lachman and E. C. Butterfield, Cognitive Psychology and Information Processing: An Introduction (Hillsdale, NJ: Erlbaum, 1979), 52.

[27] E. F. Loftus and G. F. Lofcus, "On the Permanence of Stored Information in the Human Brain," American Psychologist 35 (1980): 409 – 420.

[28] Elizabeth Lofcus, Memory (Boston: Addison-Wesley, 1980).

[29] R. C. Oldfield and A. Wingfield, "Response Latencies in Naming Objects," Quarterly Journal of Experimental Psychology 17, no. 4 (1965): 273 – 281.

[30] David A. Sousa, How the Brain Learns: A Classroom Teacher's Guide (Thousand Oaks, CA: Corwin Press, 2001).

[31] Ibid.

[32] Willingham, Why Don't Students Like School? 46.

[33] Roger N. Shepherd, "Recognition Memory for Words, Sentences and Pictures," Journal of Verbal Learning and Verbal Behavior 6, no. 1 (1967): 156 – 163.

[34] Lionel Standing, "Learning 10000 Pictures," Quarterly Journal of Experimental Psychology 25, no. 2 (1973): 207 – 222.

[35] Harry Lorayne and Jerry Lucas, *The Memory Book* (New York: Stein and Day, 1974), 25-27.

[36] Lofcus, *Memory*, 181.

[37] Noam Chomsky, *Aspects of the Theory of Syntax* (Cambridge, MA: MIT Press, 1965).

[38] K. F. Pompi and R. Lachman, "Surrogate Processes in the Short-Term Retention of Connected Discourse," *Journal of Experimental Psychology* 75, no. 2 (1967): 143-150.

[39] Phillip Zimbardo, *Psychology and Life* (Glenview, IL: Scott, Foresman, 1985), 327-330.

[40] See Jeffrey D. Karpicke et al., "The Critical Importance of Retrieval for Learning," *Science* 319, no. 5865 (2008): 966-968.

[41] Andrew C. Butler, Jeffrey D. Karpicke, and Henry L. Roediger, "Correcting a Metacognitive Error: Feedback Increases Retention of Low-Confidence Correct Responses," *Journal of Experimental Psychology: Learning, Memory, and Cognition* 34, no. 4 (2008): 918-928.

[42] F. Lyman, "The Responsive Classroom Discussion," in *Mainstreaming Digest*, ed. A. S. Anderson (College Park, MD: University of Maryland College of Education, 1981), 109-113.

[43] 感谢克利夫兰州立大学心理学助理教授 Conor McLennan 博士允许我们使用他的实例。于 2011 年 9 月 15 日与作者进行讨论。

[44] 如需详细了解应答器的有效使用方法，请参见 Derek Bruff, *Teaching with Classroom Response Systems* (San Francisco: Jossey-Bass, 2009); 以及 Douglas Duncan, *Clickers in the Classroom: How to Enhance Science Teaching Using Classroom Response Systems* (San Francisco: Pearson, 2005).

[45] Mayer, *Applying the Science of Learning*, 70.

[46] Bligh, *What's the Use of Lectures?* 48.

[47] 掷铅球/飞盘的比喻源自与丹佛大学人类传播学名誉教授 Alton Barbour 的一次谈话。

第六章 基于探究式学习法的教学——培养批判性、创造性和对话式思维

[1] Matthew Lipman, "Some Thoughts on the Foundations of Reflective Education," in *Teaching Thinking Skills: Theory and Practice*, ed. Joan Baron and Robert Sternberg (New York: W. H. Freeman, 1987), 153.

[2] Richard Paul, "Dialogical Thinking: Critical Thoughts Essential to the Acquisition of Rational Knowledge and Passions," in *Teaching Thinking Skills: Theory and Practice*, ed. Joan Baron and Robert Sternberg (New York: W. H. Freeman, 1987), 139.

[3] Richard Paul and Linda Elder, *Critical Thinking: Tools for Taking Charge of Your Learning and Your Life* (Upper Saddle River, NJ: Pearson Prentice Hall, 2006), xxii.

[4] 关于高等教育中浅层学习的实例，请参见 R. F. Gunstone and R. T. White, "Under-

standing Gravity," *Science Education* 65 (1981): 291 - 299; R. T. White, "Implications of Recent Research on Learning for Curriculum and Assessment," *Journal of Curriculum Studies* 24 (1992): 153 - 164; J. Handelsman et al., "Scientific Teaching," Science 304 (2004): 521 - 522.

[5] Paul Ramsden, *Learning to Teach in Higher Education* (London: Routledge, 1992), 92.

[6] Michael Scriven and Richard Paul, "Defining Critical Thinking," The Critical Thinking Community, accessed April 24, 2010, http://www.criticalthinking.org/aboutCT/define_critical_thinking.cfm.

[7] Virginia S. Lee, *Teaching and Learning Through Inquiry* (Sterling, VA: Stylus, 2004), 9.

[8] 感谢史坦顿岛学院英语副教授（纽约市立大学）Mary Reda 博士允许我们使用她的实例。于 2012 年 1 月 26 日发给作者的电子邮件信息。

[9] Robert Ennis, "A Taxonomy of Critical Thinking Dispositions and Abilities," in *Teaching Thinking Skills: Theory and Practice*, ed. Joan Baron and Robert Sternberg (New York: W. H. Freeman, 1987), 12 - 15.

[10] Berry Beyer, *Practical Strategies for the Teaching of Thinking* (Hillsdale, NJ: Erlbaum, 1985), 19.

[11] Joanne Kurfiss, *Critical Thinking* (Washington, DC: Association of the Study of Higher Education, 1988), 2.

[12] Beyer, *Practical Strategies*, 33.

[13] Ibid., 27.

[14] Paul, "Dialogical Thinking," 128.

[15] Robert J. Marzano et al., *Dimensions of Thinking* (Alexandria, VA: Association for Supervision and Curriculum Development, 1988), 17, 28.

[16] Loren Crane, "Unlocking the Brain's Two Powerful Learning Systems," *Human Intelligence Newsletter* 4, no. 4 (1983): 7, quoted in Barry Beyer, Practical Strategies, 36.

[17] Goodwin Watson and Edward M. Glaser, *Watson-Glaser Critical Thinking Appraisal Manual* (Psychological Corporation, 1964); Francis Galton, *Hereditary Genius* (London: Macmillan, 1892); Joy Paul Guilford, *Creative Talents* (Buffalo, NY: Bearly Limited, 1986); E. Paul Torrence, *Why Fly* (Norwood, NJ: Ablex, 1995); Neil Postman and Charles Weingartner, *Teaching as a Subversive Activity* (New York: Delacorte Press, 1989).

[18] Postman and Weingartner, *Teaching as a Subversive Activity*, 20.

[19] Paul, "Dialogical Thinking," 118.

[20] Paulo Freire, *Pedagogy of the Oppressed* (New York: Continuum, 1993), 12, 69, 87.

[21] Raymond Nickerson, David Perkins, and Edward E. Smith, *The Teaching of Thinking* (Hillsdale, NJ: Erlbaum, 1985), 44.

[22] Beyer, *Practical Strategies*, 20, 25.

[23] 感谢理海大学哲学副教授兼教师培养主任 Greg Reihman 博士允许我们使用他的实

例。于2012年2月14日发给作者的电子邮件信息。

[24] Nickerson, *Reflections on Reasoning*, (Hillsdale, NJ: Earlbaum, 1986), 35.

[25] Ibid., 68.

[26] Ibid., 69.

[27] Ibid., 36.

[28] Edward Corbett, *The Elements of Reasoning* (New York: Macmillan, 1991), 11-46.

[29] Ibid., 23-26.

[30] Ibid., 23.

[31] Ibid., 42-45.

[32] Ibid., 45.

[33] Nickerson, *Reflections on Reasoning*, 4.

[34] 感谢高盛学院名誉艺术教授Marvin Barrel博士允许我们使用他的实例。于2012年1月14日发给作者的电子邮件信息。

[35] Mihaly Csikszentmihalyi, *Creativity: Flow and the Psychology of Discovery and Invention* (New York: HarperCollins, 1996), 25-26. 36. Csikszentmihalyi, Creativity, 26.

[36] Robert Weisberg, *Creativity: Beyond the Myth of Genius* (New York: W. H. Freeman, 1993), 246.

[37] Ibid.

[38] John Baer, *Creativity and Divergent Thinking: A Task-Specific Approach* (Hillsdale, NJ: Erlbaum, 1993).

[39] Guilford, *Creative Talents*, 41-50.

[40] E. P. Torrence and J. Presbury, "The Criteria of Success Used in 242 Recent Experimental Studies of Creativity," Creative Child and Adult Quarterly 9, no. 4 (1984): 238-243.

[41] Baer, Creativity and Divergent Thinking, 15-16.

[42] Graham Wallas, The Art of Thought (London: Watts, 1945).

[43] Csikszentmihalyi, chap. 4, "The Work of Creativity," in *Creativity*.

[44] Richard Paul, *Critical Thinking: How to Prepare Students for a Rapidly Changing World* (Santa Rosa, CA: Foundation for Critical Thinking, 1995), 263-265.

[45] Richard Paul, "Dialogical Thinking: Critical Thoughts Essential to the Acquisition of Rational Knowledge and Passions," in *Teaching Thinking Skills: Theory and Practice*, ed. Joan Baron and Robert Sternberg (New York: W. H. Freeman, 1987), 292.

[46] 感谢法律博士、威廉玛丽学院马歇尔瑞斯法学院法学教授Laura Heymann允许我们使用她的实例。于2012年3月8日发给作者的电子邮件信息。

[47] Paul, *Critical Thinking*, 297.

[48] Ibid., 279-298.

[49] Ibid., 299.

[50] Matthew Lipman, *Thinking in Education* (Cambridge, UK: Cambridge University Press, 1991), 232 – 233.

[51] James T. Dillon, *The Practice of Questioning* (London: Routledge, 1990), 14 – 15, 131 – 144; and Stephen D. Brookfield and Stephen Preskill, *Discussion as a Way of Teaching: Tools and Techniques for Democratic Classrooms* (San Francisco: Jossey-Bass, 2005), 85 – 89.

[52] Brookfield and Preskill, *Discussion as a Way of Teaching*, 85 – 89.

[53] Postman and Weingartner, *Teaching as a Subversive Activity*, 34 – 37.

[54] George Collison et al., *Facilitating Online Learning: Effective Strategies for Moderators* (Madison, WI: Atwood, 2000).

[55] "Community of Inquiry," accessed September 5, 2011, http://www.community-ofinquity.com.

[56] Collison et al., *Facilitating Online Learning*, 129.

[57] Mary Reda, *Between Speaking and Silence: A Study of Quiet Students* (New York: SUNY Press, 2009).

[58] Thomas A. Angelo and K. Patricia Cross, *Classroom Assessment Techniques: A Handbook for College Teachers* (San Francisco: Jossey-Bass, 1993).

[59] For example, see Richard Paul, "Critical Thinking Class: Grading Policies," Critical Thinking Community, accessed February 12, 2012, http://www.criticalthinking.org/pages/critical-thinking-class-grading-policies/442.

[60] D. Randy Garrison and Norman D. Vaughan, *Blended Learning in Higher Education: Framework, Principles, and Guidelines* (San Francisco: Jossey-Bass, 2007).

[61] Ibid.

[62] Collison et al., *Facilitating Online Learning*, 104 – 105.

[63] Trisha Bender, *Discussion-Based Online Teaching to Enhance Student Learning* (Sterling, VA: Stylus, 2003).

[64] Brookfield and Preskill, *Discussion as a Way of Teaching*, 4.

第七章 基于心智模型学习法的教学——培养解决问题和决策的能力

[1] Barbara Duch, "Problems: A Key Factor in PBL," Physics Level 3: Overload, last modified February 20, 1997, http://www.udel.edu/pbl/cte/spr96-phys.html.

[2] 感谢特拉华大学数学和科学教育资源中心前副教授、曾在物理与教育专业任职的 Barbara Duch 博士允许我们使用她的实例。于 2012 年 2 月 6 日发给作者电子邮件信息。

[3] Diane Halpern, *Thought and Knowledge: An Introduction to Critical Thinking* (Hillsdale, NJ: Erlbaum, 1984), 160.

[4] Ibid., 160.

[5] Thomas Ward, Ronald Finke, and Steven Smith, *Creativity and the Mind: Discovering the*

Genius Within (New York: Plenum Press, 1995), 53.

[6] Ibid., 55.

[7] Sam Glucksberg, "Language and Thought," in *The Psychology of Human Thought*, ed. Robert Sternberg and Edward Smith (New York: Cambridge University Press, 1988), based on Stephen M. Kosslyn, *Ghosts in the Mind's Machine* (New York: Norton, 1983).

[8] James Adams, *Conceptual Blockbusting* (New York: Norton, 1979), 76.

[9] Wolfgang Köhler, *The Mentality of Apes* (New York: Harcourt Brace Jovanovich, 1925).

[10] John Dworetzky, *Psychology*, 2nd ed. (New York: West Publishing, 1985), 237–238.

[11] Denise Dellarosa, "A History of Thinking," in *The Psychology of Human Thought*, ed. Robert Sternberg and Edward Smith (New York: Cambridge University Press, 1988), 9–10.

[12] George Polya, *How to Solve It*, 2nd ed. (Princeton, NJ: Princeton University Press, 1957).

[13] Raymond Nickerson, David Perkins, and Edward Smith, *The Teaching of Thinking* (Hillsdale, NJ: Erlbaum, 1985), 74.

[14] Allen Newell and Herbert A. Simon, *Human Problem Solving* (Englewood Cliffs, NJ: Prentice Hall, 1972).

[15] Ibid.

[16] Ibid., 315–316.

[17] Scott Plous, *The Psychology of Judgment and Decision Making* (New York: McGraw-Hill, 1993), 80.

[18] John Bransford and Barry Stein, *The Ideal Problem Solver: A Guide for Improving Thinking, Learning, and Creativity* (New York: W. H. Freeman, 1993), 8–9.

[19] Alan Lesgold, "Problem Solving," in *The Psychology of Human Thought*, ed. Robert Sternberg and Edward Smith (New York: Cambridge University Press, 1988), 207–208.

[20] 感谢 Tellari 公司董事总经理兼丹佛大学学院兼职教授 Anton Camarota 博士允许我们使用他的教学实例。2012 年 2 月 20 日与作者进行讨论。

[21] Vincent Barry and Joel Rudinow, *Invitation to Critical Thinking*, 2nd ed. (Fort Worth, TX: Holt, Rinehart and Winston, 1990), 366.

[22] Newell and Simon, *Human Problem Solving*, 53–63, 787–791.

[23] Norbert Jausovec, *Flexible Thinking: An Explanation for Individual Differences in Ability* (Cresskill, NJ: Hampton Press, 1994), 10. 作者引用了德国著名心理学家 Dietrich Doerner 对问题与任务的区分。

[24] Wayne Wickelgren, *How to Solve Problems: Elements of a Theory of Problems and Problem Solving* (San Francisco: W. H. Freeman, 1974), 10–17.

[25] Ian Mitroff and Harold Linstone, *The Unbounded Mind: Breaking the Chains of Traditional Business Thinking* (New York: Oxford University Press, 1993), 49–50.

[26] Kathy Yohalen, *Thinking Out of the Box* (New York: Wiley, 1997), 5.

[27] Wickelgren, *How to Solve Problems*, 63.

[28] Jausovec, *Flexible Thinking*, 10 – 11.

[29] Barry and Rudinow, *Invitation to Critical Thinking*, 363.

[30] Jonathan Baron, *Thinking and Deciding* (New York: Cambridge University Press, 2000), 17.

[31] Ibid., 68.

[32] Halpern, *Thought and Knowledge*, 182 – 184.

[33] Ibid., 184 – 185.

[34] Ibid., 185.

[35] Ibid., 192 – 193.

[36] Wickelgren, *How to Solve Problems*, 124 – 126.

[37] Ibid., 26.

[38] Ibid., 109 – 110.

[39] Marilyn Burns, "Teaching 'What to Do' in Arithmetic Versus Teaching 'What to Do and Why,'" *Educational Leadership* 43, no. 7 (1986): 34 – 38.

[40] Keith J. Holyoak and Richard Nisbett, "Induction," in *The Psychology of Human Thought*, ed. Robert Sternberg and Edward Smith (New York: Cambridge University Press, 1988), 82 – 83. The experiments are reported in M. L. Gick and Keith J. Holyoak, "Analogical Problem Solving," *Cognitive Psychology* 12 (1980): 306 – 355.

[41] Daniel T. Willingham, *Why Don't Students Like School? A Cognitive Scientist Answers Questions about How the Mind Works and What It Means for the Classroom* (San Francisco: Jossey-Bass, 2009).

[42] Wickelgren, *How to Solve Problems*, 63.

[43] Halpern, *Thought and Knowledge*, 199 – 201.

[44] Glucksberg, "Language and Thought," 225.

[45] Adriann D. deGroot, *Thought and Choice in Chess* (The Hague, Netherlands: Mouton, 1965). See also deGroot, *Methodology: Foundation of Inference and Research in the Behavioral Sciences* (New York: Mouton, 1969).

[46] National Research Council, *How People Learn: Brain, Mind, Experience, and School* (Washington, DC: National Academy Press, 2000).

[47] M. T. H. Chi, P. J. Feltovich, and R. Glaser, "Categorization and Representation of Physics Problems by Experts and Novices," *Cognitive Science* 5, no. 2 (1981): 121 – 152.

[48] Bransford and Stein, *The Ideal Problem Solver*, 4.

[49] John Feldhusen, "A Conception of Creative Thinking and Creative Training," in *Nurturing and Developing Creativity*, ed. S. G. Isaksen, M. C. Murdock, R. F. Firestein, and D. J. Treffinger (Norwood, NJ: Ablex, 1993), 45.

[50] Anthony J. Sanford, *Cognition and Cognitive Psychology* (New York: Basic Books, 1958), 309.

[51] Nickerson et al., *The Teaching of Thinking*, 69.

[52] Halpern, *Thought and Knowledge*, 225–226.

[53] John Mullen and Byron Roth, *Decision Making: Its Logic and Practice* (Savage, MD: Rowman & Littlefield, 1991), 5.

[54] Ibid., 11.

[55] Ibid., 1–5. 这里提出的 10 个步骤是在 Mullen 和 Roth 四步过程的基础上修改扩充而成。

[56] Ibid., 57.

[57] Ibid., 55.

[58] Ibid., 63–66.

[59] Ibid., 62.

[60] Ibid., 196.

[61] Halpern, *Thought and Knowledge*, 221–222.

[62] Raymond Nickerson, *Reflections on Reasoning* (Hillsdale, NJ: Erlbaum, 1986), 32.

[63] Halpern, *Thought and Knowledge*, 222–223.

[64] Baron, *Thinking and Deciding*, 346–349.

[65] Ibid., 382–384.

[66] Halpern, *Thought and Knowledge*, 136–137.

[67] Baron, *Thinking and Deciding*, 230–232.

[68] 感谢南佛罗里达大学商学院教授 T. Grandon Gill 博士允许我们使用他的实例。于 2012 年 1 月 25 日发给作者电子邮件信息。

[69] Paul Pigors and Faith Pigors, "Case Method," in *Training and Development Handbook: A Guide to Human Resource Development*, 3rd ed., ed. Robert L. Craig (New York: McGraw-Hill, 1987), 415.

[70] Louis Barnes, C. Roland Christensen, and Abby Hansen, *Teaching and the Case Method* (Boston: Harvard Business School Press, 1994), 41.

[71] Ibid., 34.

[72] Michiel Leenders and James Erskine, *Case Research: The Case Writing Process* (London, Ontario, Canada: University of Western Ontario, 1973), 11.

[73] Pigors and Pigors, "Case Method," 415.

[74] Ibid.

[75] Ibid., 418–419.

[76] J. Lowenstein, L. Thompson, and D. Gentner, "Analogical Learning in Negotiated Terms: Comparing Cases Promotes Learning and Transfer," *Academy of Management Learning and Education* 2, no. 2 (2003): 119–127.

[77] T. Grandon Gill, *Informing with the Case Method: A Guide to Case Method Research, Writing, & Facilitation* (Santa Rosa, CA: Informing Science Press, 2011).

注释

[78] Edward J. Mastascusa, William J. Snyder, and Brian S. Hoyt, *Effective Instruction for STEM Disciplines: From Learning Theory to College Teaching* (San Francisco: Jossey-Bass, 2011).

[79] Barbara J. Duch, Susan E. Groh, and Deborah E. Allen, *The Power of Problem-Based Learning: A Practical "How To" for Teaching Undergraduate Courses in Any Discipline* (Sterling, VA: Stylus, 2001).

[80] Pigors and Pigors, "Case Method," 422-423. 我们采用了基本类别作为引导词，但我们对描述词进行了大幅修改；我们要感谢 Pigorses 列出的实用清单。

[81] 感谢温斯顿萨勒姆州立大学生命科学系生理学助理教授 Manjunatha B. Bhat 博士允许我们使用他的实例。于 2012 年 2 月 16 日发给作者电子邮件。

[82] Thomas Angelo and Patricia Cross, *Classroom Assessment Techniques: A Handbook for College Teachers* (San Francisco: Jossey-Bass, 1993).

[83] Larry K. Michaelsen, Arletta B. Knight, and L. Dee Fink, *Team-Based Learning: A Transformative Use of Small Groups in College Teaching* (Sterling, VA: Stylus, 2004), 46.

[84] See Harvard Business Publishing for Educators, accessed March 15, 2012, http://hbsp.harvard.edu/product/cases.

[85] "Problem-Based Learning at University of Delaware," accessed March 15, 2012, https://primus.nss.udel.edu/Pbl/.

[86] "Welcome to MERLOT," accessed March 15, 2012, http://www.merlot.org/merlot/index.htm.

第八章 基于群组学习法的教学——探究态度、感受和视角

[1] 如需进一步了解 Roger 和 David Johnson，请访问合作学习协会网站，http://www.co-operation.org/，2002 年 3 月 15 日访问。

[2] David W. Johnson, Roger Johnson, and Mary Beth Stanne, "Cooperative Learning Methods: A Meta-Analysis," accessed March 15, 2012, http://www.tablelearning.com/uploads/File/EXHIBIT-B.pdf; Johnson and Johnson, *Learning Together and Alone: Cooperative, Competitive, and Individualistic Learning* (Boston: Allyn & Bacon, 1999).

[3] Kenneth A. Bruffee, "Sharing Our Toys: Cooperative Learning versus Collaborative Learning," *Change* 27, no. 1 (1995): 12-18.

[4] Elizabeth F. Barkley, K. Patricia Cross, and Claire H. Major, *Collaborative Learning Techniques* (San Francisco: Jossey-Bass, 2005).

[5] Larry K. Michaelsen, Arletta B. Knight, and L. Dee Fink, *Team-Based Learning: A Transformative Use of Small Groups in College Teaching* (Sterling, VA: Stylus, 2004).

[6] 感谢红石社区学院政治学讲师 Leticia Sara 允许我们使用她的实例。于 2002 年 2 月 4 日发给作者电子邮件信息。

[7] Barry E. Collins and Harold Guetzkow, *A Social Psychology of Group Processes for Decision

Making (New York: Wiley, 1964), 58.

[8] Michaelsen et al., *Team-Based Learning*, 46.

[9] Bernard Berelson and Gary Steiner, *Human Behaviour: An Inventory of Scientific Findings* (New York: Harcourt, Brace & World, 1964), 557–560.

[10] Kurt Lewin, "Forces Behind Food Habits and Methods of Change," *Bulletin of the National Research Council* 108 (1943): 35–65.

[11] Michaelsen et al., *Team-Based Learning*, 61.

[12] A. Paul Hare, *Handbook of Small Group Research*, 2nd ed. (New York: Free Press, 1976), 388, 392.

[13] Robert T. Golembiewski and Arthur Blumberg, eds., *Sensitivity Training and the Laboratory Approach* (Itasca, IL: Peacock, 1970), 4.

[14] Alvin Goldberg and Carl Larson, *Group Communication* (Englewood Cliffs, NJ: Prentice Hall, 1975), 163.

[15] Carl Rogers, *Carl Rogers on Encounter Groups* (New York: Harper & Row, 1970), 3–4.

[16] Thomas R. Verny, *Inside Groups* (New York: McGraw-Hill, 1974).

[17] 关于群体过程研究概述，请参阅 Goldberg and Larson, *Group Communication*。该领域的早期经典著作之一是 James H. McBurney and Kenneth G. Hance, *Discussion in Human Affairs* (New York: Harper, 1939)。从社会学角度进行的一项著名的群体研究是 George C. Homans, *The Human Group* (New York: Harcourt, Brace & World, 1950)。

[18] Carl Larson and Frank LaFasto, *Teamwork: What Must Go Right, What Can Go Wrong* (Newbury Park, CA: Sage, 1989), 19.

[19] Bruce W. Tuckman, "Development Sequence in Small Groups," *Psychological Bulletin* 63, no. 6 (1965): 384–399.

[20] Bruce Tuckman and M. Jensen, "Stages of Small Group Development," *Groups and Organizational Studies* 2, no. 4 (1977): 419–427.

[21] Goldberg and Larson, Group Communication, 46. 任务与过程之间的区别追溯到 George C. Homans 的早期研究。请同时参阅 B. Aubrey Fisher, *Small Group Decision Making: Communication and the Group Process* (New York: McGraw-Hill, 1980)。

[22] Larry L. Barker et al., *Groups in Process: An Introduction to Small Group Communication*, 3rd ed. (Englewood Cliffs, NJ: Prentice Hall, 1987), 37.

[23] Michael Burgoon, Judee K. Heston, and James McCroskey, *Small Group Communication: A Functional Approach* (New York: Holt, Rinehart and Winston, 1974), 10.

[24] Fisher, *Small Group Decision Making*, 42.

[25] Barker et al., Groups in Process, 53–62, 我们广泛借鉴了书中对群体结构的绝佳讨论。

[26] Hare, *Handbook of Small Group Research*, 131.

[27] Kenneth D. Benne and Paul Sheets, "Functional Roles of Group Members," *Journal of Social Issues* (Spring 1948): 4, 41–49.

[28] Fisher, *Small Group Decision Making*, 183 – 184, 对群体规范有很好的探讨。

[29] Ibid., 29.

[30] Charles M. Kelly, "Empathetic Listening," in *Small Group Communication*: *A Reader*, ed. Robert S. Cathcart and Larry A. Samovar (Dubuque, IA: Brown, 1970), 350 – 351.

[31] Barker et al., *Groups in Process*, 83.

[32] John E. Baird Jr. and Sanford Weinberg, "Elements of Group Communication," in *Small Group Communication*: *A Reader*, ed. Robert S. Cathcart and Larry A. Samovar (Dubuque, IA: Brown, 1970), 296. 列表经过简化、改写及解释。

[33] E. Randy Garrison and Norman D. Vaughan, *Blended Learning in Higher Education*: *Framework*, *Principles*, *and Guidelines* (San Francisco: Jossey-Bass, 2008).

[34] Charles Seashore, "What Is Sensitivity Training?" in *Sensitivity Training and the Laboratory Approach*, ed. Robert T. Golembiewski and Arthur Blumberg (Itasca, IL: Peacock, 1970), 14.

[35] Rogers, *Carl Rogers on Encounter Groups*, 9.

[36] Irvin D. Yalom, *The Theory and Practice of Group Psychotherapy*, 3rd ed. (New York: Basic Books, 1985), 3 – 69. 疗效因子及其解释性描述列表摘自第 1 – 3 章。除与宣泄（84 – 85 页）和存在意识因素（92 – 101 页）有关的论述外，每个因子对应一个章节标题。

[37] Christina Baldwin and Ann Linnea, *The Circle Way*: *A Leader in Every Chair* (San Francisco: Berrett – Koehler, 2010).

[38] Patricia Hill Collins, *Black Feminist Thought*: *Knowledge*, *Consciousness*, *and the Politics of Empowerment* (London: Routledge, 2000). sf

[39] 感谢宾夕法尼亚大学社会政策与实践学院助理教授 Damon Freeman 博士允许我们使用他的实例。于 2012 年 2 月 19 日发给作者电子邮件信息。

[40] Larson and LaFasto, Teamwork, 26.

[41] Ibid., 42 – 55.

[42] 感谢普渡大学工程学院机械工程专业长期聘用讲师 John Nolfi 允许我们使用他的实例。于 2012 年 2 月 11 日发给作者电子邮件信息。

[43] See Fisher, Small Group Decision Making, 24 – 26, for information on group size.

[44] John K. Brilhart, Effective Group Discussion (Dubuque, IA: Brown, 1967), 20 – 21.

[45] Barkley et al., Collaborative Learning Techniques.

[46] Rena Palloff and Keith Pratt, *Collaborating Online*: *Learning Together in Community* (San Francisco: Jossey-Bass, 2005), 27 – 28.

[47] 感谢怀俄明大学拓展学院公共管理专业兼职教授 Debra Beck 博士允许我们使用她的实例。于 2011 年 11 月 14 日发给作者电子邮件信息。

[48] Leland Bradford, Dorothy Stock, and Murray Horowitz, "How to Diagnose Group Problems," in Sensitivity Training and the Laboratory Approach, ed. Robert T. Golembiewski

and Arthur Blumberg (Itasca, IL: Peacock, 1970), 142.

[49] Ibid., 142–143.

[50] Fisher, *Small Group Decision Making*, 57–59.

[51] Bradford et al., "How to Diagnose Group Problems," 145.

[52] Irvin Janis, Victims of Groupthink: A Psychological Study of Foreign-Policy Decisions and Fiascos (Boston: Houghton Mifflin, 1972), 8–9.

[53] Charles Pavitt and Ellen Curtis, *Small Group Discussion* (Scottsdale, AZ: Gorsuch Scarisbrick, 1990), 38–40.

[54] Michaelsen et al., *Team-Based Learning*.

[55] Fisher, *Small Group Decision Making*, 61.

[56] Beck, e-mail message to author, November 14, 2011.

[57] Michaelsen et al., *Team-Based Learning*, 41.

[58] Robert Slavin, Eric Hurley, and Anne Chamberlain, "Cooperative Learning and Assessment: Theory and Research," in *Handbook of Psychology*, vol. 7, ed. W. M. Reynolds and G. E. Miller (New York: Wiley, 2003), 177–198.

[59] 请参阅"CATME 团队组建工具",2012 年 3 月 15 日访问,https://engineering.purdue.edu/CATME。国家科学基金会资助的这个工具汇集了关于各团队成员对团队贡献的有效程度的同行资料和自评资料,而且为教师和团队成员提供了反馈。

[60] Jessica Lipnack and Jeffrey Stamps, *Virtual Teams: People Working across Boundaries with Technology* (New York: Wiley, 2000). 请同时参阅 Deborah L. Duarte and Nancy T. Snyder, *Mastering Virtual Teams: Strategies, Tools, and Techniques That Succeed* (San Francisco: Jossey-Bass, 2006).

[61] Palloff and Pratt, *Collaborating Online*.

第九章 基于虚拟实境学习法的教学——训练专业判断力

[1] Larry Johnson et al., *The 2011 Horizon Report* (Austin, TX: New Media Consortium, 2011), 21; John P. Hertel and Barbara J. Millis, *Using Simulations to Promote Learning in Higher Education* (Sterling, VA: Stylus, 2002), 12–13.

[2] 请参见 http://www.anatomylab.com,网站由犹他大学生物学教授 Mark Nielsen 制作。

[3] "Peacemaker," 2010, Hybrid Learning Systems, http://www.peacemakergame.com/.

[4] Omar Moore and Alan Anderson, "Some Principles for the Design of Clarifying Educational Environments," in *Gaming-Simulation: Rationale, Design, and Applications*, ed. Cathy Greenblatt and Richard Duke (New York: Wiley, 1975), 49–50.

[5] Betsy Watson, "Games and Socialization," in *Gaming-Simulation: Rationale, Design, and Applications*, ed. Cathy Greenblatt and Richard Duke (New York: Wiley, 1975), 42–43.

[6] Rene' Marineau, *Jacob Levy Moreno, 1889–1974: Father of Psychodrama, Sociometry, and*

　　　　 Group Psychotherapy (London: Tavistock/Routledge, 1989), 25 – 49.

[7] J. L. Moreno, *Psychodrama* (New York: Beacon House, 1946), 2.

[8] Alice Gordon, *Games for Growth* (Palo Alto, CA: Science Research Associates, 1970), 4 – 6.

[9] Kalman Cohen and Eric Rhenman, "The Role of Management Games in Research," in *Gaming-Simulation: Rationale, Design, and Applications*, ed. Cathy Greenblatt and Richard Duke (New York: Wiley, 1975), 233 – 235.

[10] Ken Jones, *Simulations: A Handbook for Teachers and Trainers* (London: Kogan Page, 1987), 19 – 20.

[11] Clark Abt, *Serious Games* (New York: Viking Press, 1970); "The Serious Games Initiative," accessed March 15, 2012, http://www.seriousgames.org/.

[12] Thomas C. Keiser and John H. Seeler, "Games and Simulations," in *Training and Development Handbook: A Guide to Human Resource Development*, 3rd ed., ed. Robert L. Craig (New York: McGraw-Hill, 1987), 457 – 458.

[13] John von Neumann and Oskar Morgenstern, *The Theory of Games and Economic Behavior* (Princeton, NJ: Princeton University Press, 1944).

[14] Eric Klopfer, paraphrasing James Paul Gee, *Augmented Learning: Research and Design of Mobile Educational Games* (Cambridge, MA: MIT Press, 2008), 17.

[15] David A. Sousa, *How the Brain Learns* (Thousand Oaks, CA: Corwin Press, 2001).

[16] James Paul Gee, *What Video Games Have to Teach Us about Learning* (New York: Palgrave, 2003).

[17] 感谢科罗拉多山学院执法培训学院讲师 Kevin Brun 允许我们使用他的实例，2012 年 1 月 31 日与作者进行讨论。

[18] Caroline Persell, *Understanding Society: An Introduction to Sociology* (New York: Harper & Row, 1989), 58 – 61.

[19] R. P. Cuzzort and E. W. King, *Twentieth Century Social Thought*, 4th ed. (Fort Worth, TX: Holt, Rinehart and Winston, 1989), 272 – 284.

[20] M. E. Shaw et al., "Role Playing," in *The 1979 Annual Handbook for Group Facilitators*, ed. J. E. Jones and S. W. Pfeiffer (San Diego, CA: University Associates, 1979), 182 – 193.

[21] Phyllis Cooke, "Role Playing," in *The ASTD Training and Development Handbook*, ed. Robert L. Craig (San Francisco, CA: McGraw-Hill, 1996) 430 – 431. 关于安排的后面一节改编自该书。

[22] Norman F. Maier, Allen Solem, and Ayesha Maier, *The Role-Play Technique* (La Jolla, CA: University Associates, 1975), 12.

[23] Patricia Sternberg and Antonina Garcia, *Sociodrama: Who's in Your Shoes?* (New York: Praeger, 1989), 48, 50, 53, 104, 105.

[24] Ibid., 4-7.

[25] Ibid., 15-24.

[26] Ibid., chap. 6, "Structuring the Action."

[27] Ibid., chap. 9, "Mastering Directing Skills."

[28] 感谢皮尔森网络学院高级教学主任和夏曼纳德大学和东南社区学院兼职教授 Jeff Borden 博士允许我们使用他的实例。于 2011 年 11 月 30 日发给作者电子邮件信息。

[29] Richard Barton, *A Primer on Simulation and Gaming* (Englewood Cliffs, NJ: Prentice Hall, 1970), 4-7.

[30] Richard Dukes and Constance Seidner, *Learning with Simulations and Games* (Newbury Park, CA: Sage, 1978), 15.

[31] Dennis Adams, *Simulation Games* (Worthington, OH: Charles A. Jones, 1973), 4-5.

[32] Abt, Serious Games, 6-7.

[33] Klopfer, Augmented Learning.

[34] Kurt Squire, *Video Games and Learning: Teaching and Participatory Culture in the Digital Age* (New York: Teachers College Press, 2011).

[35] "simSchool," 2012, http://simschool.org/.

[36] 感谢北德克萨斯大学学习技术专业副教授 Tandra Tyler-Wood 博士允许我们使用她的实例。于 2012 年 3 月 5 日发给作者电子邮件信息。

[37] James Paul Gee, "Deep Learning Properties of Good Digital Games: How Far Can They Go?" in *Serious Games: Mechanisms and Effects*, ed. Ute Ritterfeld, Michael Cody, and Peter Vorderer (New York: Routledge, 2009), 65-80.

[38] Cathy Greenblatt, "Gaming-Simulation and Social Science: Rewards to the Designer," in *Gaming-Simulation: Rationale, Design, and Applications*, ed. Cathy Greenblatt and Richard Duke (New York: Wiley, 1975), 92-93.

[39] Cathy Greenblatt, "Basic Concepts and Linkages," in *Gaming-Simulation: Rationale, Design, and Applications*, ed. Cathy Greenblatt and Richard Duke (New York: Wiley, 1975), 10-13.

[40] Allan Feldt and Frederick Goodman, "Observations on the Design of Simulation Games," in *Gaming-Simulation: Rationale, Design, and Applications*, ed. Cathy Greenblatt and Richard Duke (New York: Wiley, 1975), 170-171.

[41] R. H. R. Armstrong and Margaret Hobson, "Introduction to Gaming-Simulation Techniques," in *Gaming-Simulation: Rationale, Design, and Applications*, ed. Cathy Greenblatt and Richard Duke (New York: Wiley, 1975), 85-86.

[42] Barton, *A Primer on Simulation and Gaming*, 29.

[43] Ken Jones, *Simulations: A Handbook for Teachers and Trainers* (London: Kogan Page, 1987), 65-90.

[44] "The Oregon Trail," 2011, The Learning Company, http://www.oregontrail.com/hmh/

site/oregontrail/; "SimCity," 2012, MobyGames, http://www.mobygames.com/game/simcity.

[45] Squire, *Video Games and Learning*, 36–37.

[46] This example of Paul Swangard's class is described in Patrick Chinn, "Playing for a Good Grade," *IT Connections*, February 15, 2009, http://it.uoregon.edu/itconnections/playing-for-a-good-grade.

[47] Squire, *Video Games and Learning*.

[48] "PharmaSim: A Marketing Management Simulation," accessed March 15, 2012, http://www.interpretive.com/rd5/index.php?pg:=pS4

[49] 感谢杜克大学福库商学院 T. Austin Finch 基金会教授 Carl Mela 博士允许我们使用他的实例。于 2012 年 1 月 9 日发给作者电子邮件信息。

[50] Klopfer, *Augmented Learning*, 145.

[51] Squire, *Video Games and Learning*, 198–200.

[52] "Gazillionaire!" and "Zapitalism!" 2012, LavaMind, http://www.lavamind.com/.

[53] "Second Life," 2002, Linden Research, http://www.secondlife.com.

[54] "Environmental Detectives," accessed March 15, 2012, G2T, http://www.educationarcade.org/gtt/Handheld/Intro.htm.

[55] Johnson et al., *The 2011 Horizon Report*, 17.

[56] 盖蒂博物馆的奥格斯堡展示柜见 Johnson et al., 2011 Horizon Report, 17; Tim Folger, "The Big Idea," accessed March 15, 2012, National Geographic, http://ngm.nationalgeographic.com/big-idea/14/augmented-reality-pg2.

第十章 基于体验式学习法的教学——反思体验

[1] Dannelle Stevens and Joanne Cooper, *Journal Keeping: How to Use Reflective Writing for Effective Learning, Teaching, Professional Insight, and Positive Change* (Sterling, VA: Stylus, 2009), 20.

[2] Parker Palmer and Arthur Zajonc, *The Heart of Higher Education* (San Francisco: Jossey-Bass, 2010), 108.

[3] "Experiential Education Academy (EEA)," accessed March 15, 2012, National Society for Experiential Education, http://www.nsee.org/experiential-educationacademy.

[4] David Kolb, *Experiential Learning: Experience as the Source of Learning and Development* (Englewood Cliffs, NJ: Prentice Hall, 1984), 22–23.

[5] Ibid., 26.

[6] Ibid.

[7] 感谢丹佛大学斯特姆法学院讲师兼法学校外实习计划主任 Ann Vessels 允许我们使用她的实例。于 2012 年 12 月 15 日发给作者电子邮件信息。

[8] Donald Schön, *The Reflective Practitioner: How Professionals Think in Action* (New York: Bas-

ic Books, 1983), 3 – 69; 另请参阅: Educating the Reflective Practitioner (San Francisco: Jossey-Bass, 1987), 3 – 22.

[9] Cooperative Education and Internship Association, accessed March 15, 2012, http://www.ceiainc.org/; National Commission for Cooperative Education, accessed March 15, 2012, http://www.co-op.edu/; World Association for Cooperative Education, accessed March 15, 2012, http://www.waceinc.org/.

[10] John S. Brubacher and Willis Rudy, *Higher Education in Transition: An American History: 1636 – 1956* (New York: Harper, 1958), 172 – 173, 86.

[11] "Higher Education Institutional Development," accessed March 15, 2012, Institute of International Education, http://www.iie.org/What-We-Do/Higher-Education-Institutional-Development.

[12] "About NAFSA: Mission, Vision, Values," accessed March 15, 2012, Association of International Educators, http://www.nafsa.org/about.sec/organization_leadership/.

[13] Campus Compact, 2010 *Annual Membership Survey Results: Executive Summary* (Boston: Campus Compact, 2011).

[14] James Kielsmeier, "Growing with the Times: A Challenge for Experiential Education," in *Experiential Learning*, ed. Richard Kraft and James Kielsmeier (Dubuque, IA: Kendall Hunt, 1995), 3.

[15] John Dewey, *Experience in Education* (New York: Touchstone, 1997).

[16] Brian Hedley and Russell Dewey, *Whitehead: Philosophers as Educators* (Carbondale, IL: Southern Illinois University Press, 1986), 85.

[17] Marie T. Banich and Rebecca J. Compton, *Cognitive Neuroscience*, 3rd ed. (Belmont, CA: Wadsworth, Cengage Learning, 2011), 53.

[18] Ibid.

[19] Dale Purves, *Brains: How They Seem to Work* (Upper Saddle River, NJ: Pearson Education, 2010).

[20] Banich and Compton, *Cognitive Neuroscience*, 53.

[21] Ibid., 59.

[22] Ibid., 60.

[23] Ibid., 61.

[24] Ibid., 63.

[25] Ibid., 65.

[26] Robert Sylwester, *A Celebration of Neurons: An Educator's Guide to the Human Brain* (Alexandria, VA: Association for Supervision and Curriculum Development, 1995), 61.

[27] Ibid., 62.

[28] Ibid., 62.

[29] Ibid., 63.

[30] Ibid.

[31] Ibid.

[32] Ibid., 64.

[33] Ibid.

[34] Ibid., 66.

[35] Ibid.

[36] Banich and Compton, *Cognitive Neuroscience*, 9.

[37] Ibid., 92.

[38] Ibid., 23.

[39] Ibid., 20-22.

[40] Ibid., 13.

[41] Ibid., 19.

[42] Ibid., 25.

[43] Ibid., 35.

[44] Ibid., 100.

[45] Ibid., 98.

[46] Ibid., 131-132, 143.

[47] Carl Sagan, *The Dragons of Eden: Speculations on the Evolution of Human Intelligence* (New York: Ballantine, 1997), 35.

[48] Sylwester, Celebration of Neurons, 55.

[49] Leslie Hart, *Human Brain and Human Learning* (New York: Longman, 1983), 46.

[50] Ibid., 5.

[51] Ibid., 60.

[52] Ibid., 109.

[53] Catherine Toomey Fosnot, *Constructivism: Theory, Perspectives, and Practice* (New York: Teachers College Press, 1996), 3.

[54] Jacqueline Grenno Brooks and Martin G. Brooks, In *Search of Understanding: The Case for Constructivist Classrooms* (Alexandria, VA: Association for Supervision and Curriculum Development, 1993), 4.

[55] Ibid., 5.

[56] See Carl Flake, *Holistic Education: Principles, Perspectives and Practices* (Brandon, VT: Holistic Education Press, 1993).

[57] Frank Smith, *To Think* (New York: Teachers College Press, 1990), 12, 40.

[58] Fosnot, *Constructivism*, 13-14.

[59] Jean Piaget, *The Equilibration of Cognitive Structures: The Central Problem of Intellectual Development* (Chicago: University of Chicago Press, 1985).

[60] 感谢亚利桑那大学教育学院实习助理教授和学生适应能力拓展项目主任 Lydia Bell 博

士允许我们使用他的实例。2012 年 2 月 28 日与作者进行讨论。

[61] 学生职责核对表样板见 Christine Cress et al., Learning through Serving: A Student Guidebook for Service-Learning across the Disciplines (Sterling, VA: Stylus, 2009), 30.

[62] 感谢辛辛那提大学雷蒙德沃尔特斯学院英语和传播教授 Ruth Benander 博士允许我们使用她的实例。于 2012 年 2 月 1 日发给作者电子邮件信息。

[63] John Dewey, How We Think: A Restatement of the Relation of Reflective Thinking to the Educative Process (Boston: D. C. Heath, 1933), 100 – 101.

[64] Stevens and Cooper, Journal Keeping.

[65] 这些写日记技巧及其他技巧见 Stevens and Cooper, Journal Keeping, 107.

[66] 改编自 Cress et al., Learning through Serving, 9.

[67] Gerard Egan, The Skilled Helper: A Problem-Management and Opportunity Development Approach to Helping, 9th ed. (Belmont, CA: Brooks/Cole Cengage Learning, 2010).

[68] Ibid., 6 – 7.

[69] Ibid., 72 – 80.

[70] Ibid., 97 – 101.

[71] Ibid., 116 – 124.

[72] Ibid., 189 – 199.

[73] Ibid., 212.

[74] Ibid., 219.

[75] Ibid., 223.

[76] Ibid., 266 – 268.

[77] Ibid., 290 – 349.

[78] Ibid., 354 – 377.

[79] Janet Eyler and Dwight E. Giles, Where's the Learning in Service Learning? (San Francisco: Jossey-Bass, 1999).

[80] Cress et al., Learning through Serving.

[81] Carlos M. Diaz-Lazaro, Sandra Cordova, and Rosslyn Franklyn, "Experiential Activities for Teaching about Diversity," in Getting Culture: Incorporating Diversity across the Curriculum, ed. Regan A. R. Gurung and Loreto R. Prieto (Sterling, VA: Stylus, 2009), 191 – 199.

[82] Loreto R. Prieto, "Teaching about Diversity: Reflections and Future Directions," in Getting Culture: Incorporating Diversity across the Curriculum, ed. Regan A. R. Gurung and Loreto R. Prieto (Sterling, VA: Stylus, 2009), 27.

[83] Eyler and Giles, Where's the Learning in Service Learning? 29.

[84] Lydia Bell, in discussion with the author, February 28, 2012.

[85] Stevens and Cooper, Journal Keeping.

[86] Cress et al., Learning through Serving.

[87] 该方法详见数字故事中心网站：See the Center for Digital Storytelling website for more on this method, accessed March 15, 2012, http：//www. storycenter. org/.

[88] Palmer and Zajonc, *Heart of Higher Education*, 21.

第十一章 目的更明确、更高效、更有趣的教学

[1] Lee Shulman, "Those Who Understand：Knowledge Growth in Teaching," *Educational Researcher* 15 no. 4（1986）：4 – 14.

[2] Richard Arum and Josipa Roksa, *Academically Adrift：Limited Learning on College Campuses*（Chicago：University of Chicago Press, 2011）, 3.

[3] George D. Kuh, "What We're Learning about Student Engagement from NSSE," *Change* 35, no. 2（2003）：28.

[4] See Ernest L. Boyer, *Scholarship Reconsidered：Priorities of the Professoriate*（Princeton, NJ：Carnegie Foundation for the Advancement of Teaching, 1990）; and Pat Hutchings, Mary Taylor Huber, and Anthony Ciccone, *The Scholarship of Teaching and Learning Reconsidered：Institutional Integration and Impact*（San Francisco：Jossey-Bass/Carnegie Foundation for the Advancement of Teaching, 2011）.

[5] Lilly Conferences on College and University Teaching, accessed January 30, 2012, http：//lillyconferences. com/; The Teaching Professor, accessed January 30, 2012, http：//www. teachingprofessor. com/; Center for the Advancement of Teaching and Learning, accessed January 30, 2012, http：//www. teachlearn. org/.

[6] Professional and Organizational Development Network in Higher Education, accessed January 30, 2012, http：//www. podnetwork. org/.

索 引

（本索引所标页码为英文版页码，参见中译本边码。）

Abstract problem/抽象问题, 153
A Celebration of Neurons: An Educator's Guide to the Brain《神经元的庆典：教育者大脑使用指南》, 256
Active learning 主动学习, 20, 21, 22
Active listening 主动倾听, 132, 189, 264
Affective learning 情感性学习, 182
American Management Association 美国管理协会, 219
Analogies 类比, 116, 154
Andragogy concept 成人教育学概念, 19, 22
Apathy 情感淡漠, 203, 208
Argument(s) 论证
    defined 定义, 113
    types of 类型, 114–116
Assertion(s) 主张
    argument and 论证, 113
    defined 定义, 112
    opinions and 意见, 112–113
Association theory 联想理论, 122
Assumptions, defined 假设, 定义, 114, 127
Attention 注意
    capacity for 容量, 77
    competing for 争夺, 77–78, 100
    continuous partial 持续性局部, 77
    experiments on 实验, 76
    during presentations 陈述中的, 78–79
    theories of 理论, 76–77
Attitudes and feelings exploring 研究态度和情感, 191–195
Augmented reality, II 增强现实, II, 237

Aversion to loss 损失厌恶, 162–163

Background knowledge 背景知识, 156, 158
Bandura, Albert 阿尔伯特·班杜拉, 54
Banich, Marie T. 玛丽·T. 班尼奇, 250
Barr, Robert B. 罗伯特·B. 巴尔, 7, 8
Barry, Vincent 巴里·文森特, 149
Bartlett, F. L. F. L. 巴雷特, 73
Behavior 行为
    maintaining desirable 维持预期, 56–57
    punishment and 惩罚, 58
    skills and 技能, 47–49, 65
    stopping undesirable 遏止非预期, 57–60
Behavioral learning 行为学习法
    assessment of 评价, 60–62
    components of 组成部分, 50–60
    conclusion about 结论, 65–66
    criticism of 批判, 65
    description of 描述, 32
    feedback for 反馈, 58–60, 65
    grading issues 评分问题, 61
    introduction to 介绍, 45–47
    learning outcomes served by 学习成果, 36, 45
    origins of 起源, 49–50
    quizzes and 测验, 48, 63, 64
    shaping process and 塑造过程, 47–49
    technology for 技术, 62–65
Belief, defined 观念, 定义, 112, 113
Bender, Trisha 特丽莎·本德, 133
Benne, Kenneth 肯尼斯·贝恩, 187
Bion, W. R. W. R. 比昂, 184

Blogging 博客, 269-270

Bloom, Benjamin 本杰明·布鲁姆, 61, 62

Bloomfield, Lincoln 林肯·布卢姆菲尔德, 218

Bok, Derek 戴瑞克·鲍克, 10

Boole, George 乔治·布鲁, 109

Bottom-up processing 自下而上的加工, 81, 83

Boyer, Earnest 昂纳斯·博耶, 281

Brain 大脑
　　integrative mechanisms and 整合机制, 253-255
　　motor control and 运动控制, 250
　　sense organs and receptors and 感觉器官和感受器, 251-253

Brain research 大脑研究
Experiential learning and 体验式学习法, 255-260

History of 历史, 250

Imaging techniques 成像技术, 250-251

Bransford, John 约翰·布兰福德, 145, 158

Briefing 汇报, 233

Brookfield, Steven 斯蒂芬·布鲁费尔德, 127, 128, 130

Brooks, Jacqueline 杰奎琳·布鲁克斯, 257, 258

Brooks, Martin 马丁·布鲁克斯, 257, 258

Brubacher, John S. 约翰 S. 布鲁巴什, 4

Business games 商业游戏, 219

California Institute of Technology 加州理工学院, 253

Campus Compact 校园联盟, 249

Campus Outreach Opportunity League 校园拓展机会联盟, 265

Carey, Shelly Johnson 夏利·约翰逊·凯莉, 6

Case for Constructivist Classrooms, The, 建构主义课堂教学案例, 257

Case Research: The Case Writing Process《案例研究：案例编写过程》, 165

Case studies 案例研究
　　description of 描述, 140, 165
　　grading issues 评分问题, 170-171
　　managing 管理, 166-167
　　origins of 起源, 164-165
　　teacher's role in 教师作用, 168-170
　　types of 类型, 165-166

Categories, critical thinking and 批判性思维分类, 117-118

Cherry, Colin 科林·切瑞, 76

Chunking concept 组块化, 93

Civic engagement program 公民参与计划, 249

Clark, Richard 理查德·克拉克, 26

Class participation, defined 课堂参与, 定义, 6

Classroom assessment techniques (CATs) 课堂评价技巧 (CATs), 132, 170

Class time 课时, 6, 12

Clickers 应答器, 88, 96, 97

Clinical case 临床案例, 166

Cocktail party phenomenon 鸡尾酒会现象, 76

Cognitive learning 认知学习法
　　assessment of 评价, 96-97
　　attention processes and 注意过程, 76-79
　　Conclusion about 结论, 99-100
　　description of 描述, 32
　　information processing and 信息加工, 79-89, 100
　　introduction to 介绍, 71-72
　　knowledge acquisition and 知识获取, 72-73

learning outcomes served by 学习成果, 37, 71

origins of 起源, 73-75

rules for using 使用规则, 78-79, 87-89

technology for 技术, 97-99

what we know about 我们的已有认识, 75

Cognitive neuroscience 认知神经科学, 250-251, 258, 259

Cognitive overload, defined 认知超负荷定义, 142

Cognitive skills 认知技能, 46, 49

Cohesiveness 凝聚力, 186

Collaborative learning 协作学习, 19, 21, 179

Collison, George 乔治·柯林森, 130

Communication 沟通

 active listening and 主动倾听, 189

 among groups 群体间, 186

 cross-cultural 跨文化, 15

 nonverbal 非言语, 190

 teachers' role in 教师的作用, 193

Compton, Rebecca J. 瑞贝卡·J. 康普顿, 250

Computer axial tomography (CAT) 计算机化X射线轴向分层造影 (CAT), 250

Concept of transfer 迁移的概念, 219

Concretization technique 具象化法, 227

Conflict in groups 群体冲突, 202-203

Context, information processing and 情境, 信息加工, 81-83, 87

Continuous partial attention 持续性局部注意力, 77

Contradiction method 矛盾法, 153-154

Cooperative Education and Internship Association 合作教育和实习协会, 248

Cooperative learning 合作学习

experiential learning and 体验式学习法, 248, 249

features of 特征, 178-179

Corbett, Edward 爱德华·科贝特, 115

Course management system, *see* learning management system (LMS) 课程管理系统, 请参见学习管理系统 (LMS)

Creative thinking 创造性思维

 cultivation of 培养, 123

 defined 定义, 108

 examples of 实例, 120-121

 theories related to 相关理论, 121-122

Criterion-referenced assessment 标准参照性评价, 61

Critical dunking 批判性思维

 building blocks of 构成要素, 117-118

 defined 定义, 108

 dialogical chinking and 对话式思维, 123

 examples of 实例, 111-112

 learning and 学习, 9, 32, 111-114

 logical fallacies and 逻辑谬误, 118-120

 teachers and 教师, 123

Csikszentmihalyi, Mihaly 哈里·契克森米哈, 121, 122

Cultural differences, developing awareness of 形成对文化差异的认识, 266

Curriculum 课程, 5-6

Debriefing 听取报告, 201, 222, 234

Decision making 决策

 avoiding pitfalls during 避免误区, 161-163

 basic model for 基本模型, 160-161

 history of 历史, 144-145

 problem-solving and 解决问题, 159

 teaching 教学, 145-146

Decision Making: Its Logic and Practice 《决

策：逻辑与实践》，159

Declarative memory 陈述性记忆，91

Deductive arguments 演绎式论证，115－116

DeGroot, Adriann D. 阿德里安·D.德戈鲁特，157

Detached observation 独立观察，233

Dewey, John 约翰·戴维，130，244，249，262

Dialogical chinking 对话式思维

  critical thinking and 批判性思维，123

  defined 定义，109

  egocentric thinking and 自我中心思维，124

  encouraging 鼓励，124－126

  examples of 实例，125

Differentiated instruction 差异化教学，61

Diffusion censor imaging（DTI）弥散张量成像（DTI），250

Dillon, James 詹姆斯·狄龙，127

Directed thinking 定向思维，108

Discussion as a Way of Teachings《讨论式教学法》，127

Discussions 讨论

  facilitating 促进，130，134

  group 小组，191

  students' participation in 学生参与，129

  as teaching paradigm 教学范式，4，21

  time devoted to 投入时间，6

Divergent-thinking theory 发散性思维理论，122

Domestic multicultural learning 国内跨文化学习，266

Double technique 替身法，226

Dramatic scenarios 戏剧情节

  description of 描述，225

  examples of 实例，228

  facilitating 促进，226－227

  sharing the learning during 交流学习成果，227－228

  stages of 阶段，225－226

Drill and practice exercises 反复练习，62，63，64，232

Drucker, Peter 彼得·德鲁克，12，13

Duncker, Karl 彼得·卡尔，144，154

Dyads 二人组，197

Ears, functioning of 耳朵功能，252，254

Educational objectives 教育目标，34，40

Egan, Gerard 吉拉德·伊根，263，264，265

Egocentric chinking 自我中心思维，124

Elder, Linda 琳达·爱尔德，106

Elements of Reasoning, The《推理的要素》，115

Emotional intelligence 情商，178

Emotions, long-term memory and 情绪，长期记忆，92

Empty chair technique 空椅法，226，238

Encoding technique 编码法，93，95

Entrapment 圈套，162

Environmental Detectives game 环境侦探游戏，237

Erskine, James 詹姆斯·厄斯金，165

Expected utility theory 期望效用理论，145，161

Experiential learning 体验式学习法

  assessment of 评价，268－269

  brain functioning and 大脑功能，251－255

  brain research and 大脑研究，255－260

  cognitive neuroscience and 认知神经科学，250－251

  conclusion about 结论，270－271

  criteria for 标准，247

  description of 描述，244

examples of 实例, 245–246

facilitating 促进, 260–261

grading issues 评分问题, 268

introduction to 介绍, 243–244

earning outcomes served by 学习成果, 37, 243, 246–247

origins of 起源, 248–250

personal identity awareness through 个人身份认同意识, 266–268

reflection-in-action and 在行动中反思, 247–248

technology for 技术, 269–270

using reflection to support 运用反思支持, 261–265

what we know about 我们的已有认识, 246–247

Expert blind spot 专业盲区, 86

Extinction 消退, 55, 57–58

Extrinsic motivation 外在激励, 65

Eyes, functioning of 眼睛功能, 251–252, 254

Fair-minded thinkers 公正思考者, 124

Fallacies 谬误

conclusions and 结论, 120

evidence and 证据, 119

frameworks and 框架, 119

Gambler's 赌徒, 163

involving language 与语言有关, 119

involving people 与人有关, 118

logical 逻辑, 118

outside support and 外部支持, 118–119

Fantasy games 幻想游戏, 232

Faulty recall 回忆障碍, 95

Feedback 反馈

classes of 类别, 55

defined 定义, 55

for learning 学习, 58–60, 65

types of 类型, 55–60

Fink, L. Dee 李·迪·芬克, 35, 171

Finke, Ronald 罗纳德·芬克, 143

Fishbowl technique 鱼缸法, 201

Florida, Richard 理查德·弗罗里达, 13

Foreign policy games 外交政策游戏, 218

Forgetting, memory and 遗忘, 记忆, 94–95

Formal learning 正规学习, 11, 257, 258

Formative assessment 形成性评价

for behavioral learning, 行为学习法, 60

for experiential learning 体验式学习法, 268

impact of 影响, 60–61

for learning through groups and teams 群组学习法, 206

for learning through inquiry 探究式学习法, 131–132, 134

for learning with mental modes 心智模型学习法, 170

for simulations and games 模拟和游戏, 235

Freeze frame technique 定格法, 227, 238

Functional fixedness, defined 功能固着定义, 157

Functional magnetic resonance imaging (fMRI) 功能性磁共振成像 (fMRI), 251

Future of Capitalism, The 《资本主义的未来》, 13

Future projection technique 未来投射法, 227

Gambler's Fallacy 赌徒谬误, 163

Games, see simulations and games 游戏, 请参见模拟和游戏

Gaming theory 博弈论, 219

Garrison, D. Randy 兰迪 D. 加里森, 133

Gee, James Paul 詹姆斯·保罗·吉, 230
Genius theory 天才理论, 121-122
Gestalt psychology 格式塔心理学, 73, 81, 82
Gick, M. L. M. L. 吉克, 154
Gilbert, Steven 斯蒂芬·吉尔博特, 10
Glaser, Edwin 爱德温·格拉瑟, 110
Goals of instruction, see learning outcomes 教学目标, 请参见学习成果
Goal state 目标状态, 144, 147, 151, 156
Goffman, Irving 欧文·戈夫曼, 221
Grading issues 评分问题
  behavioral learning 行为学习法, 61
  case studies 案例研究, 170-171
  experiential learning 体验式学习法, 268
  projects 专题, 170-171
  teamwork 团队合作, 205, 206
Graduate education paradigm 研究生教育范式, 282
Groups 群体
  active listening 主动倾听, 189
  attitudes exploration through 研究态度, 191-195
  determining size of 确定规模, 197-198
  grading issues 评分问题, 170-171, 206
  how to compose 怎样组成, 198
  leaderless 无领导, 200
  managing arrangements for 管理各项事务, 200-201
  monitoring progress of 监控进展, 200
  norms established by 建立规范, 188-190
  orienting 确定方向, 199
  problem solving issues for 解决问题, 140-141, 146, 157-158, 168-169, 202-205
  providing the task for 提供任务, 199-200
  reasons for using 使用理由, 181-182
  role playing by members of 成员角色扮演, 187, 198
  teachers' role in facilitating 教师的促进作用, 193-195
  technology for 技术, 206-207
  virtual 虚拟, 190
  what we know about 我们的已有认识, 185-190
Group therapy 群体治疗, 184, 192
Groupthink 团体思维, 203-204
Guilford, J. P. J. P. 吉尔福特, 122
Gutzekow, Harold 哈罗德·古茨科, 218

Halpern, Diane 戴安·海尔珀恩, 141, 142, 152
Hart, Leslie 莱斯利·哈特, 256
Helping process 帮助过程, 264-265
Herron, Marshal 马歇尔·赫伦, 167
Higher Education in Transition《革新中的高等教育》, 4
Hill climbing method 爬山法, 150
Holistic learning 整体性学习, 258
Holyoak, Keith J. 凯斯·J. 霍雅克, 154
How to Solve It《怎样解题》, 144
Human Brain and Human Learning《人脑与人类学习》, 256
Human Problem Solving《人类问题求解》, 144, 147

Imagery images 意象/形象
  for enhancing memory 强化记忆, 93-94
  method of loci and 位置记忆法, 94
Imaging techniques 成像技术, 250-251
Inductive arguments 归纳式论证, 114-115
Information processing, *see also* presentations cognitive learning and 信息加工, 另请参阅呈现, 认知学习法, 79-89, 100

memory and 记忆, 75

prior knowledge and 先备知识, 84–89

Initial state 初始状态, 144, 147, 156

Inquiry process, *see also* learning through inquiry 探究过程, 另请参阅探究式学习法

creating safe environment for 创造安全的环境, 129

how to facilitate 怎样促进, 126–127

meaningful questions for 有意义的问题, 128

Institute for International Education 国际教育协会, 249

Instructional objectives 教学目标

behavioral learning and 行为学习法, 60

defined 定义, 50

specifying 指定, 50–52

usefulness of 作用, 34

verb forms related to 相关言语形式, 34

Instructional scaffolding, defined 支架式教学定义, 53

Interactive team play 互动式团队合作, 219

Intercultural competence 跨文化适应力, 266

International Conference on College Teaching and Learning 大学教学国际会议, 283

James, William 威廉·詹姆斯 73

Janis, Irvin 詹妮斯·欧文, 203

Johnson, David W. 大卫·W.约翰逊, 178

Johnson, Roger 罗格·约翰逊, 178

Journal and blogs 日志和博客, 268

Journal writing 写日记, 263, 269

Just-in-time explanation 及时解释, 234

Kamenetz, Anya 安雅·卡门尼斯, 14

Keller, Fred 弗蕾德·凯勒, 63

Key incident case 关键事件案例, 166

Knight, Arietta B. 阿莉塔·B.耐特, 171

Knowledge, see also prior knowledge acquisition 知识, 另请参阅获取先备知识, 72–73

background 背景, 156, 158

importance of 重要性, 12–14

Knowles, Malcolm 马尔科姆·诺尔斯, 22

Köhler, Wolfgang 沃尔夫冈·科勒, 144

Kolb, David 卫·库伯, 244, 245, 249, 257

Kozma, Robert 罗伯特·科兹玛, 26

Kuh, George 乔治·库, 280

Kuhn, Thomas 托马斯·库恩, 3

Laboratory assignments 实验任务, 140, 167–168

LaFasto, Frank 弗兰克·拉夫斯托, 185, 195

Langdell, Christopher 克里斯托夫·兰德尔, 164

Language 语言

critical thinking and 批判性思维, 117

fallacies involving 谬误, 119

Larson, Carl 卡尔·拉森, 185, 195

Lateralization 偏侧性, 254, 255

leaderless groups 无领导小组, 200

leaders for learning 学习带头人, 282–283

learner-centered teaching 以学习者为中心的教学, 20

learning. see also specific type about learning 学习, 另请参阅学习的具体类型, 8–10

active 主动, 20, 21, 22

affective 情感, 182

collaborative 协作, 19, 21, 179

critical thinking and 批判性思维, 9, 32, 111–114

domestic multicultural 国内跨文化, 266

   feedback for 反馈, 59-60

   hierarchy 层级结构, 53

   interpreting 解释, 201-202

   leaders for 引导者, 282-283

   prior knowledge and 先备知识, 86

   self-paced 自定进度, 63, 65

   sharing 分享, 227-228

   strategies 策略, 25

   styles 风格, 23

   team-based 团队导向, 179

   using groups for 运用群组学习法, 181-182

Learning management system (LMS), Ⅱ 学习管理系统（LMS）, Ⅱ, 207

Learning outcomes 学习成果

   behavioral learning and 行为学习法, 36, 45

   cognitive learning and 认知学习法, 37, 71

   establishing 确定, 33-36

   experiential learning and 体验式学习法, 37, 243, 246-247

   learning through groups and 群组学习法, 37, 177

   learning through inquiry and 探究式学习法, 37, 105

   learning through virtual realities and 虚拟实境学习法, 37, 213

   learning with mental modes and 心智模型学习法, 37, 139

   ways of learning and 学习方法, 41-42

Learning theories 学习理论

   features of 特征, 24-25

   well-established 完善的, 31-32

   learning through groups and reams, *see also* groups; team (s) 群组学习法, 另请参阅群体；团队

   approaches to 方法, 178-179

   assessment of 评价, 205-206

   conclusion about 结论, 207-208

   focus of 重点, 180-181

   introduction to 介绍, 177-178

   learning outcomes served by 学习成果, 37, 177

   origins of 起源, 183-184

   role playing and 角色扮演, 221-224

   technology for 技术, 206-207

Learning through inquiry, *see also* critical thinking 探究式学习法, 另请参阅批判性思维

   arguments and 论证, 114-116

   assessment of 评价, 131-132, 134

   conclusion about 结论, 133-134

   creative thinking and 创造性思维, 120-123

   critical thinking and 批判性思维, 111-114

   defined 定义, 107

   dialogical thinking and 对话式思维, 123-126

   facilitating 促进, 126-131

   features of 特征, 20

   introduction to 介绍, 105-108

   learning outcomes served by 学习成果, 37, 105

   origins of 起源, 109-110

   technology for 技术, 132-133

   what we know about 我们的已有认识, 110-111

Learning through virtual realities 虚拟实境学习法

   assessment of 评价, 235-236

bridging realities and 弥合现实差距, 215–216

conclusion about 结论, 238

goal in 目标, 216

introduction to 介绍, 213–215

learning outcomes served by 学习成果, 37, 213

origins of 起源, 216–219

technology for, 技术, 236–238

what we know about 我们的已有认识, 220–221

Learning with mental models, *see also* problem solving 心智模型学习法, 另请参阅解决问题

assessment of 评价, 170–171

conclusion about 结论, 172

facilitating 促进, 163–170

introduction to 介绍, 139–141

learning outcomes served by 学习成果, 37, 139

origins of 起源, 144–145

technology for 技术, 171–172

Lecture lecturing 讲授

in 21st century 21世纪, 5–12

importance of knowledge and 知识的重要性, 12–14

origins of 起源, 4

predominance of 主导, 6–7

signs of challenge to 挑战的迹象, 7, 15–16

students' attention during 学生注意力, 78

teaching approaches based 教学方法, 21

technology for recording 记录技术, 98

Lee, Virginia 维吉尼亚·李, 107

Leenders, Michiel 迈克尔·林德斯, 165

Legal arguments 法律论证, 114, 116

Lesgold, Alan 艾伦·莱斯戈尔德, 145

lesion method 损伤法, 250

Lewin, Kurt 科特·勒温, 182, 183

Lilly Conferences on the Scholarship of Teaching and Learning 莉莉大学教学研究会议, 283

Linstone, Harold 哈罗德·林斯通, 148

Lipman, Matthew 马太·利普曼, 126

Lipnack, Jessica 杰西卡·利普耐克, 206

Live case 真实案例, 166

Logical fallacies 逻辑谬误

critical thinking and 批判性思维, 118–120

defined 定义, 118

list of 清单, 118–120

Long-term memory 长期记忆

description of 描述, 91

emotions' impact on 情绪影响, 92

how does it work 运作方式, 91–92

information processing and 信息加工, 75

models of 模型, 92

techniques for enhancing 强化方法, 93–94

types of 类型, 91

Lowell, Lawrence 劳伦斯·洛威尔, 164, 165

Lumbar and cranial nerves, functioning of 腰神经和颅神经功能, 253

Mager, Robert F. 罗伯特·F. 马杰, 50

Magnetic resonance imaging (MRI) 磁共振成像 (MRI), 250

Massachusetts Institute of Technology 麻省理工学院, 218, 237

Mastery learning 精熟学习法, 61

Mayer, Richard 理查德·梅耶, 88

Mayo, Elton 埃尔顿·梅奥, 183

Meaning, information processing and 意义,

信息加工，83-84，87
Means-ends analysis method 手段目的分析法，150-151
Memory 记忆
    automatic 自动，95
    forgetting and 遗忘，94-95
    information processing and 信息加工，75
    long-term 长期，91-96
    short-term 短期，89-90，100
    visuals and images for aiding 视觉形象和辅助图像，88
Mental models 心智模型
    for decision making 决策，160-161
    generating solutions with 提出解决方案，149-154
    other names of 其他名称，143
    selecting right 选择正确模型，154-156
    use of 使用，142-143
Mental processes 心理过程，73，74
Metacognition, III 元认知，III，156，158
Method of loci 位置记忆法，94
Mezirow, Jack 杰克·麦基罗，270
Michaelsen, Larry K. 拉瑞·K.米凯尔森，171
Miller, George 乔治·米勒，90
Mirror technique 镜观法，226
Mitroff, Ian 埃恩·米特洛夫，148
Mnemonic devices 助记手段，93，95，100
Moreno, J. L. J. L. 莫雷诺，184，216，217
Morgenstern, Oskar 奥斯卡·莫根施特恩，145
Motivation 动机
    extrinsic 外来，65
    students' attention issues and 学生注意力问题，75，76，78
Motor control 运动控制，255

Mullen, John 约翰·马伦，159
Multimedia Educational Resource for Learning and Online Teaching（MERLOT）在线教与学多媒体教育资源（MERLOT），171
Multimedia tools, *see* technology 多媒体工具，请参见技术
Multiple intelligence 多元智能，24
Murphy, Walter B. 沃尔特·B.墨菲，166

National Association of Foreign Student Advisors 全国外国学生顾问协会，246
National Commission for Cooperative Education 国家合作教育委员会，249
National Society for Experiential Education 美国全国体验式教育学会，244
National Training Laboratory 国家训练实验室，183，184，187
Negative individual roles 消极个体角色，183
Negative reinforcement 负强化
    description of 描述，55
    examples of 实例，57
Newell, Allan 艾伦·纽厄尔，74，144，147，148
Nickerson, Raymond 雷蒙德·尼克森，111，112，113
Nondirected thinking 不定向思维，108
Nonverbal behavior. 非言语行为，222
Nonverbal communication 非言语沟通，190，228，247
Norm-referenced assessment 常模参照性评价，61
Northwestern University 西北大学，218
Nose, functioning of 鼻子功能，253

Objective tests 客观检验，96
Ongoing reflection 持续反思，261
Online discussions, *see also* discussions 在线

讨论，另请参阅讨论
　　critical thinking and 批判性思维，112-114
　　for learning through inquiry 探究式学习法，133
　　phases of 阶段，131
OpenCourseWare Consortium 开放式课程联盟，14，51
Open-ended journal assignments 开放式日记任务，268
Open Learning Initiative 开放学习项目，64
Operant conditioning 操作性条件作用，47，49，50
Options 可选方案
　　decision making and 决策，160
　　identifying attributes of 确定属性，160
Oregon Trail game 俄勒冈小道游戏，232
Orientation 确定方向，146，190，261
Outcomes, *see also* learning outcomes matching attributes to 成果，另请参阅与属性匹配的学习成果，160-161
　　predicting likelihood of 预测可能性，161
Outward Bound movement 外展运动，249

Palmer, Parker 帕克·巴默尔，244，249，270
Paradigm 范式
　　defined 定义，3
　　operative 操作，4
Pascal, Blaise 布莱兹·帕斯卡，144
Paul, Richard 理查德·保罗，106，124，125，126
Peace Corps and Volunteers in Service to America（VTSTA）美国和平队及志愿服务队（VTSTA），249
Pedagogy concept 教育学概念，5，22
Peer Review《同行评审》，6

Perception 认识
　　commonsense view of 常识性观点，80
　　context and 情境，81-82
　　of information 信息，87
Perkins, David 大卫·珀金斯，111
Personal identity awareness 个人身份认同意识，266-268
Personalized system of instruction（PSI）个性化教学系统（PSI），63
Physical skills 动作技能，45，48
Piaget, Jean 简皮·亚杰，259
Place method 位置法，94
Pollyanna Principle 波丽安娜效应，162
Polya, George 乔治·波利亚，144
Positive process roles 积极过程角色，187-188
Positive reinforcement 正强化
　　description of 描述，55
　　examples of 实例，57
　　for tasks 任务，56
Positive task roles 积极任务角色，187
Positron emission tomography（PET）正电子放射断层造影术（PET），251
Post-Capitalist Society《后资本主义社会》，12
Postman, Neil 尼尔·波兹曼，110，130
PowerPoint slides PowerPoint 幻灯片，11，97，98
Practice of Questioning, The《提问的实践》，127
Premises, defined 前提，定义，113，114
Preparing Future Faculty programs 未来教师培养计划，7，282
Presentations 演示
　　conducting 进行，99
　　effective 高效，73，87
　　memory issues and 记忆问题，95

multimedia 多媒体, 72, 98, 99, 270
 purpose of 目的, 99
 students' attention during 学生注意力, 76–79
 students' involvement during 学生参与, 88
 technology for 技术, 97–98
Present performance, measuring 目前表现衡量, 52
Preskill, Stephen 史蒂文·普瑞斯基尔, 127, 128
Presuppositions, unrecognized 未验证预设, 157
Prieto, Loreto R. 罗尔托·R.普列托, 266
Prior knowledge 先备知识
 building bridges from 搭建桥梁, 88
 information processing and 信息加工, 84–89
 learning and 学习, 86
Problem-based learning (PBL) 问题导向学习（PBL）
 features of 特征, 168, 179
 origins of 起源, 167–168
Problem(s) 问题
 defined 定义, 141
 examples of, 实例, 141–142
 finding 找出, 146–147
 in groups and teams 群组, 202–205
 identifying 确定, 149
 misunderstanding 误解, 156
Problem solving, see also decision making avoiding pitfalls during 解决问题, 另请参阅避免决策误区, 156–157
 basic model for 基本模型, 147–149
 creative 创造性, 149
 by experts and novices 专家和新手, 157–158
 for groups 群体, 168–169

 history of 历史, 144
 introduction to 介绍, 140–141
 mental models for 心智模型, 149–154
 with projects 专题, 140, 168
 teaching 教学, 145–146
 transfer method for 传授方法, 155
Problem space 问题空间, 144, 147, 148, 149
Procedural memory 程序性记忆, 91
Process needs 过程需求, 186
Professional judgment 专业判断力, 214, 235, 247, 278
Professional Organizational Development (POD) Network 专业组织发展（POD）网络, 283
Programmed instruction concept 程序化教学概念, 62
Project(s) 专题项目
 concrete 具体, 123
 grading issues 评分问题, 170–171
 problem solving with 解决问题, 140, 168
 teacher's role in 教师的作用, 168–170
Promotion and tenure paradigm 升职和终身教席范式, 280–282
Psychodrama 心理剧, 216, 217, 225
Punishment 惩罚
 behavior and 行为, 58
 description of 描述, 55
 effects of 效果, 58–60
 negative reinforcement and 负强化, 57

Questions 问题
 meaningful 有意义, 128
 strategic, use of 策略性使用 use of, 127
Quiet Crisis: How Higher Education is Failing America, The 《静悄悄的危机：美国高等教育的缺失》, 7

Quizzes 测验
　　behavioral learning and 行为学习法，48，63，64
　　rehearsal technique for 演练，93，96

Ramsden, Paul 保罗·伦斯登，106
Rand Corporation 兰德公司，74
Random search 随机搜索，150
Rathbun, R. K. R. K. 瑞斯本，72
Reasoned values 合乎逻辑的价值观，160
Reflection 反思
　　description of 描述，262－263
　　facilitating 促进，261－264
　　ongoing 持续，261
　　phases of 阶段，264－265
Reflection-in-action 在行动中反思，247－248
Reflections on Reasoning《推理的反思》，112
Reflective Practitioner: How Professionals Think in Action, The《反思性实践者：专业人士是怎样在行动中思考的》，247
Rehearsal technique 演练法，93，95，96，100
Reich, Robert 罗伯特·雷奇，13
Remote Associations Test 远距联想测验，122
Rewards, description of 奖励的描述，55
Ricciardi, Frank 弗兰克·里恰尔迪，219
Rogers, Carl 卡尔·罗杰斯，184，192
Role playing 角色扮演
　　arrangements for 安排，222
　　assessment of 评价，235
　　concept of 概念，221
　　description of 描述，221
　　different aspects of 不同方面，224
　　dramatic scenarios and 戏剧情节，225－228
　　examples of 实例，220－221
　　by group participants 群体成员，187，198
　　materials for 材料，222－223
　　purpose of 目的，221
　　teacher's role in 教师的作用，223
　　technology for 技术，236－238
Role reversal 角色互换，224，226
Rote learning 角色学习，93
Roth, Byron 拜伦·罗斯，159
Rubrics 评量表，132，235，268
Rudinow, Joel 乔伊·鲁蒂诺，149
Rudy, Willis 鲁迪·维利斯，4
Russell, Bertrand 博坦德·鲁塞尔，109

Schemas, defined 图式定义，143
Schön, Donald 唐纳德·舍恩，247，248，249
Sculpting technique 雕塑法，227
Second Life virtual world 第二人生虚拟世界，237
Self-disclosure 自我表露，189
Self-paced learning 自定进度学习，63，65
Selfridge, Oliver 塞尔福雷·奥利弗，80
Semantic association memory 语义关联/记忆，91，94
Semantic meaning, importance of 语义的重要性，83
Sense organs and receptors 感觉器官和感受器，251－253
Serious games 严肃游戏，219
Service-learning 服务型学习，249，259－260，266－267
Shaping process 塑造过程，47，48，54，59
Shaw, J. C. J. C. 肖，74
Sheets, Paul 保罗·希特，187
Short-term memory 短期记忆
　　capacity for 能力，89－90

description of 描述，89

information processing and 信息加工，75

purpose of 目的，90

Shulman, Lee 李·舒尔曼，278

Significant learning 有意义的学习，35，165，191

SimCity game 模拟城市游戏，232，237

Simon, H. A. H. A. 西蒙，74，144，147，148

Simplification method 简化法，152-153

Simulations and games 模拟和游戏

    advantage of 优势，234

    assessment of 评价，235

    components of 组成部分，230-232

    description of 描述，228-229

    examples of 实例，229-230，234-235

    features of 特征，229-230

    planning checklist for 检查表，232-234

    teacher's role in 教师的作用，232

    technology for 技术，236-238

    war games and 战争游戏，218

Skilled Helper: A Problem-Management and Opportunity-Development Approach to Helping, The 《助人技巧：处理问题并发展机会的助人途径》，263

Skill(s) 技能

    defined 定义，46

    instructional objectives and 教学目标，50-52

    shaping behavior into 行为塑造，47-49，65

    teaching of 教学，46-47

Skin, functioning of 皮肤功能，252，254

Skinner, Burrhus Frederic 伯尔赫斯·弗雷德里克·斯金纳，49，62

Slippery slope tendency 滑坡效应，162

Smart pens 智能笔，172

Smith, Edward E. 爱德华·E.史密斯，111

Smith, Frank 弗兰克·史密斯，259

Smith, Peter 彼得·史密斯，7

Smith, Steven 斯蒂芬·史密斯，143

Social loafing 社会惰化，204

Sociodrama 社会剧，216，217，225，226

Socratic method 苏格拉底问答法，110，125

Soliloquy technique 独白法，226

Solution paths 解决路径，147，149

Sophistry 诡辩术，123

Space arrangement 空间布置，233

Sperry, Roger 罗杰·斯佩里，253

Split-half method 半分法，152

Squire, Kurt 库特斯·奎尔，232，235

Stamps, Jeffrey 杰弗里·斯坦普斯，206

Stein, Barry 巴里·斯泰恩，145，158

Structure of Scientific Revolutions, The 《科学革命的结构》，3

Student(s) 学生

    characteristics 特性，22-23

    competing for attention of 争夺注意力，77-79

    engagement 参与，20-21

    memory issues 记忆问题，95-96

    paradigm 范式，279-280

    teaching decision making to 传授决策技能，145-146

    teaching problem solving to 传授解决问题技能，145-146

Study abroad program 留学计划，249，266

Summative assessment 总结性评价

    for behavioral learning 行为学习法，60

    for experiential learning 体验式学习法，268

    for learning through inquiry 探究式学习法，131-132，134

for learning with mental modes 心智模型学习法，170

for role playing 角色扮演，235

Sylwester, Robert 罗伯特·赛尔维斯特，256

Symbolic analytic services 符号分析服务，13

Systematic random search 系统化随机搜索法，150

Tagg, John 约翰·塔格，7，8

Task analysis 任务分析

defined 定义，53

performing 进行，53–54，65

Task (s) 任务

communication issues 沟通问题，186

defined 定义，47

feedback for 反馈，59，60

for group members 群体成员，199–200

positive reinforcement for 正强化，56

Teachers 教师

behavioral learning and 行为学习法，66

cognitive learning and 认知学习法，100

critical thinking and 批判性思维，123

experiential learning and 体验式学习法，271

graduate education paradigm and 研究生教育范式，282

information presentation by 信息呈现，95–96

learning through groups and teams and 群组学习法，208

learning through inquiry and 探究式学习法，126–131，134

learning through virtual realities and 虚拟实境学习法，238–239

learning with mental models and 心智模型学习法，163–170，172–173

promotion and tenure paradigm and 升职和终身教席范式，280–282

role of 作用，168–170，193–195，223

students' attention issues for 学生注意力问题，77–79

Teaching 教学

effective 高效，278

enjoyable 有趣，278–279

future of 未来，283–284

goals 目标，35

with groups and teams 群组学习法，199

improvement of 改善，279–282

problem solving and decision making 解决问题和决策，145–146

propositions related to 相关主张，8

purposeful 有目的性，277–278

of skills 技能，46–47，52，65

Teaching and learning 教与学

andragogy and pedagogy concept and 成人教育学和儿童教育学，22

general methods and 一般方法，21

introduction to 介绍，19–20

learning strategies and 学习策略，25

learning styles for 学习风格，23–25

other approaches for 其他方法，27–28

reconnecting 重新联系，31

student characteristics and 学生特点，22–23

student engagement and 学生参与，20–21

technology for 技术，10–12，25–27

Teaching as a Subversive Activity 《教学：一种颠覆性的活动》，110，130

Teaching Professor conferences 教学教授会议，283

team-based learning 团队导向学习，179

team(s). *see also* learning through groups and teams 团队；请同时参阅群组学习法

collaboration issues 协作问题，178

contract for 契约, 199

defined 定义, 185

determining size of 确定规模, 197–198

high-performance 高效能, 195

how to compose 怎样组成, 198

problems in 问题, 202–205

for projects 专题, 168

technology for 技术, 206–207

types of 类型, 196

virtual 虚拟, 206

what we know about 我们的已有认识, 185–190

Teamwork 团队合作

grading issues 评分问题, 205

for online course 在线课程, 201–202

teaching 教学, 195–197

Technology 技术

for behavioral learning 行为学习法, 62–65

for cognitive learning 认知学习法, 97–99

efficacy of 效果, 26

for experiential learning 体验式学习法, 269–270

for learning through groups and teams 群组学习法, 206–207

for learning through inquiry 探究式学习法, 132–133

for learning through virtual realities 虚拟实境学习法, 236–238

for learning with mental modes 心智模型学习法, 171–172

for presentations 呈现, 97–98

for role playing 角色扮演, 236–238

students' attention issues and 学生注意力问题, 77–78

for teaching and learning 教与学, 10–12, 25–27

Template matching process 模板匹配过程, 80

Tenure-track model 终身任职模型, 280–282

Testing effect 测验效应, 96

T-groups T 群体, 183, 192

Theory and Practice of Group Psychotherapy, The 《团体心理治疗：理论与实践》, 192

Theory of Games and Economic Behavior, The 《博弈论与经济行为》, 219

Thinking, *see also* critical thinking; dialogical thinking 思维，另请参阅批判性思维；对话式思维

process, understanding 理解过程, 127, 134

types of 类型, 108–109

Thinking skills 思维技能

misuse of 误用, 123

stages for 阶段, 131

Throndike, E. L. E. L. 斯罗迪克, 49

Thurow, Lester 莱斯特·瑟罗, 13

Time management 时间管理, 233

Tongue, functioning of 舌头功能, 253

Top-down processing theory 自上而下加工理论, 83

Top Management Decision Simulation 最高管理决策模拟, 219

Torrance, Paul 保罗·托兰斯, 110, 111, 122

Toulmin, Stephen 斯蒂芬·图尔敏, 116

Tower of Hanoi Problem 汉诺塔问题, 151, 154

Trade-offs 权衡取舍, 162

Traditional case 传统案例, 166

Transfer method 迁移法, 155

Transformative education 转换式教育, 270

Trends, misinterpreting 误解趋势, 163

Tuckman, Bruce 布鲁斯·塔克曼, 185

Unbounded Mind: Breaking the Chains of Traditional Business Thinking, The 《无限思维：打破传统经营思维的枷锁》, 148

University of Cincinnati 辛辛那提大学, 248

Uses of Argument, The 《论证的用途》, 116

Vaughn, Norman D. 诺曼 D. 维安, 133
Verbal communication 言语沟通, 190
Video essays 录像文章, 270
Video games 视频游戏, 232
Virtual reality 虚拟实境
　assessment of 评价, 235-236
　description of 描述, 214
　facilitating learning with 促进学习, 214-215
　origins of 起源, 216-219
　types of 类型, 215
Virtual teams 虚拟团队, 198, 206
Visualization methods 可视化方法, 154
Voice recorders 录音机, 269
Von Neumann, John 约翰·冯·诺依曼, 145, 219
Vygotsky, Lev 利维·维果斯基, 53

Walk-and-talk soliloquy 边走边说式独白, 226-227
Wallas, Graham 格汗姆·瓦拉斯, 122

Ward, Thomas 托马斯·沃德, 143
War games 战争游戏, 218
Warranted statements 已证明合理的陈述, 113
Watson, Goodwin 古德温·沃森, 110
Watson, John B. 约翰·B. 沃森, 49
Ways of learning 学习方法
　defined 定义, 33
　identifying 确定, 36-38
　relationships among 之间的关系, 39-40
　using 使用, 41-42
Weingartner, Charles 查尔斯·温加特纳, 110, 130
Weisberg, Robert 罗伯特·韦斯伯格, 121
Whitehead, Alfred North 阿尔弗雷德·诺思·怀特黑德, 109, 249
Wickelgren, Wayne 韦恩·威克尔格伦, 148, 152, 155
Willingham, Daniel 丹尼尔·威林厄姆, 85
Wishful thinking 一厢情愿, 162
Working backward method 逆向法, 151-152
Work of Nations, The 国家的作用, 13
Workplace, changes talking place in 工作场所, 14-15
World Association for Cooperative Education 世界合作教育协会, 249
Wundt, Wilhelm 威廉·冯特, 73

Yalom, Irvin D 欧文·D. 亚隆, 192